Lifestyle
BUSSE
SEEWALD

BETTY SOLDI

feel inkspired

MODERNE KALLIGRAPHIE
KUNSTVOLL LETTERN, SCHREIBEN UND GESTALTEN

FOTOGRAFIEN VON DEBI TRELOAR

FÜR DIEJENIGEN, DIE DER
TINTE VERFALLEN SIND UND
ES NOCH NICHT EINMAL WISSEN ...

FÜR ALMATTEO, MEINE STERNSCHNUPPEN

» EINE STERNSCHNUPPE ZU SEHEN BEDEUTET, DASS TRÄUME IN ERFÜLLUNG GEHEN

IMPRESSUM

Für die deutschsprachige Ausgabe:
Übersetzung aus dem Englischen: Julia Paiva Nunes
Lektorat: Gabriele Betz, Tübingen
Satz: Arnold & Domnick, Leipzig
Umschlaggestaltung: Arnold & Domnick, Leipzig; Petra Ahke, Berlin
Produktmanagement und Korrektorat: Christine Rauch

Die Originalausgabe erschien 2017 unter dem Titel *Inkspired* bei Kyle Books, einem Imprint von Kyle Cathie Ltd, London.

2. Auflage 2018

ISBN: 978-3-7724-7466-8 • Best.-Nr. 7466

Printed in China

ll that they bring

res wishes & wants

wish harder &

come time we

starstuff & stories

dip your pen

thoughts & words

you are remember

& see what

all that it is

feel inkspired

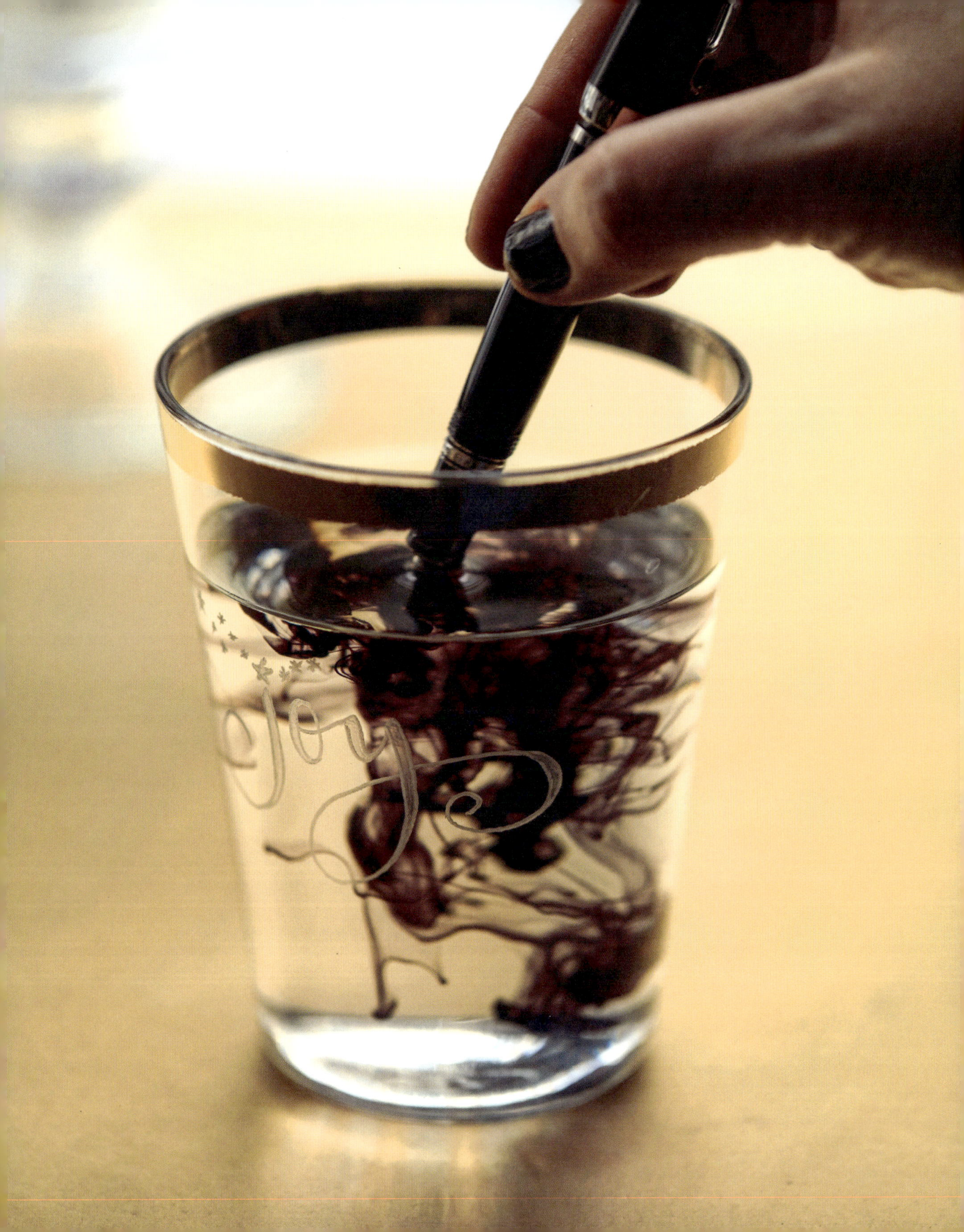
joy

INHALT

Im Jahr 2012 packten mein Mann und ich unsere Leben zusammen und zogen für ein Jahr nach Florenz. Ich kam mit ein paar wenigen italienischen Sätzen an und hatte weder Freunde vor Ort noch eine Struktur für meinen Tag. Morgens arbeitete ich meine Kalligraphie-Aufträge ab, nachmittags lief ich durch die Straßen und genoss die Sehenswürdigkeiten.

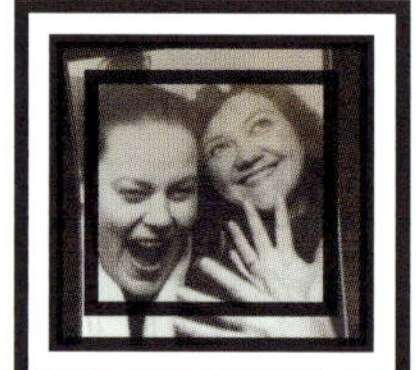

WENN STERNE ZUSAMMENSTOSSEN …

Eines Tages erkundete ich die Via Maggio, nur einen kurzen Spaziergang von unserem Zuhause entfernt. Ich entdeckte ein kleines Schaufenster, das vor Leben nur so explodierte. Kalligraphien tobten sich auf den Fenstern aus, Kleider aus Papier, Vintage-Möbel, Spiegel, winzige, mit Schrift verzierte Porzellanvögel, Sammlungen von Stiften – ein Kunstwerk wie von Warhol. Als ich eintrat, fiel mein Blick sofort auf eine Wand mit der gefühlvollsten Kalligraphie, die ich je gesehen hatte.

„Wer hat das gemacht?“, fragte ich.

Und so lernte ich Betty Soldi kennen. Sie sprach fließend Englisch, trug Prada-Sneaker, war übersät mit Tintenflecken und hinterließ überall buchstäblich eine Spur von Glitter und Sternen.

Das war der Beginn der tiefgehendsten künstlerischen Zusammenarbeit meines Lebens. Fast jeden Tag ging ich in ihren Laden, wenn sie mich per SMS einlud: „Komm spielen!“ Ich lernte Facetten dieser Welt kennen, von denen ich nichts geahnt hatte. Manchmal gingen wir in das Studio eines Künstlers und erfuhren etwas über seine Malerei. Dann wieder durchwühlten wir Berge von marmoriertem Papier, Partyartikeln und Konfetti. Einmal sollte ich zu Weihnachten für den Feuerwerk-Shop von Bettys Cousin Glaskugeln mit Schrift verzieren. Manchen Nachmittag verbrachten wir damit, einfach nur die Stifte im Künstlerbedarfsladen ein Stück die Straße hinunter anzuschauen. An Tagen, an denen in ihrem Geschäft viel los war, half ich, Geschenke einzupacken und streute in jedes Paket ein paar Glitzersterne.

Im nächsten Frühling hielten Betty und ich unseren ersten Kalligraphie-Workshop ab, in einer beeindruckenden Bibliothek mit Blick auf den Fluss Arno. Die Tische quollen über vor Liebesbotschaften, Papierschnipseln und Geschenkbändern. Anfangs war eine Energie im Raum wie bei einem Familientreffen. Nach einigen Stunden breitete sich eine friedliche Stille aus und uns wurde klar: Durch die Kalligraphieübungen fanden die Menschen wieder zu sich selbst.

Genau das ist es auch, was Betty Soldi auf den folgenden Seiten beabsichtigt: jedem von uns zu helfen, die eigene Stimme zu finden, sich wieder mit dem eigenen Körper zu verbinden, zu atmen und dem Bedürfnis nachzugeben, sich in dieser Welt auszudrücken.

Bettys Arbeiten sprühen vor Energie. Wenn Sie das Universum betreten, das Betty und Matteo in Florenz geschaffen haben, werden Sie diese Energie in Aktion sehen. Ihre grenzenlose Fantasie inspiriert uns, die Welt als einen Ort zu sehen, an dem wir überall Schönheit und neue Möglichkeiten entdecken können. Alles, was wir tun müssen, um diese Inspiration zu finden, ist *inspirare*. Atmen Sie ein.

Mara

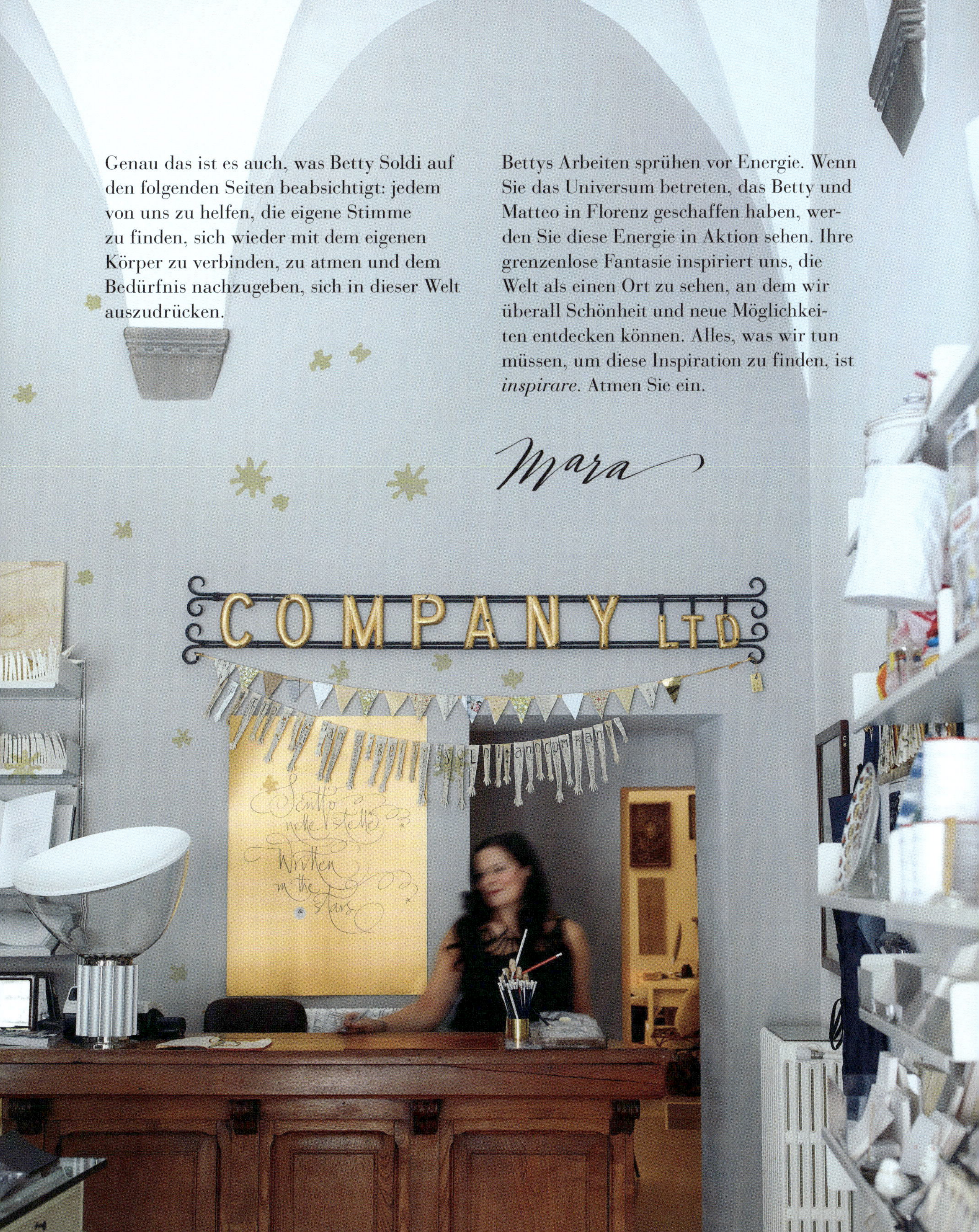

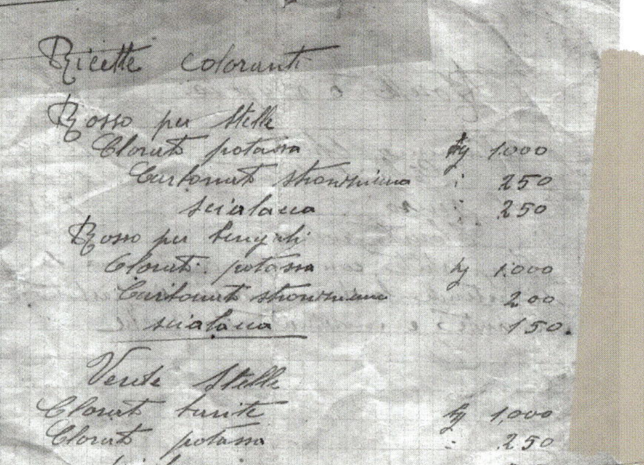

B. SOLDI & FIGLI
PREMIATA FABBRICA DI FUOCHI ARTIFICIALI
FIGLINE VALDARNO (FIRENZE)

Ricette coloranti

Rosso per stelle
Clorato potassa kg 1.000
Carbonato stronziana 250
scialacca 250

Rosso per bengala
Clorato potassa kg 1.000
Carbonato stronziana 200
scialacca 150

Verde stelle
Clorato barite kg 1.000
Clorato potassa 250

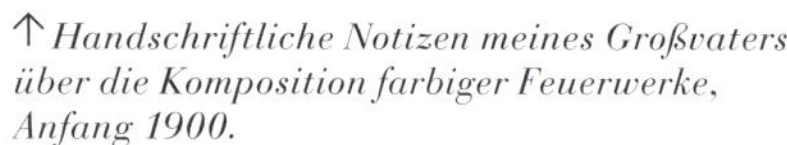

↑ *Handschriftliche Notizen meines Großvaters über die Komposition farbiger Feuerwerke, Anfang 1900.*

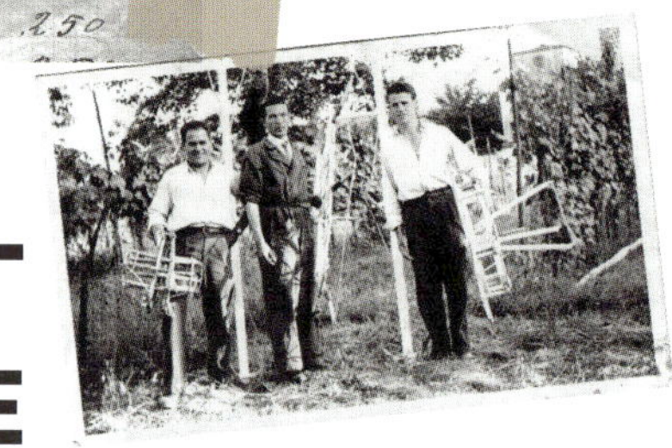

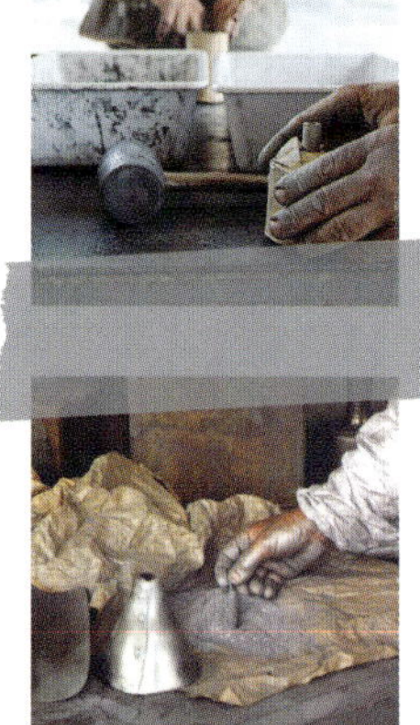

Glücksstern
DIE ANFÄNGE

Mein Glücksstern strahlte hell an jenem Tag, an dem ich in eine Florentiner Familie geboren wurde, die seit 1869 Feuerwerk von Hand herstellt. Umgeben von Pulver und Schwefel, Silberstaub und der Handwerkskunst mit Kraftpapier und Schnur wuchs ich auf – kreative Hände, die berührten, rissen, knickten und stopften und damit Explosionen erzeugten und noch mehr Sterne an den Himmel brachten.

Als ich sieben war, zogen meine Eltern mit mir und meiner Schwester von Italien nach London. An meinem ersten Schultag verstand ich kein Wort Englisch, aber ich erinnere mich noch, wie beeindruckt ich war, als der Lehrer das Alphabet an die Tafel schrieb. Ich sah, wie auf magische Weise Buchstaben aus Kreide erschienen, und alle mit ihrer eigenen Form, Bedeutung, mit ihrem eigenen Aussehen und Gefühl.

Seitdem liebe ich Buchstaben.

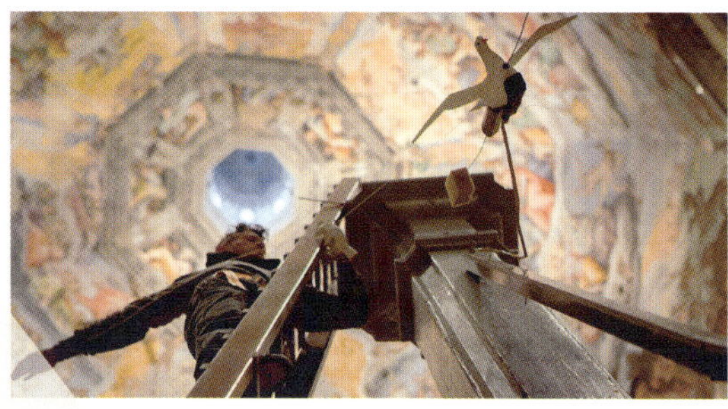

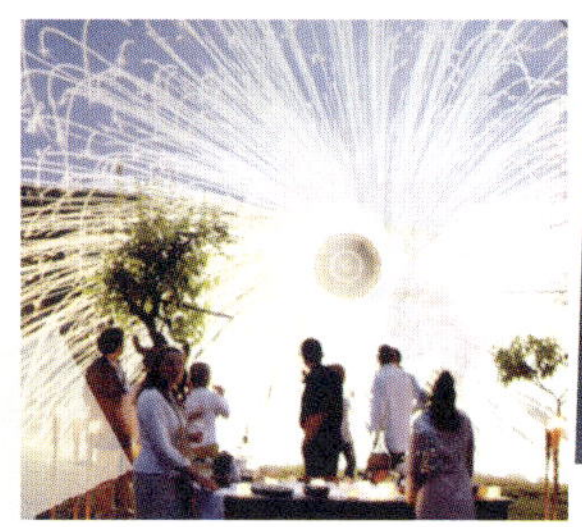

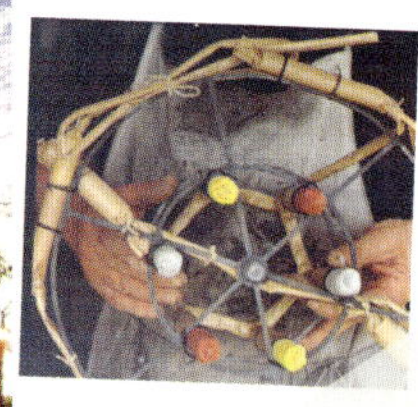

← *Mein Cousin errichtet ein Feuerwerk für das traditionelle Osterfest Scoppio del Carro im Dom von Florenz.*

Now I make Fireworks with ink

↗ *Feuerwerk von Pirotechnica Soldi auf der Ponte Vecchio, Florenz 1950*

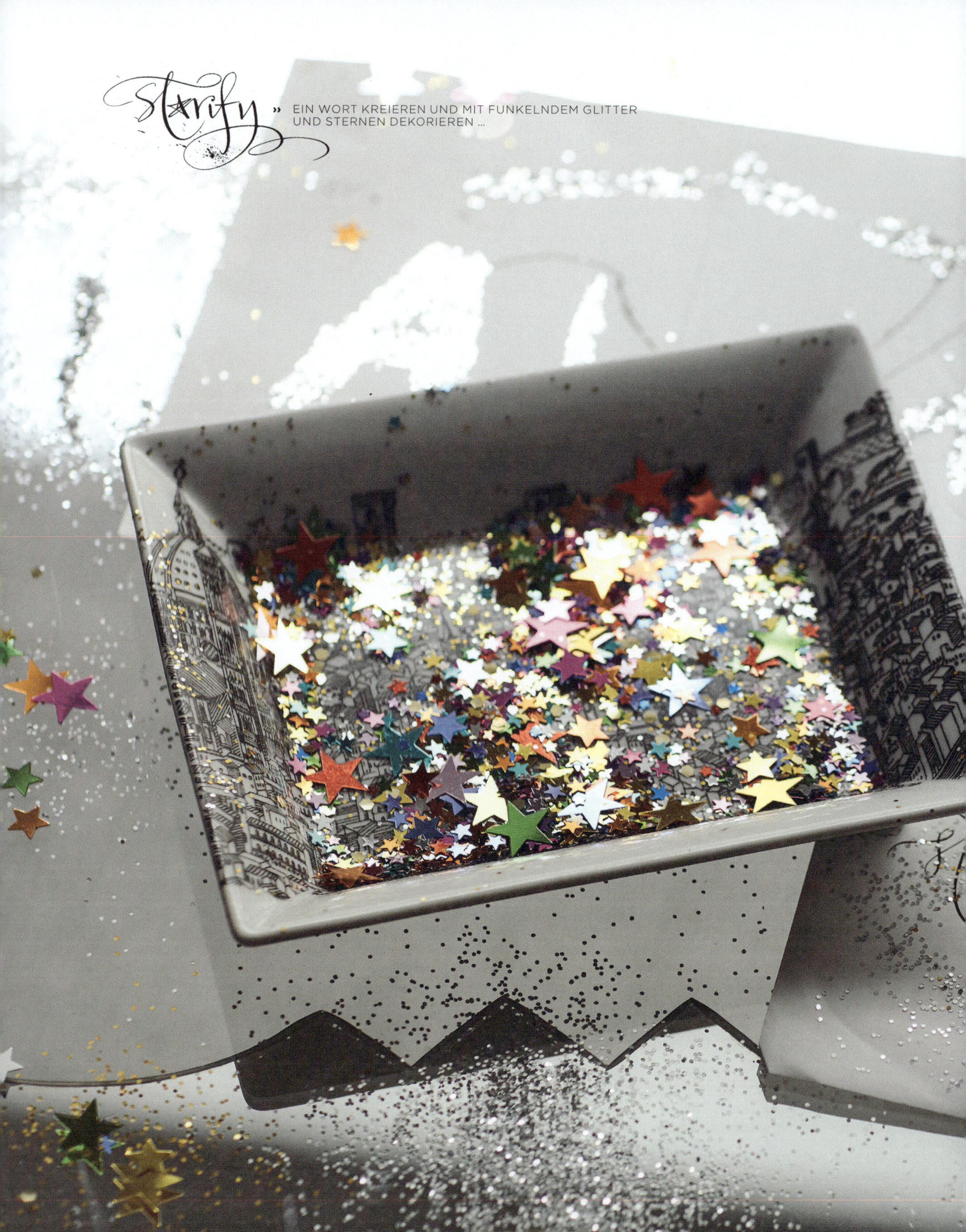

Starify

» EIN WORT KREIEREN UND MIT FUNKELNDEM GLITTER UND STERNEN DEKORIEREN …

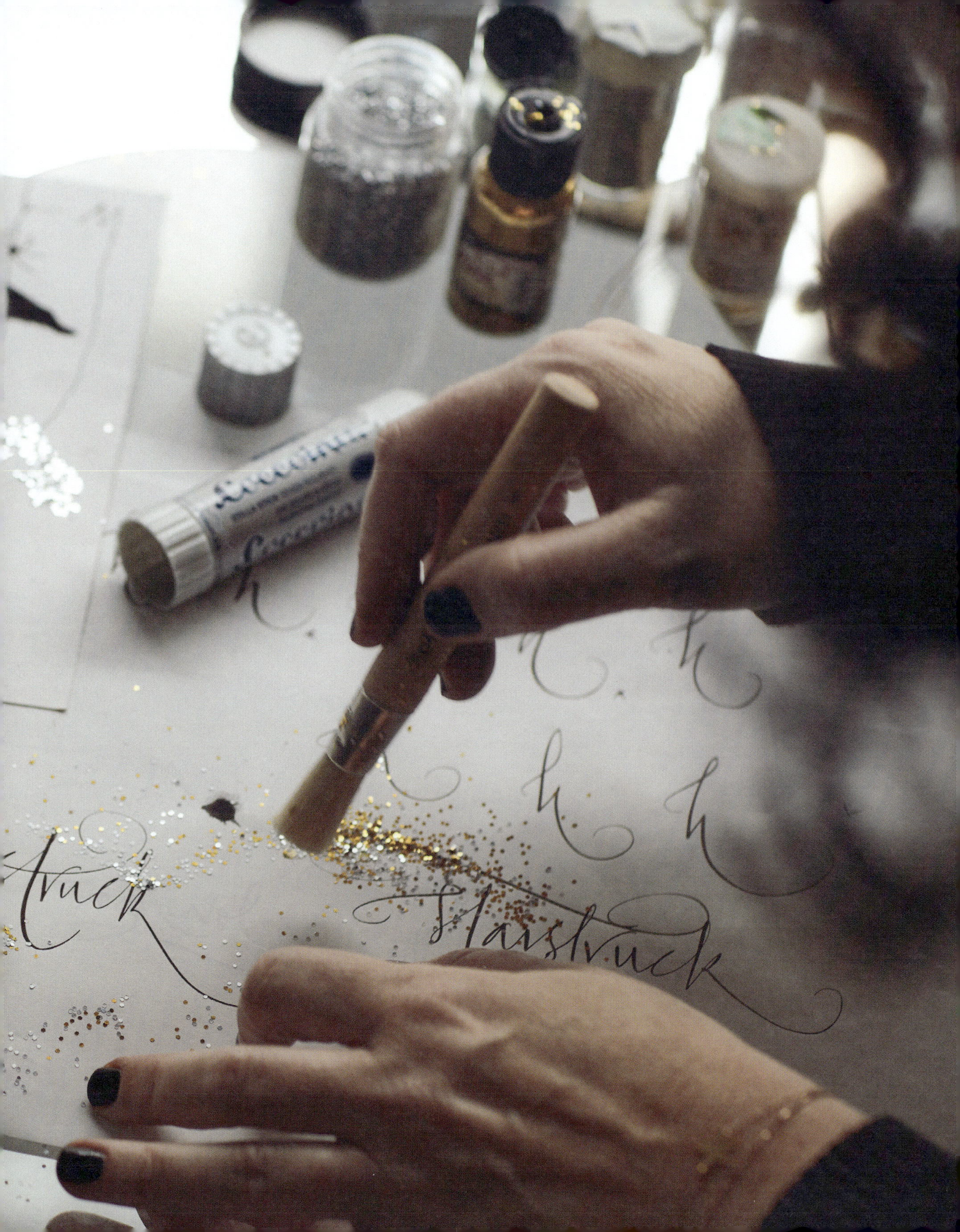

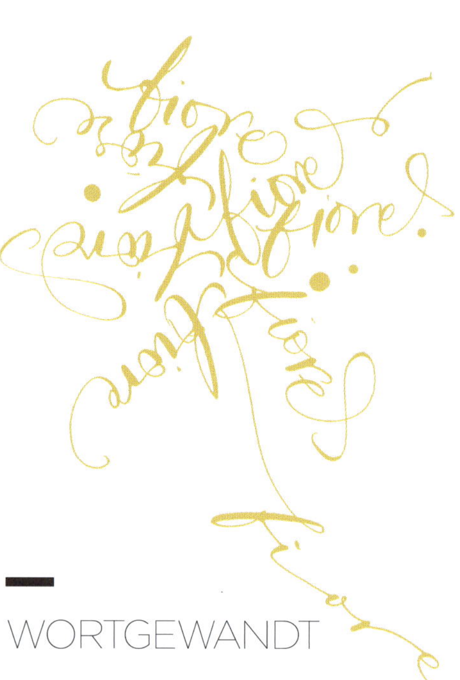

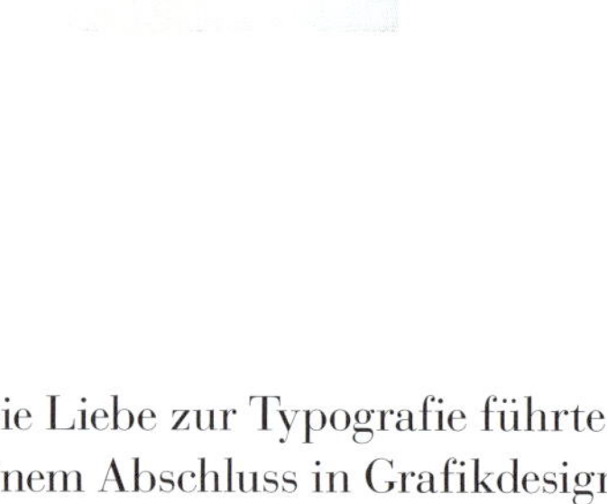

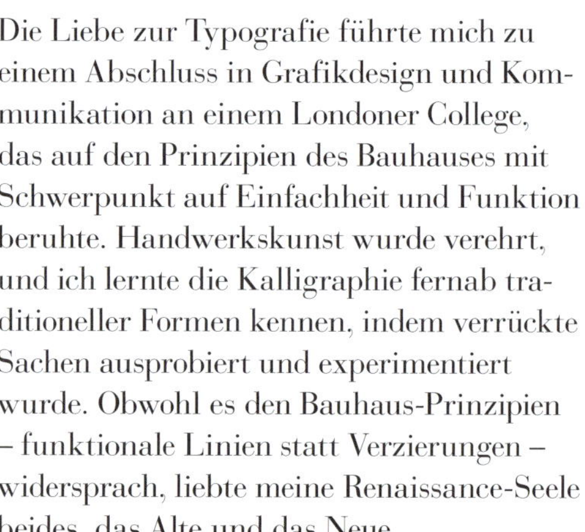

WORTGEWANDT

» JEMAND, DER MIT WORTEN ARBEITET; DER BESONDERS TALENTIERT DAMIT UMZUGEHEN WEISS

In der Schule beschäftigte ich mich wenig mit Kunst, aber es machte mir Spaß, zu kritzeln und Wörter zu schreiben. Nachdem ich zunächst eine recht akademische Laufbahn gewählt hatte, wollte ich in Kontakt mit meiner kreativen Seite treten. Ich kehrte für ein Jahr nach Florenz zurück und versuchte, in einem Zeichenkurs meinen Mangel an zeichnerischem Talent zu beheben. Als es hieß, wir sollten mit irgendeinem Medium eine Blume darstellen, schrieb ich mit Tinte „Fiore" in Form einer Blume. „Bravissima!", hieß es daraufhin – und mein Schicksal war besiegelt. Mir wurde klar, wie viel man erreichen kann, wenn man nicht nur den Stärken, sondern auch den Schwächen Beachtung schenkt. Es kann helfen, kreativere Lösungen zu finden.

Die Liebe zur Typografie führte mich zu einem Abschluss in Grafikdesign und Kommunikation an einem Londoner College, das auf den Prinzipien des Bauhauses mit Schwerpunkt auf Einfachheit und Funktion beruhte. Handwerkskunst wurde verehrt, und ich lernte die Kalligraphie fernab traditioneller Formen kennen, indem verrückte Sachen ausprobiert und experimentiert wurde. Obwohl es den Bauhaus-Prinzipien – funktionale Linien statt Verzierungen – widersprach, liebte meine Renaissance-Seele beides, das Alte und das Neue.

In meiner Kalligraphie und Entwurfsarbeit für weltweit führende Marken und Luxus-Labels kombiniere ich Handschriften alten oder modernen Typs mit auffälligen Farben und einem einzigartigen antiken Touch, um Brandings, Verpackungen, maßgefertigte Objekte und Schreibwaren zu gestalten.

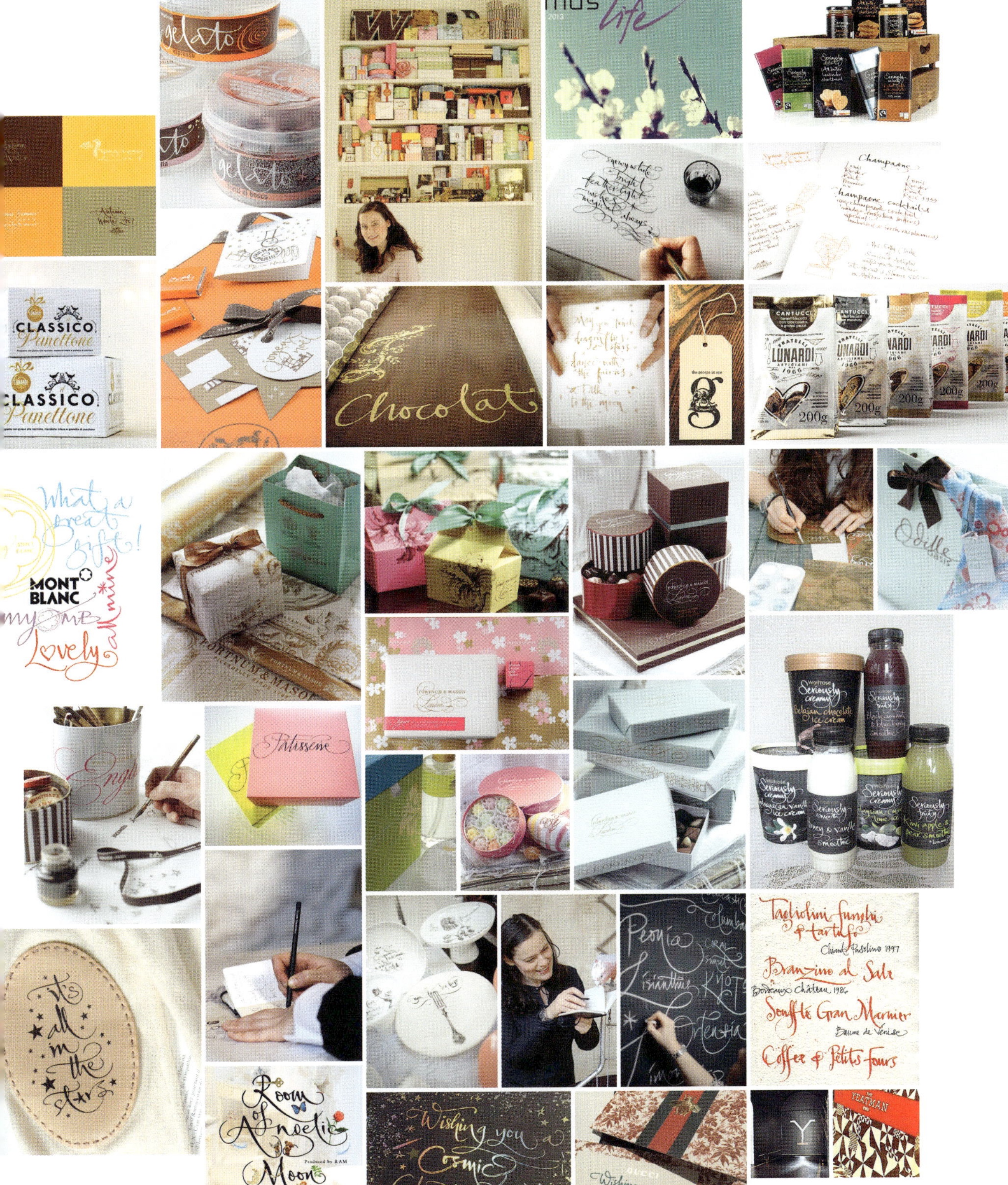

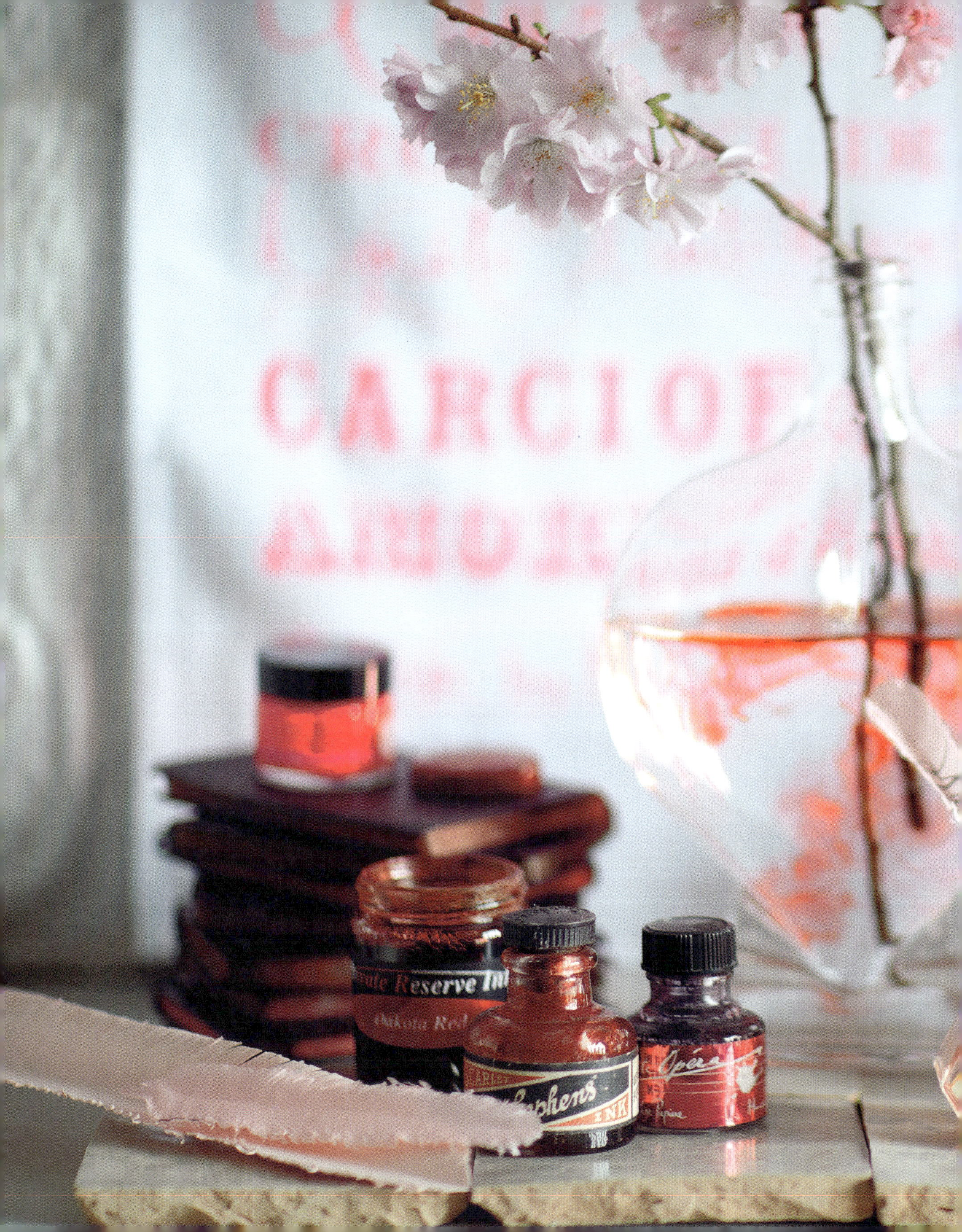

Reserve
SCARLET
INK

Thinkings » GEDANKEN ÜBER TINTE

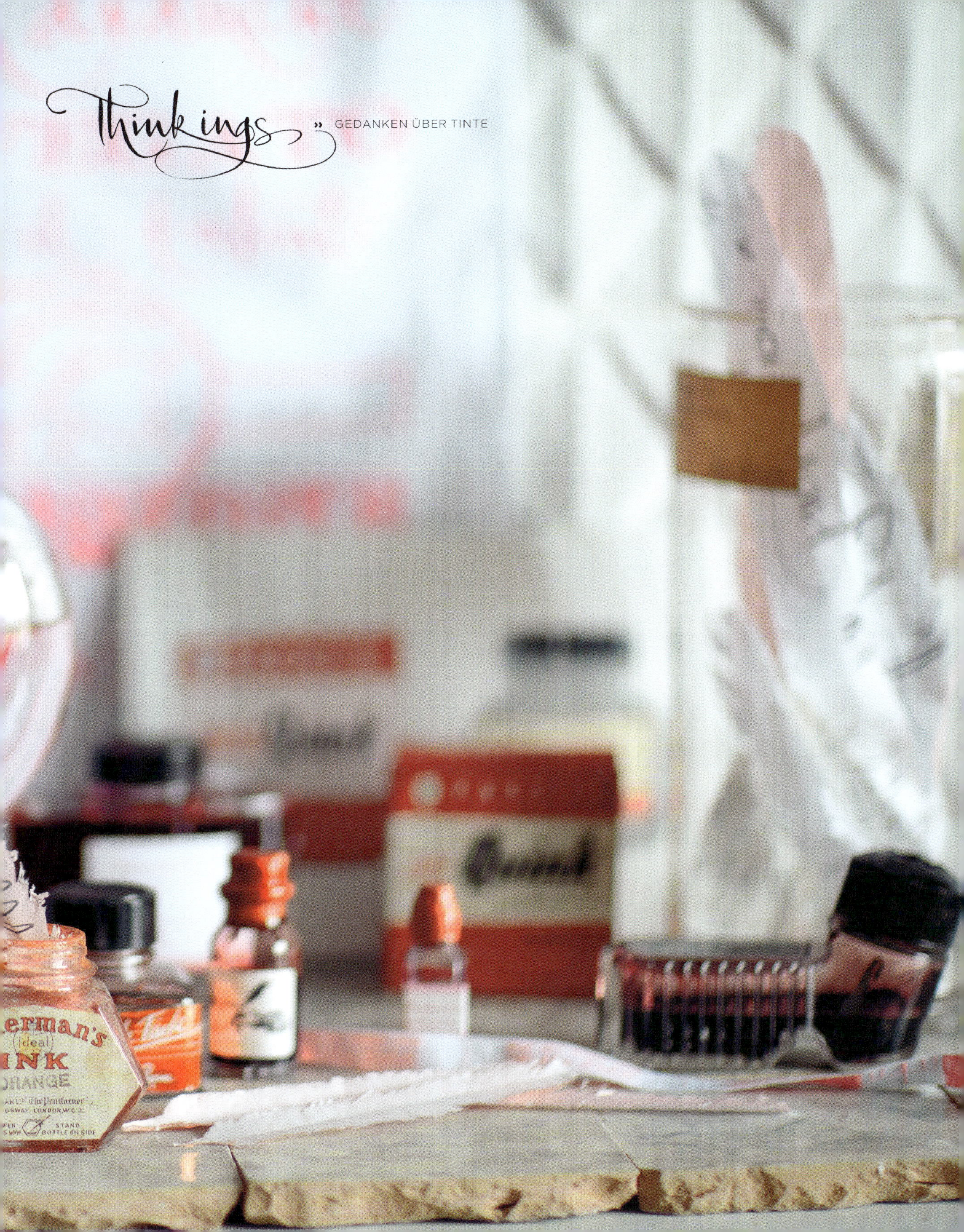

Heute besitze ich ein Design-Studio und einen Laden in meiner Heimat Florenz. Meine Worte schreibe ich nicht nur auf Papier und Verpackungen, sondern erwecke sie auch auf Keramik, Gewebe, Marmor, Kerzen, Parfums und Interieurs zum Leben. Gemeinsam mit meinem Partner Matteo habe ich vor Kurzem zwei Bed-and-Breakfast-Boutique-Hotels im alternativ angehauchten Florentiner Künstler- und Kunsthandwerk-Viertel Oltrarno eröffnet. Jedes Zimmer hat einen unverwechselbaren Stil, und meine Kalligraphien sind auf Wänden, Fliesen, Kissen und Fenstern zu finden – überall dort, wo Platz für eine handgeschriebene Nachricht ist.

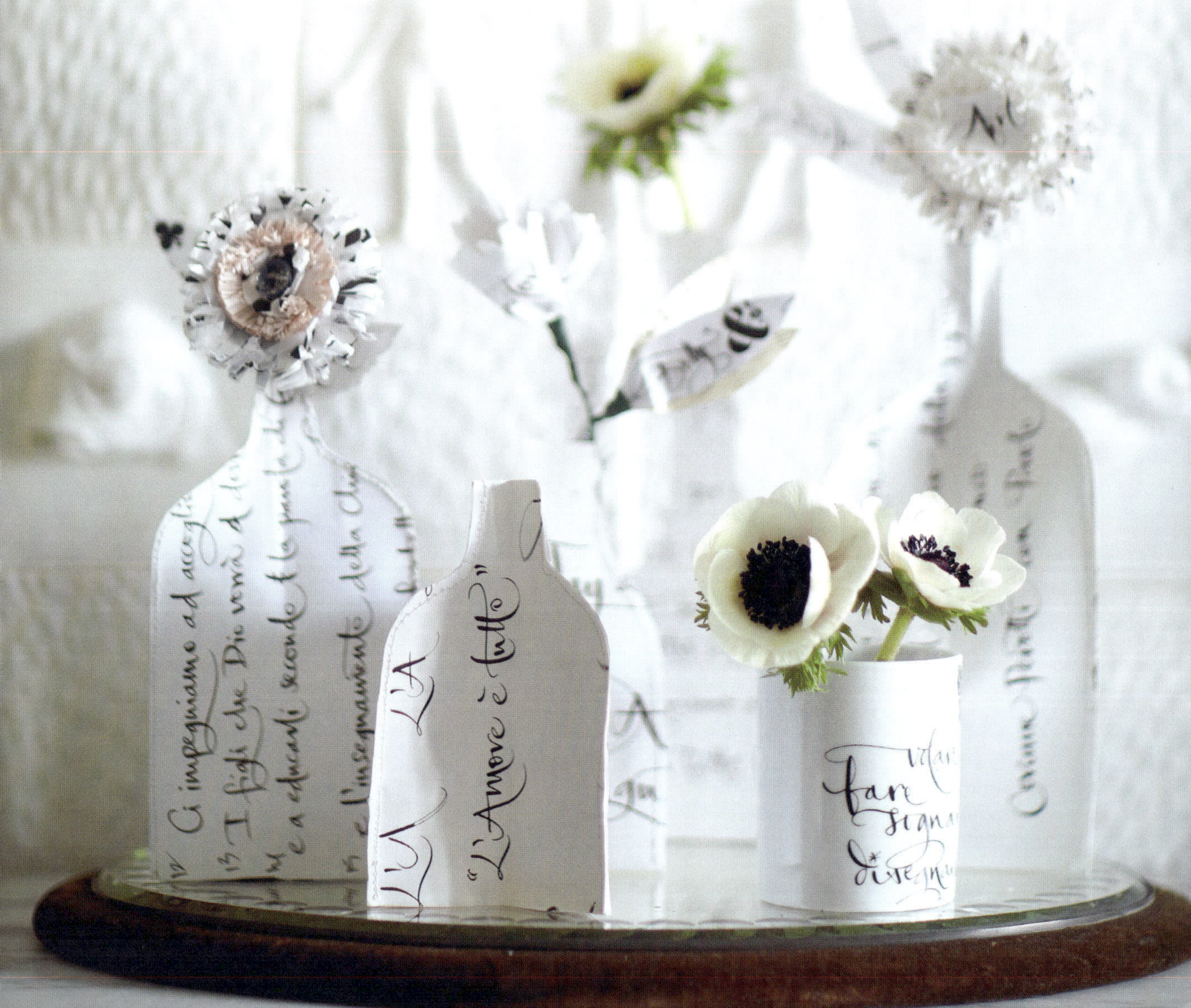

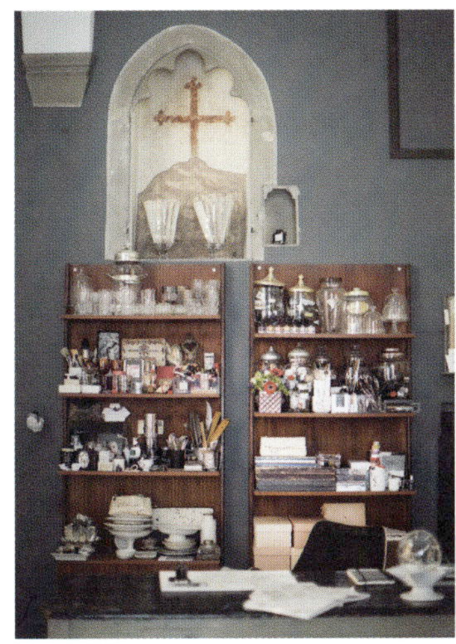

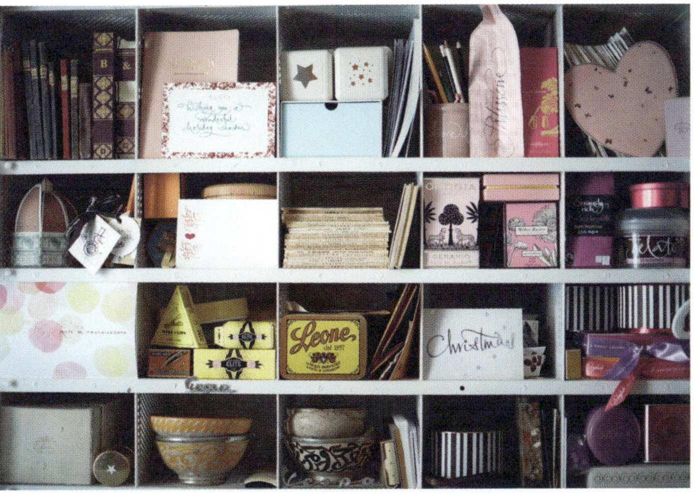

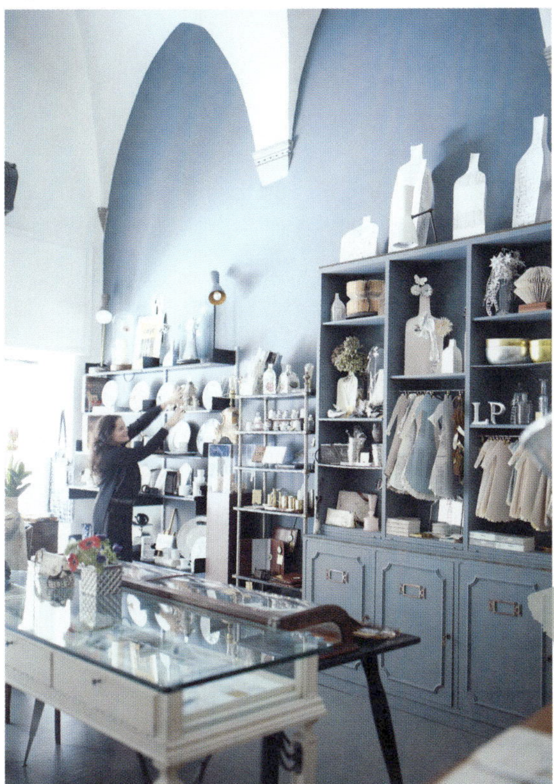

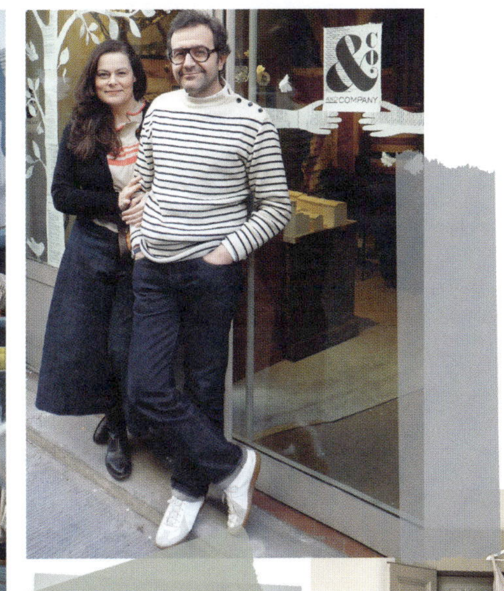

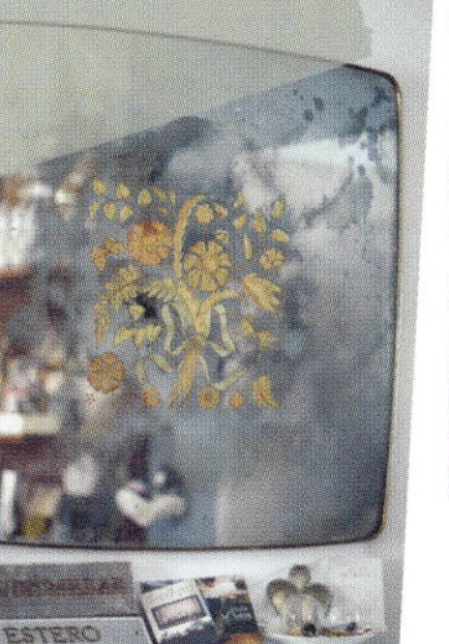

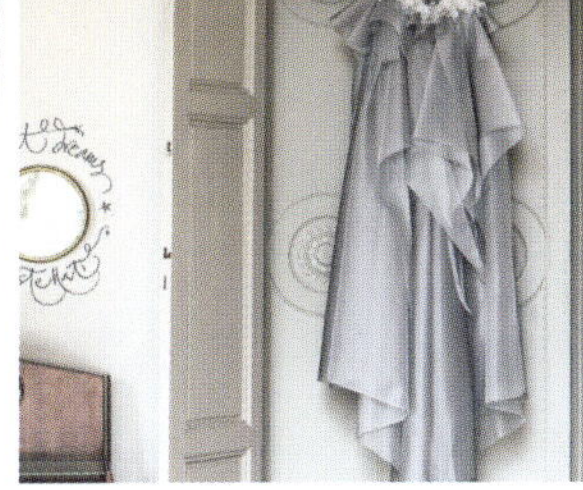

↗ *Matteo und ich.*

↑ *Blick aus meinem Design-Studio, dem &Co, Ausschnitt einer Schrift an einer Wand in unserem Hotel AdAstra.*

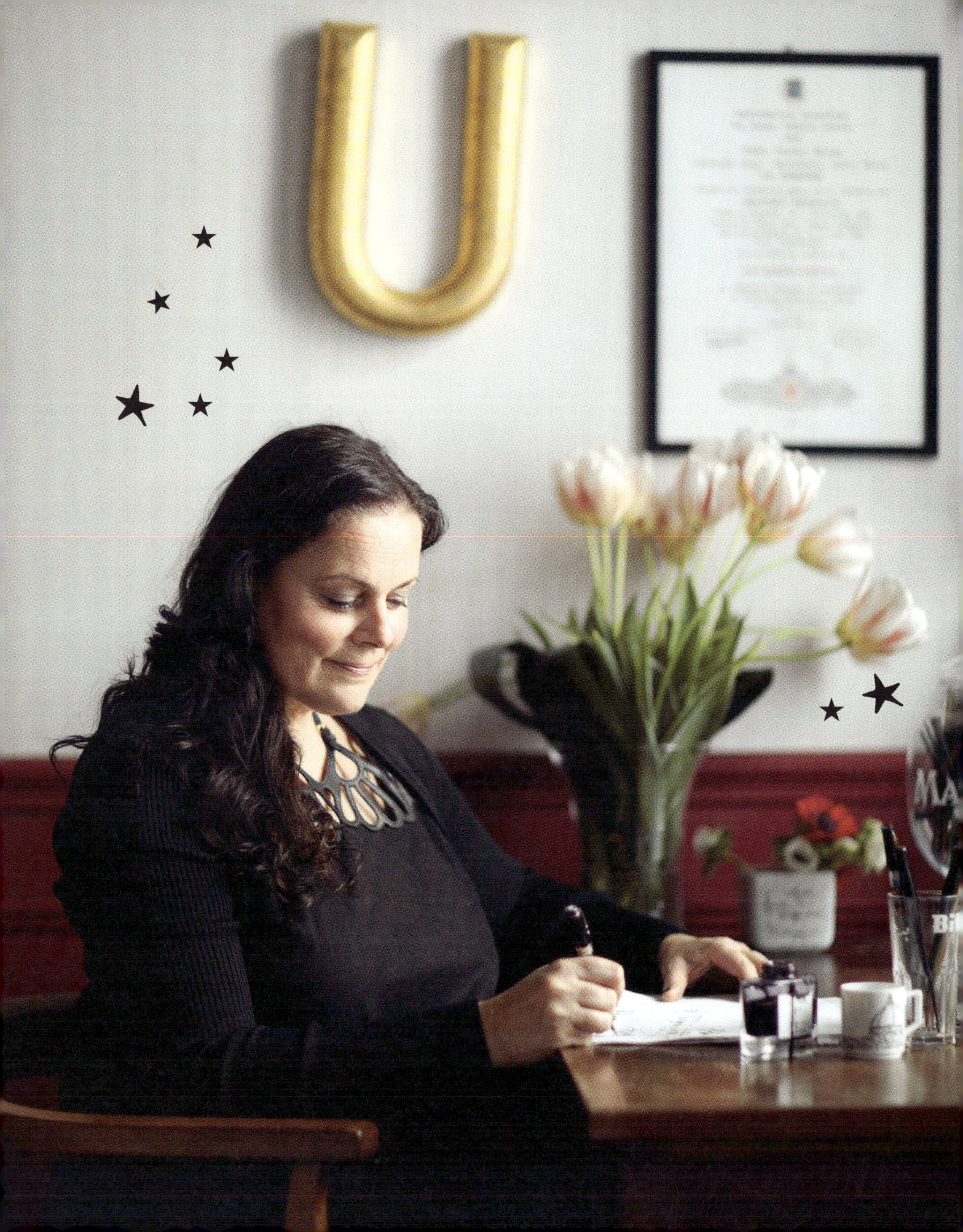

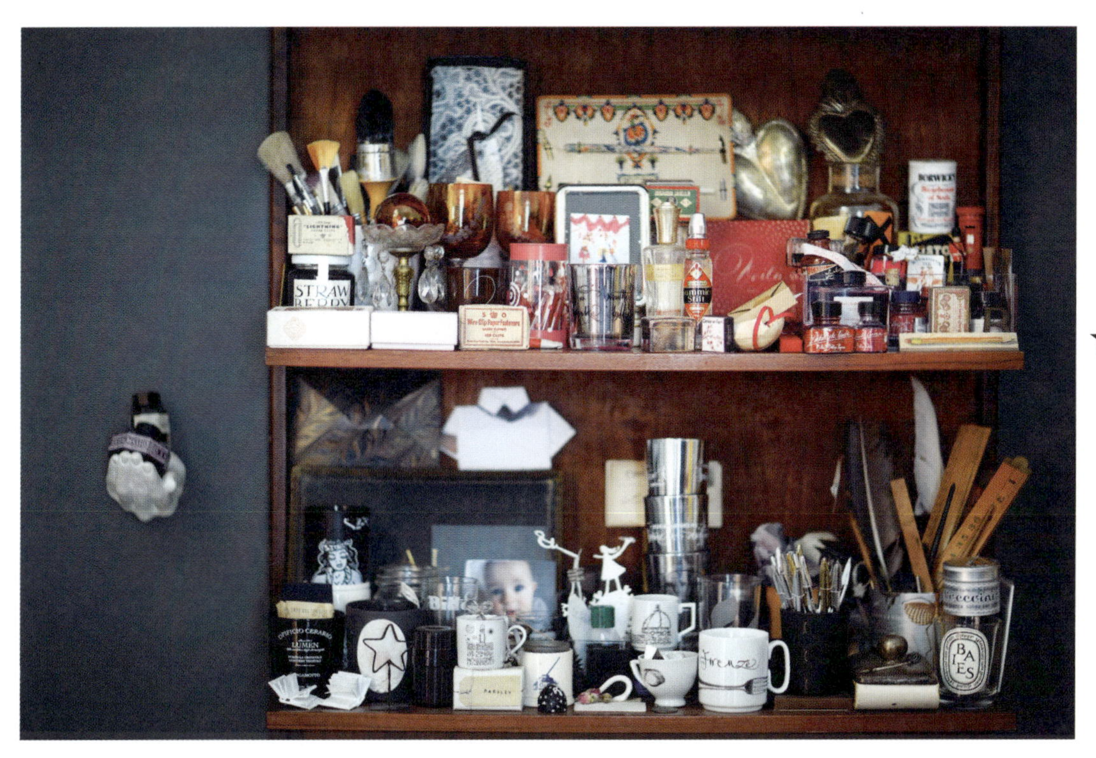

We are all made scribbles and stars

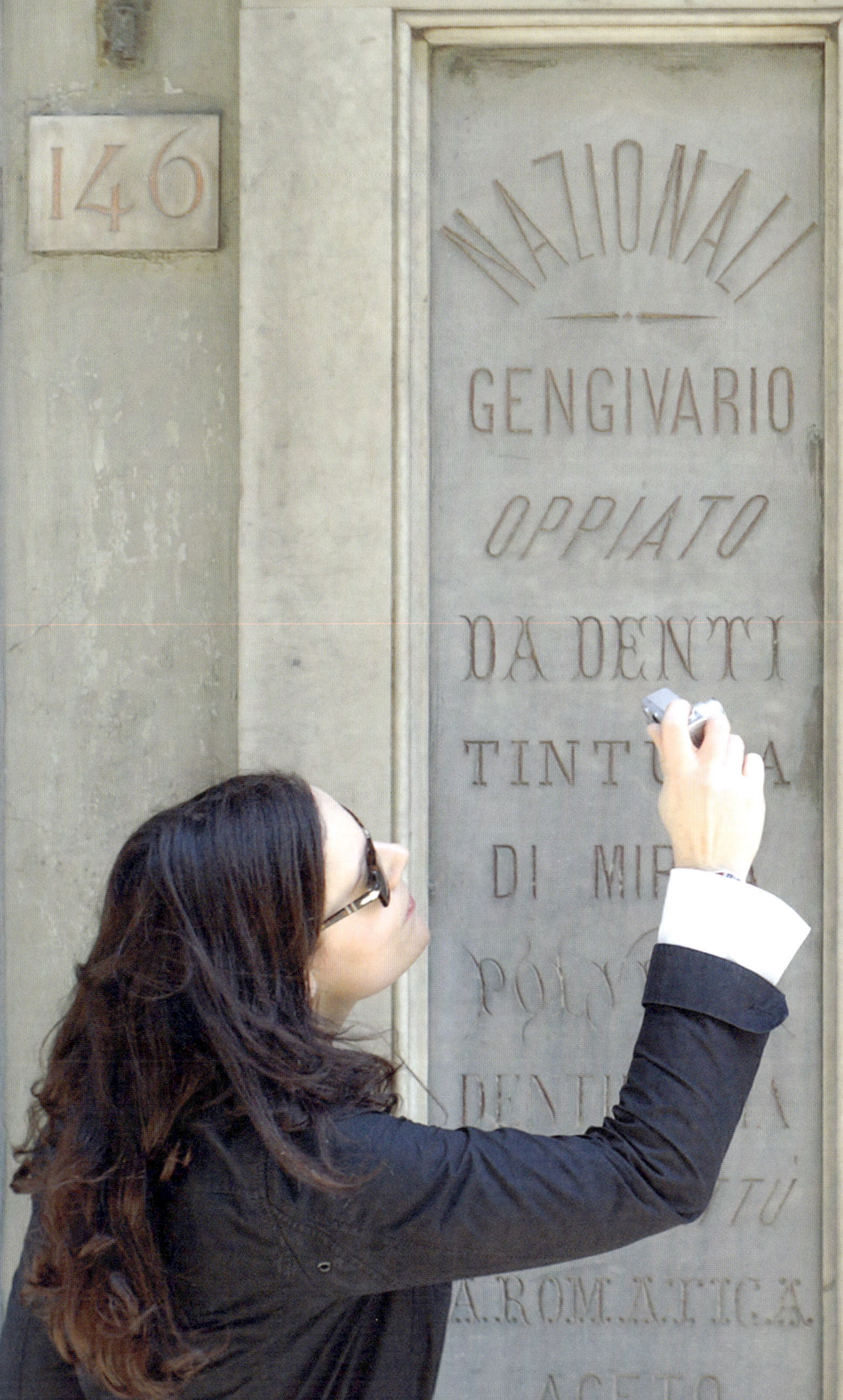
146
NAZIONALI
GENGIVARIO
OPPIATO
DA DENTI
A.ROM.ATICA
ACETO

WORTE SAMMELN

Ich liebe alles, was mit Wörtern zu tun hat. Schon seit jeher sammle ich Kritzeleien, handgeformte Buchstaben und alte Schrifttypen als Inspirationsquelle für Worte und Namen. Obwohl man auf Pinterest und Instagram viele kreative Ideen findet, schlage ich dennoch vor, dass Sie sich zu Anfang vom Bildschirm fernhalten. Holen Sie sich Energie aus verschiedenen Quellen, atmen Sie die Worte ein, die Sie umgeben.

Auf meinen Reisen, und vor allem jetzt, wo ich in Florenz, der schönen Stadt der Kunst lebe, entdecke ich überall skulptierte Schriften, handgemalte Votive in Kirchen und auf Grabsteinen, römische Zahlen, marmorne Buchstaben, merkwürdige alte doppelte Hausnummern (in Rot für Geschäfte, in Schwarz für Wohnhäuser), originelle Ladenschilder aus Blattgold, erstaunlich geschmiedete Kanaldeckel mit kurviger Typografie, prächtig illuminierte Manuskripte in Museen – bleibende Momente aus der wundervollen Welt der Worte; die hoffentlich als Inspiration dienen, irgendwo, irgendwann …

Die erste Aktivität besteht also darin, nach Wörtern und Schriften zu suchen: Straßenschilder, Speisekarten, Läden, Graffitis oder Slogans auf T-Shirts. Halten Sie überall Ausschau und legen Sie Ihre eigene Sammlung an.

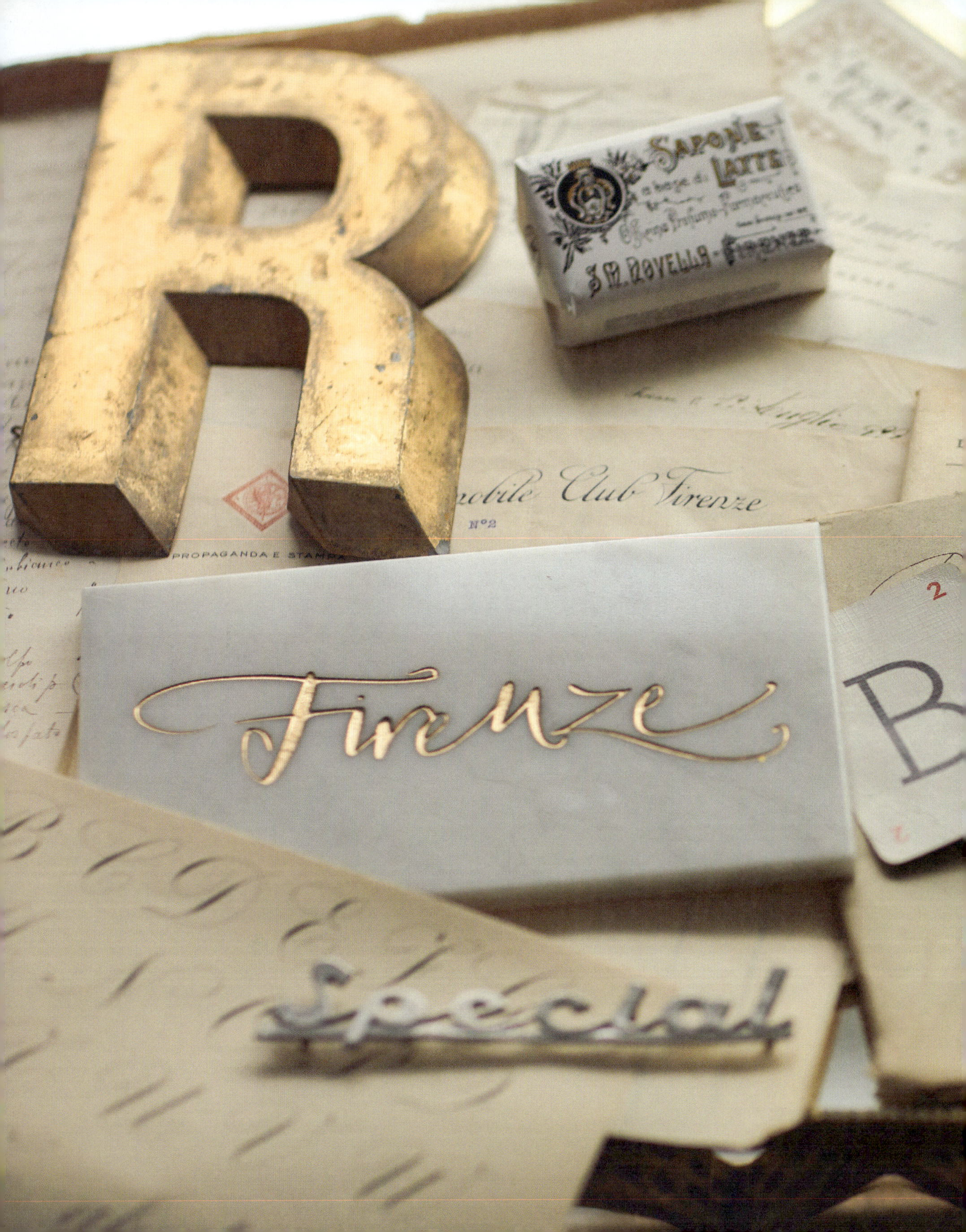
SAPONE
LATTE
S.M. NOVELLA - FIRENZE
mobile Club Firenze
N°2
PROPAGANDA E STAMPA
Firenze
B
2
Special

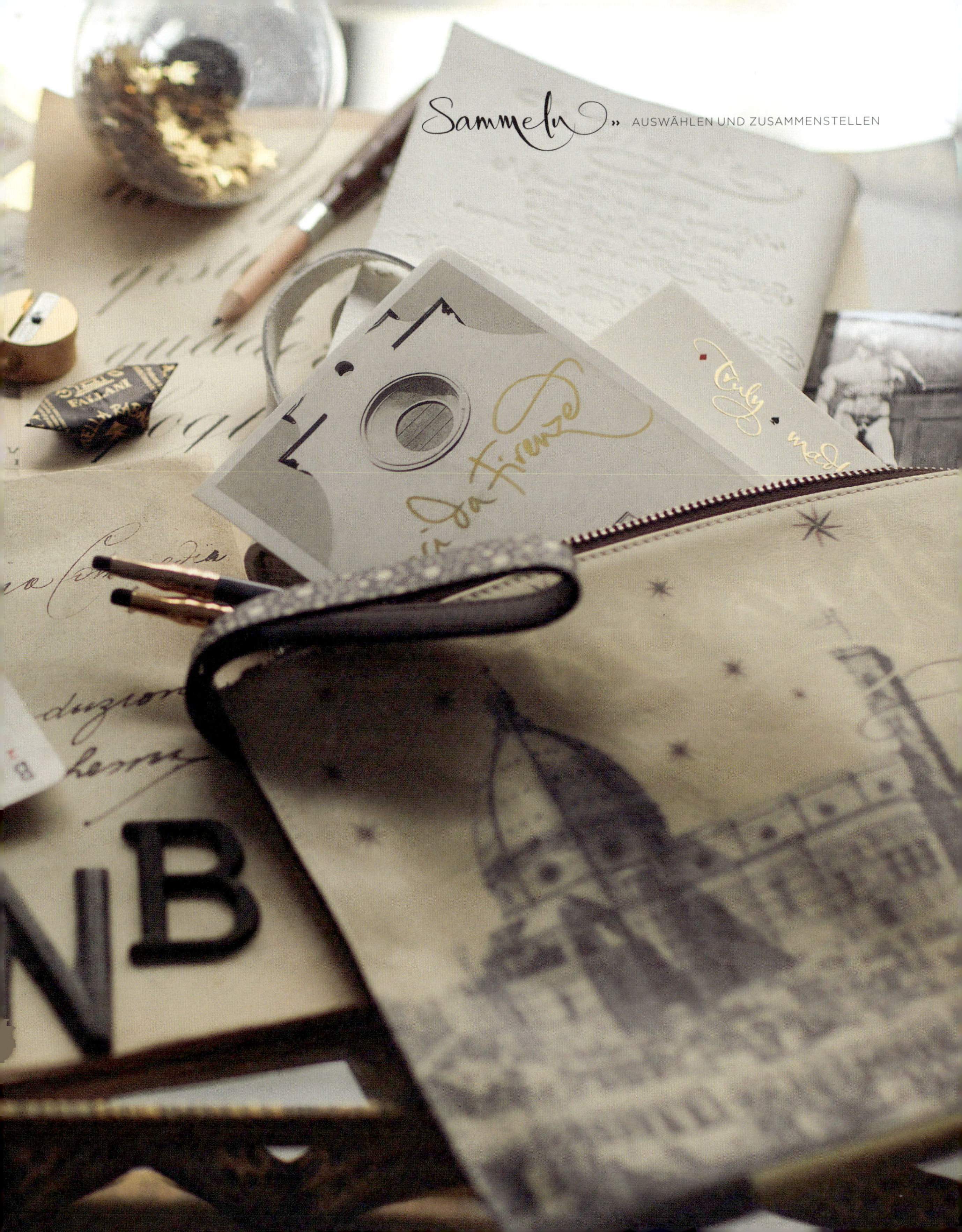

Der tiefere Grund, warum Sie dieses Buch lesen, ist die „Reise des Helden“. Wir alle befinden uns auf einer solchen Reise. Wenn ich Kalligraphie-Workshops gebe, sind die Menschen zu Anfang oft nervös. Etwas Neues und Kreatives zu probieren, ist aufregend, kann aber auch beängstigend sein. Zu Beginn dieses Tinten-Abenteuers fühlen Sie sich vielleicht überfordert, machen sich Sorgen, dass das Ihre Fähigkeiten übersteigt. Machen Sie sich diese Angst bewusst und, auch wenn es seltsam klingt, versuchen Sie, sie anzunehmen. Das Verlassen der Komfortzone ist der erste Schritt, um richtig kreativ zu werden, wenn erst die Inspiration und die Motivation kommen …

DIE REISE

Wir sehen es überall, von Harry Potter über Luke Skywalker in Star Wars bis zu Dorothy im Zauberer von Oz: Der Held verlässt sein Zuhause, muss Abenteuer bestehen, begegnet einem Lehrer oder Meister, betritt eine neue Welt, kämpft mit Widrigkeiten, muss schwierige Herausforderungen meistern, erntet dann aber die Belohnung, indem er etwas gelernt hat, und ist bei seiner Rückkehr stärker als zuvor. Das Thema des Heldenmythos ist universell, in jeder Kultur, zu jeder Zeit.

Diese Erzählungen gibt es seit Jahrhunderten. Eine, die mir besonders am Herzen liegt, ist Dantes *Göttliche Komödie*. Florenz komme ich fast jeden Tag an Dantes Geburtshaus aus dem 14. Jahrhundert vorbei. Dabei denke ich an seinen Weg der Läuterung, vom Eintritt in den dunklen Wald (ein Symbol dafür, im Leben verloren zu sein), den Abstieg in Hölle und Fegefeuer, und schließlich das Erreichen des Paradieses, in das er durch die Führung von Vergil und seine Liebe zu Beatrice gelangt. Am Ende des *Infernos* „steigen sie auf … um die Sterne wieder zu sehen“ – von der Dunkelheit zum Licht, vom Negativen zum Positiven, aus der Verwirrung zur Klarheit. Versuchen Sie also, dieses Buch als Ihre eigene Reise zu sehen, und arbeiten Sie sich durch alle Selbstzweifel hindurch zum Selbstvertrauen, wenn Sie die Verbindung zum geschriebenen Wort wieder aufnehmen. Ich hoffe, Sie ermutigen und inspirieren und Ihnen auf dem Pfad zur Entdeckung Ihrer kreativen Seite helfen zu können.

→ Momente des Florentiner Lebens: Ansichten und Architektur fließen als Information in meine Kalligraphie ein; Details werden in Tinte umgesetzt.

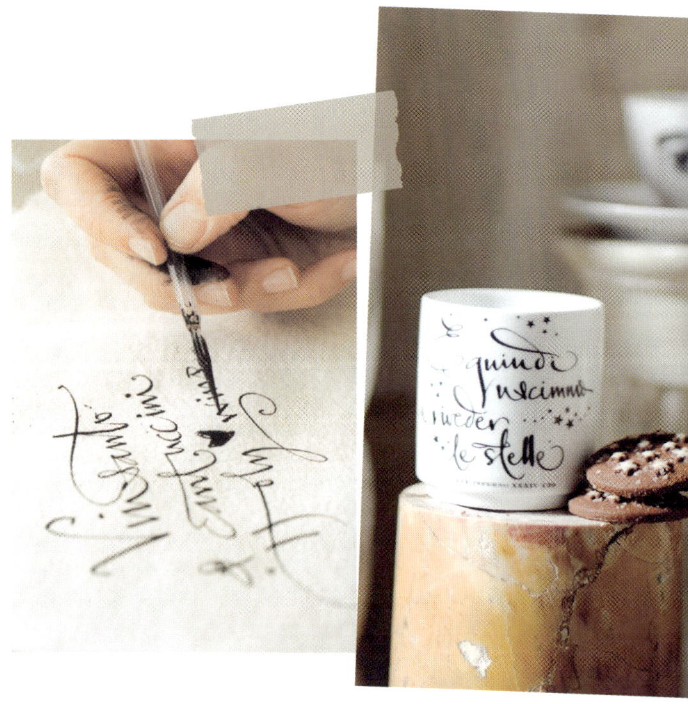

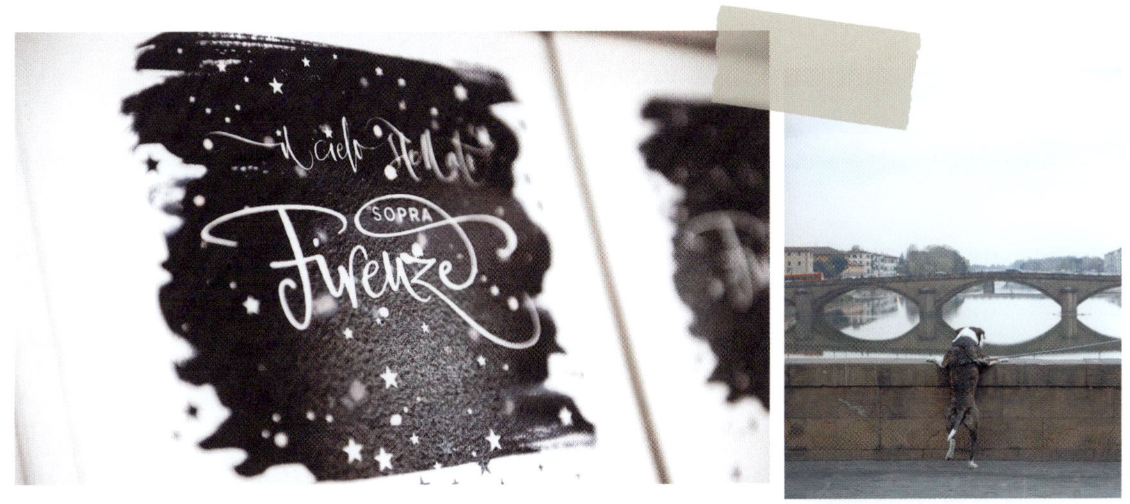
il cielo stellato
SOPRA
Firenze

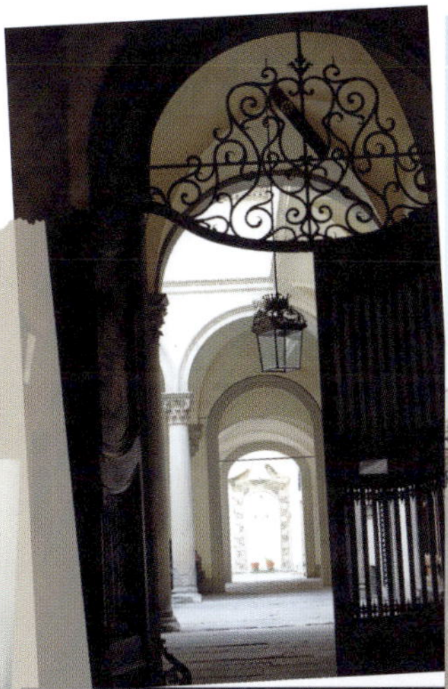

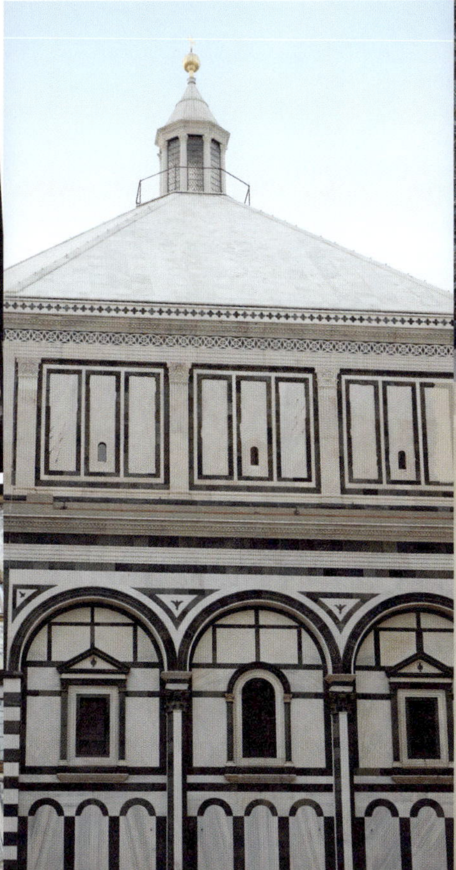

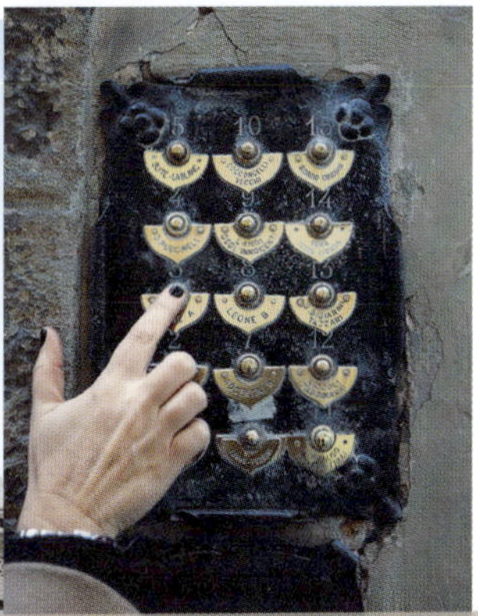

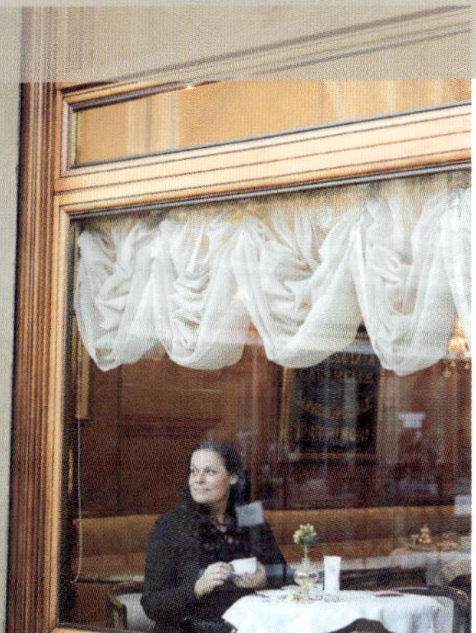

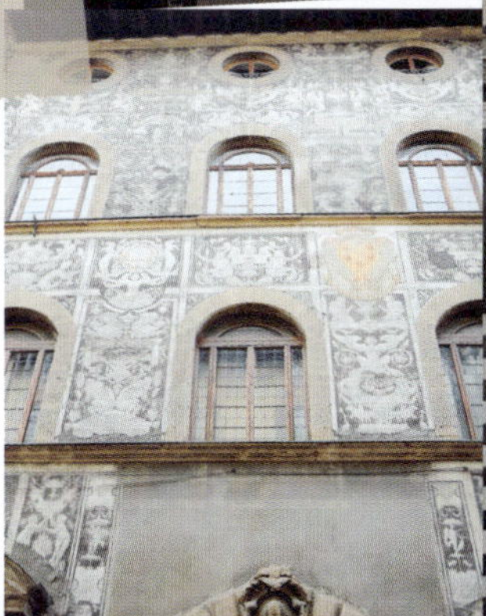

„ALLES IST DURCH UNSICHTBARE FÄDEN MITEINANDER VERBUNDEN. MAN KANN KEINE BLUME PFLÜCKEN, OHNE EINEN STERN ZU STÖREN."
(GALILEO GALILEI)

LE COSE SONO UNITE DA LEGAMI INVISIBILI …

non puoi cogliere un fiore senza turbare una stella*

ALLES IST MITEINANDER VERBUNDEN

Sie wissen bereits, wie sehr Florenz mich inspiriert. Ich weiß, dass ich mich glücklich schätzen kann, weil ich auf denselben Straßen gehen darf wie einst Leonardo da Vinci, Michelangelo, Dante und die Medici. Aber jeder hat sein eigenes Florenz. Sie müssen sich nur umsehen, um es zu finden.

Wo immer Sie sind, können Sie sich inspirieren lassen, um etwas Neues zu kreieren und Verbindung aufzunehmen. Es gibt so viel Schönheit um uns herum, und durch das Erschaffen und Teilen unserer Arbeit verbinden wir uns mit dem Netzwerk aus unsichtbaren Fäden mit den anderen, die vor uns da waren.

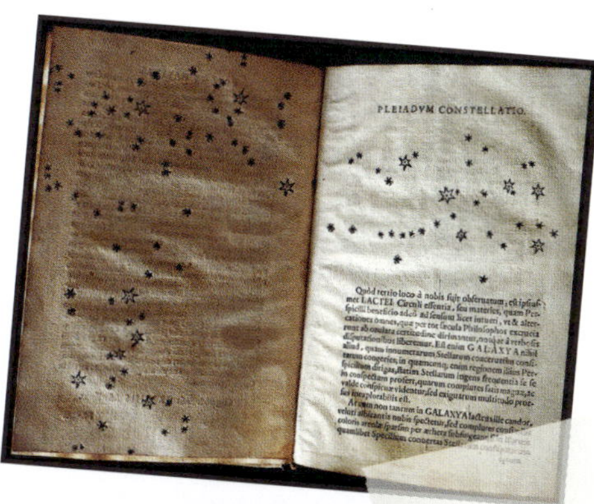

→ Galileos Zeichnungen des Sternhaufens der Plejaden und der Orion-Konstellation, 1610, und eine Probe seiner Handschrift mit der Aussage „Die Größe der Sterne".

↘ In einem unserer Hotels hängt die Kopie eines anonymen Gemäldes. Um seine Dunkelheit zu beleben, habe ich das Galileo-Zitat mit goldenem Markerstift in konzentrischen Kreisen direkt auf die Leinwand geschrieben.

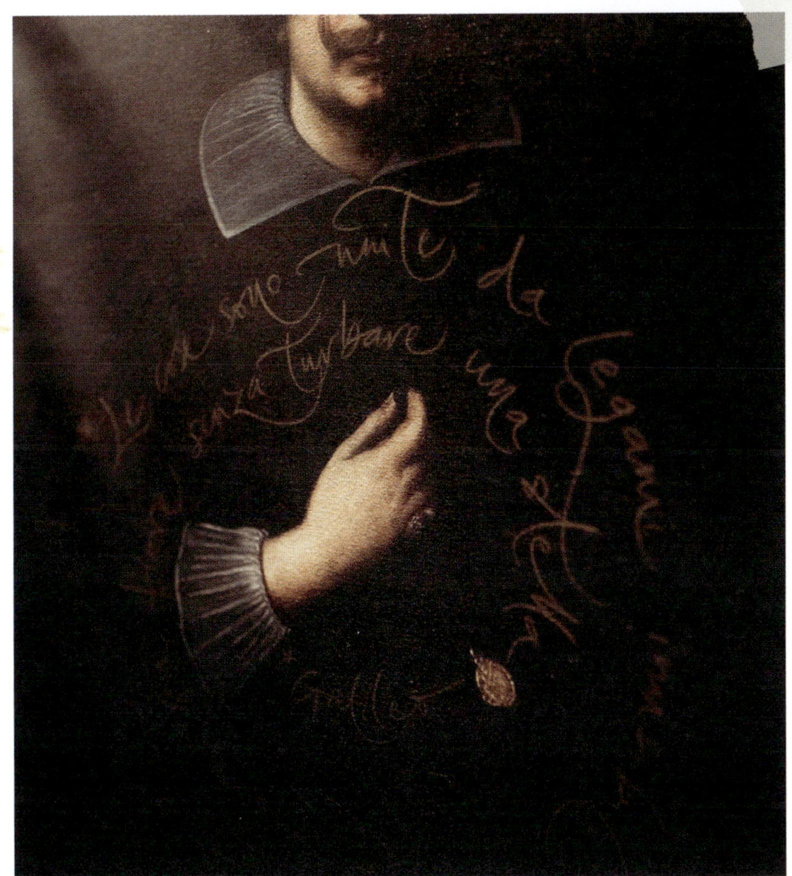

le grandezze delle stelle

Wir alle lernen als Kinder zu schreiben. Zuerst kopieren wir so gut wir können, was die Lehrer uns zeigen. Manchmal imitieren wir Elemente aus Handschriften, die wir bei anderen gesehen haben, etwa ein kleines Herz als i-Punkt. ♥

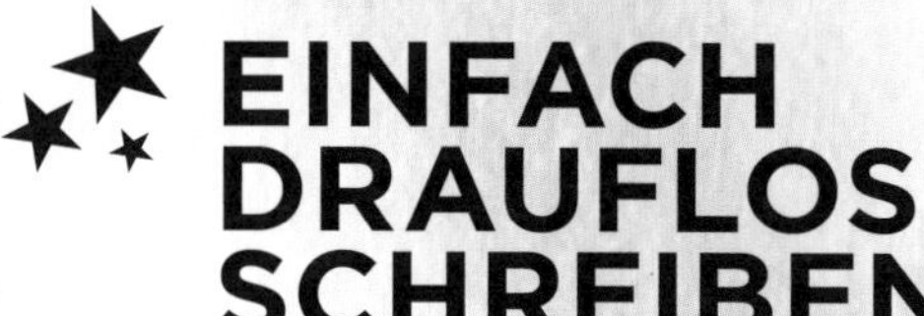

EINFACH DRAUFLOS SCHREIBEN

Werden wir erwachsen, ändern wir unsere Frisuren, unsere Kleidung und unsere Freunde – aber unsere Handschrift bleibt dieselbe. Nur leider verwenden wir sie immer seltener. Während unsere Vorfahren und Eltern Tagebücher und Briefe von Hand schrieben, verfassen wir heute oft nur noch Kurzmitteilungen. Manchmal greifen wir hastig zum Stift, um schnell eine Einkaufsliste oder eine Nachricht auf ein Post-it zu schreiben. Dabei sollte es in unserer modernen Welt mehr Raum zum Schreiben geben, denn es ist etwas sehr Persönliches und spendet Kraft, wenn wir es mit den eigenen Händen tun. Schon gesprochene Worte sind mit Bedeutung und Emotionen aufgeladen. Das verstärkt sich, wenn man sie aufschreibt – sichtbar, berührbar, haltbar.

In diesem Buch werden wir mit Ihrer vorhandenen Handschrift beginnen und Wege erforschen, sie weiterzuentwickeln, damit Sie Ihre Persönlichkeit besser ausdrücken können. Das Buch ist nicht als Anleitung zu verstehen. Es ist eher eine Art Konversation, eine gemeinsame kreative Reise, auf der ich ein paar Ideen mit Ihnen teile und Sie ermutige, mit Tintenfingern Ihre eigenen zu entwickeln. Auch wenn ich Ihnen meine eigenen Kalligraphie-Buchstaben, die „Alphabetty" zeige, heißt das nicht, dass Sie wie ich schreiben sollen – vielmehr geht es darum, zu lernen, wie Sie selbst zu schreiben. Individuelle, moderne Kalligraphie sollte immer anders und einzigartig sein und nicht einfach die Wiederholung einer Abfolge von Strichen anderer. Lassen Sie Ihre Persönlichkeit durchscheinen, egal was und wie Sie schreiben.

Viele Leute kommen wegen meiner Handschrift zu mir – sie fällt ihnen auf, sie bewundern sie und sagen mir, dass sie sich ihrer eigenen Schrift schämen. Schreiben ist eine Fertigkeit, die wir alle haben, und doch messen wir ihr oft nicht genügend Wert bei, um sie zu entwickeln, sie von einer Gewohnheit zu einer freudvollen Kunstform zu machen, die uns ganz allein gehört. Meine Schrift ist kurvig und verschnörkelt, und irgendwer hat mal gesagt, sie reflektiere meine eigenen kurvigen Formen. So begann ich darüber nachzudenken, ob wir die Wesensart eines Menschen an der Art erkennen, wie er schreibt. Und ob uns das Schreiben ähnlich wie ein Sternzeichen hilft, uns selbst besser zu begreifen und vielleicht sogar zur eigenen Kreativität zu finden?

BETRACHTEN WIR IHRE HANDSCHRIFT NUN ALSO ETWAS NÄHER UND MACHEN WIR EIN PAAR EXPERIMENTE, UM ZU SEHEN, WOZU SIE IN DER LAGE IST.

GEMEINSAM WERDEN WIR DEN DUNKLEN, TINTENSCHWARZEN WALD, DAS ABENTEUER DES SCHREIBENS ERFORSCHEN. ERPROBEN WIR NEUE WEGE, UM BUCHSTABEN ZU FORMEN UND AUF WORTE ZU BLICKEN – UND AUF DIE ABSTÄNDE DAZWISCHEN.

Jedem Anfang wohnt ein Zauber inne

(HERMANN HESSE)

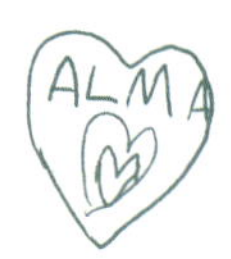

KREATIVE KINDHEIT

Als kleine Kinder kritzeln, malen und zeichnen wir ganz ungehemmt drauflos. Wir verleihen unserer Freiheit Form und drücken unsere Ideen, Gedanken und Ängste aus. Nichts wird unterdrückt. Wenn wir älter werden, verlieren wir einen Teil dieser Freiheit und fühlen uns gehemmter. Wir lernen, was „richtig" ist: innerhalb der Linien zu kolorieren, gleichmäßig zu schreiben und den Seitenrand frei zu lassen, damit unsere Briefe alle gleich aussehen.

Aber lassen Sie uns jetzt versuchen, wieder zu diesem freien, spielerischen Ansatz zurückzukommen. Auf den folgenden Seiten finden Sie ein paar Übungen, die Ihnen helfen, locker zu werden und Ihre Persönlichkeit mit Tinte auf Papier zu übertragen.

Zeichnungen von Alma, 6 ½ Jahre

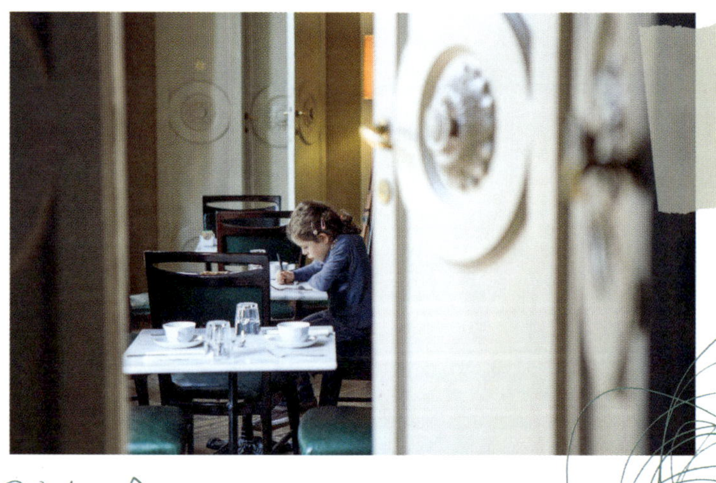

EVERY CHILD IS AN ARTIST

„ALS KIND IST JEDER EIN KÜNSTLER. DIE SCHWIERIGKEIT LIEGT DARIN, ALS ERWACHSENER EINER ZU BLEIBEN."
(PABLO PICASSO)

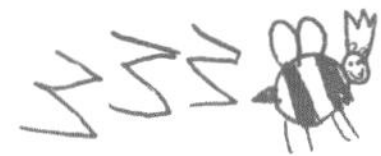

Das ist meine Handschrift

Sie reflektiert meine Persönlichkeit mit ihren individuellen Eigenheiten, die beim Schreiben spontan erscheinen.

Das ist mein Lettering

Lettering ist eine Weiterentwicklung der Schrift. Die Buchstaben werden gezeichnet und wirken so dekorativer und illustrativer.

Das ist meine Kalligraphie

Klassische Kalligraphie ist die Kunst, aus traditionellen Buchstabenformen künstlerische, stilisierte und elegante Handschriften herzustellen. Bei meinem modernen Ansatz des kunstvollen Schreibens liegt die Betonung neben den handwerklichen Fähigkeiten auf Achtsamkeit, Nachdenklichkeit und Bewusstheit.

Kalligraphie kann als exakte Wissenschaft betrachtet werden, aber das Schöne an der Reise hin zu Ihrem eigenen Kalligraphiestil ist, dass er nicht akkurat oder perfekt sein muss. Vieles ist intuitiv, und Sie werden interessante Fehler machen, während Sie eine neue, freie, schwungvoll-verspielte Art des Schreibens lernen und ausprobieren und sich dabei für Ihre ganz persönlichen, einzigartigen Eigenheiten öffnen.

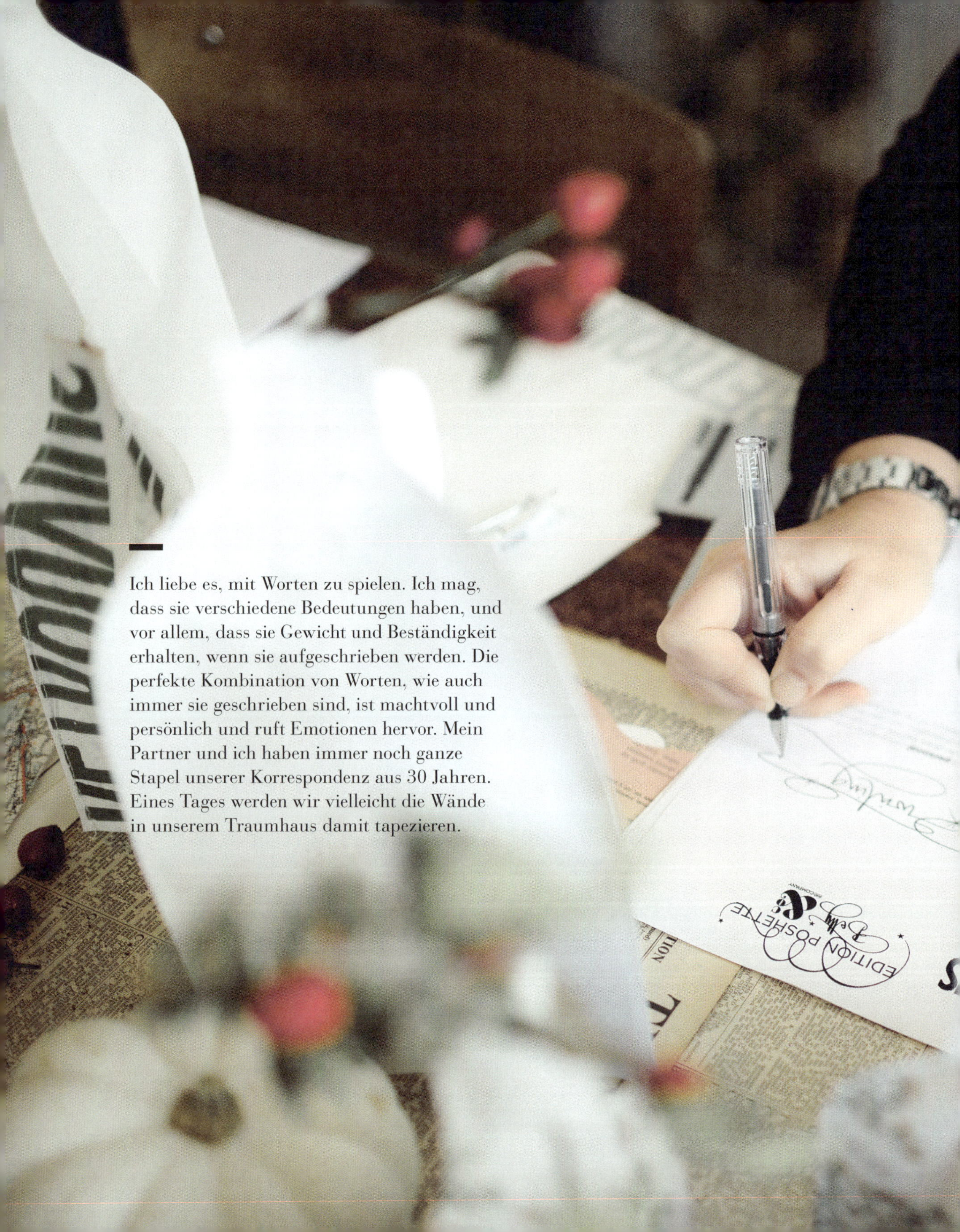

Ich liebe es, mit Worten zu spielen. Ich mag, dass sie verschiedene Bedeutungen haben, und vor allem, dass sie Gewicht und Beständigkeit erhalten, wenn sie aufgeschrieben werden. Die perfekte Kombination von Worten, wie auch immer sie geschrieben sind, ist machtvoll und persönlich und ruft Emotionen hervor. Mein Partner und ich haben immer noch ganze Stapel unserer Korrespondenz aus 30 Jahren. Eines Tages werden wir vielleicht die Wände in unserem Traumhaus damit tapezieren.

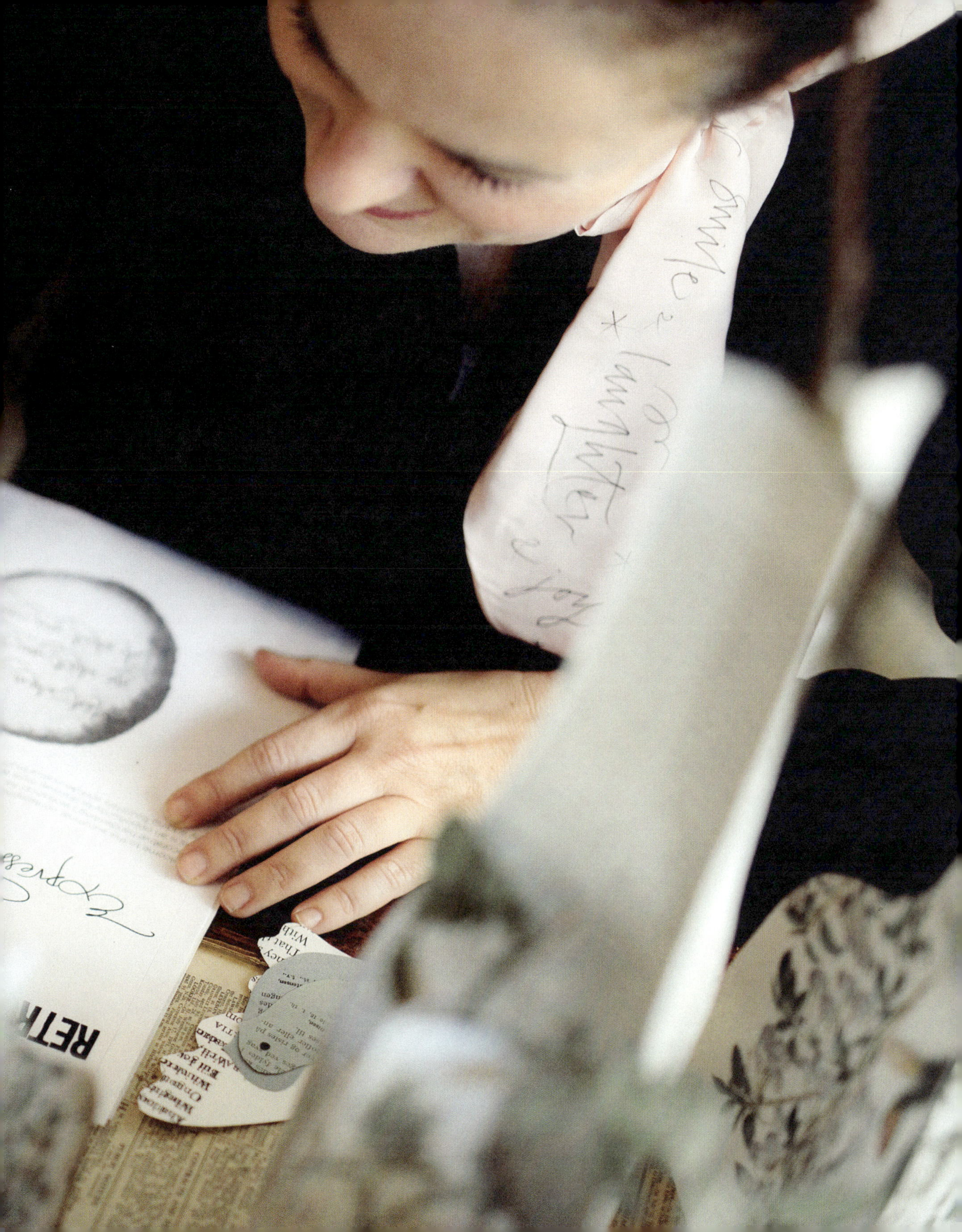

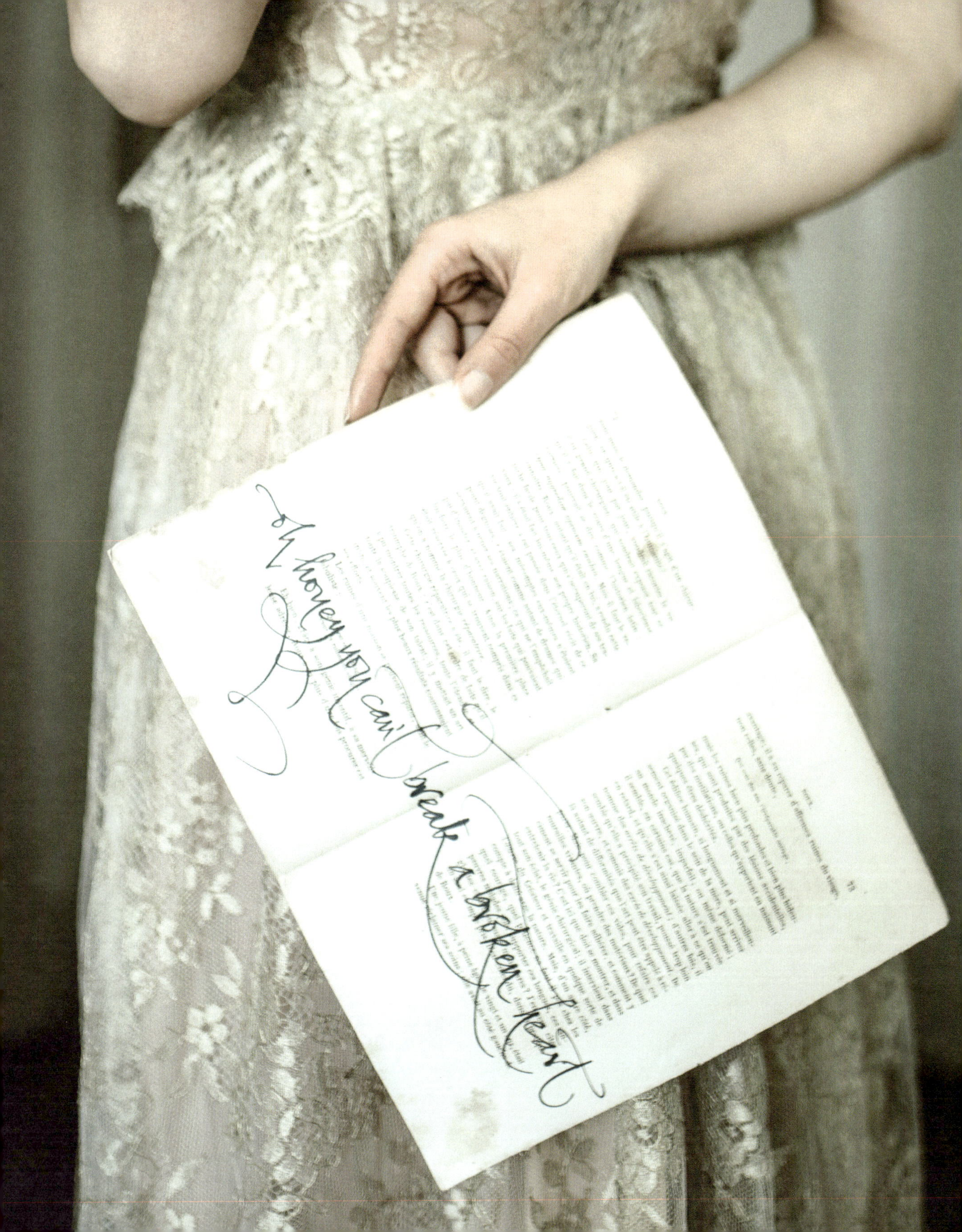
oh honey you can't break a broken heart

↑ *Handschrift von Michelangelo, um 1550.*

MÜHELOS IST ANSTRENGEND

Einer der Wahlsprüche der mächtigen Familie der Medici war folgendes Oxymoron:

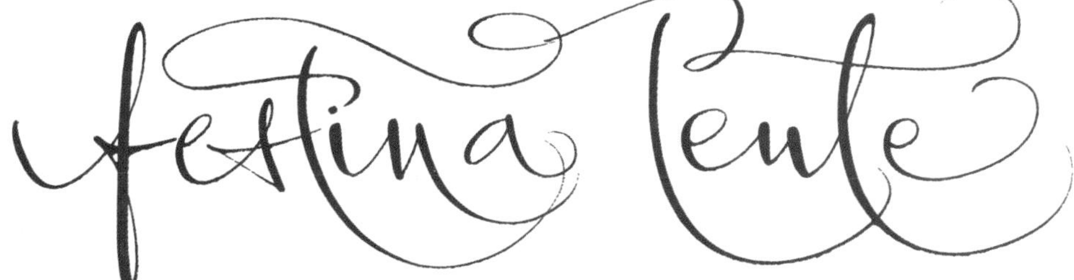

Übersetzt bedeutet das in etwa „Eile mit Weile", philosophisch betrachtet „Fortschritte machen durch Nachdenken und Sorgfalt".

Ich bin beim Schreiben sehr schnell, instinktiv, selbstbewusst. Es mag mühelos aussehen, aber es hat viel Arbeit, Engagement, Neugier und Zeit gekostet. Mit zunehmender Erfahrung habe ich gelernt, den nächsten Schritt vorherzusehen und zu visualisieren, wie ich den Raum fülle, aber das war nicht immer so. Achten Sie darauf, langsam anzufangen, damit Ihr Verstand den Handbewegungen folgen kann und die Schrift leserlich bleibt. Wir versuchen, beim Schreiben in einen Fluss zu kommen, einen Rhythmus mit einheitlichen, aber dennoch freien Bewegungen. Einiges läuft kontrolliert ab, aber das meiste ist Vertrauen und Loslassen. Nehmen Sie das Überraschende an und wertschätzen Sie, was dabei entsteht.

ho visto un angelo nel marmo
ed ho scolpito fino a liberarlo*

* „ICH SAH DEN ENGEL IM MARMOR UND MEISSELTE, BIS ICH IHN BEFREIT HATTE." (MICHELANGELO BUONARROTI)

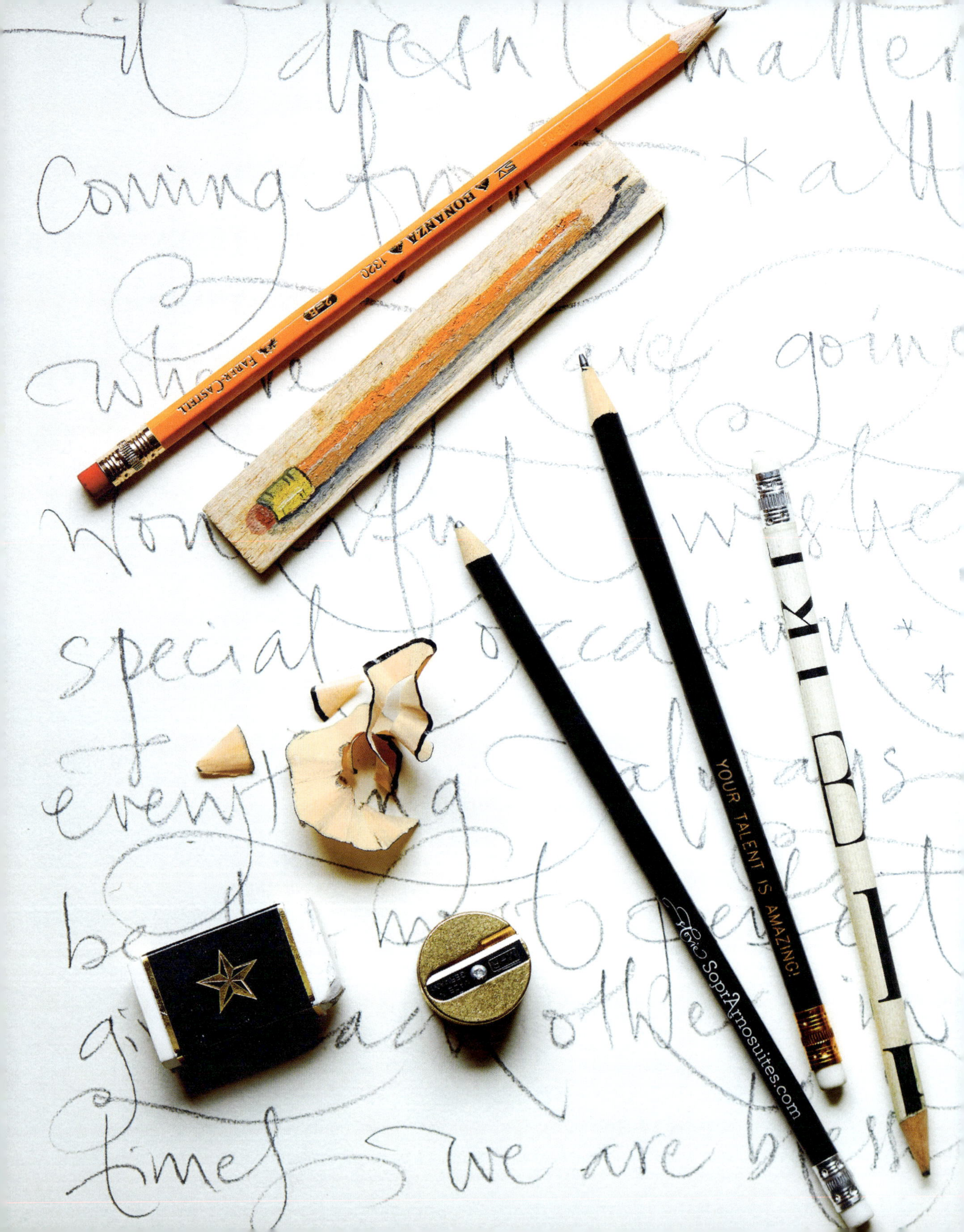

FABER-CASTELL 2B 1320 BONANZA

YOUR TALENT IS AMAZING!

SoprArnosuites.com

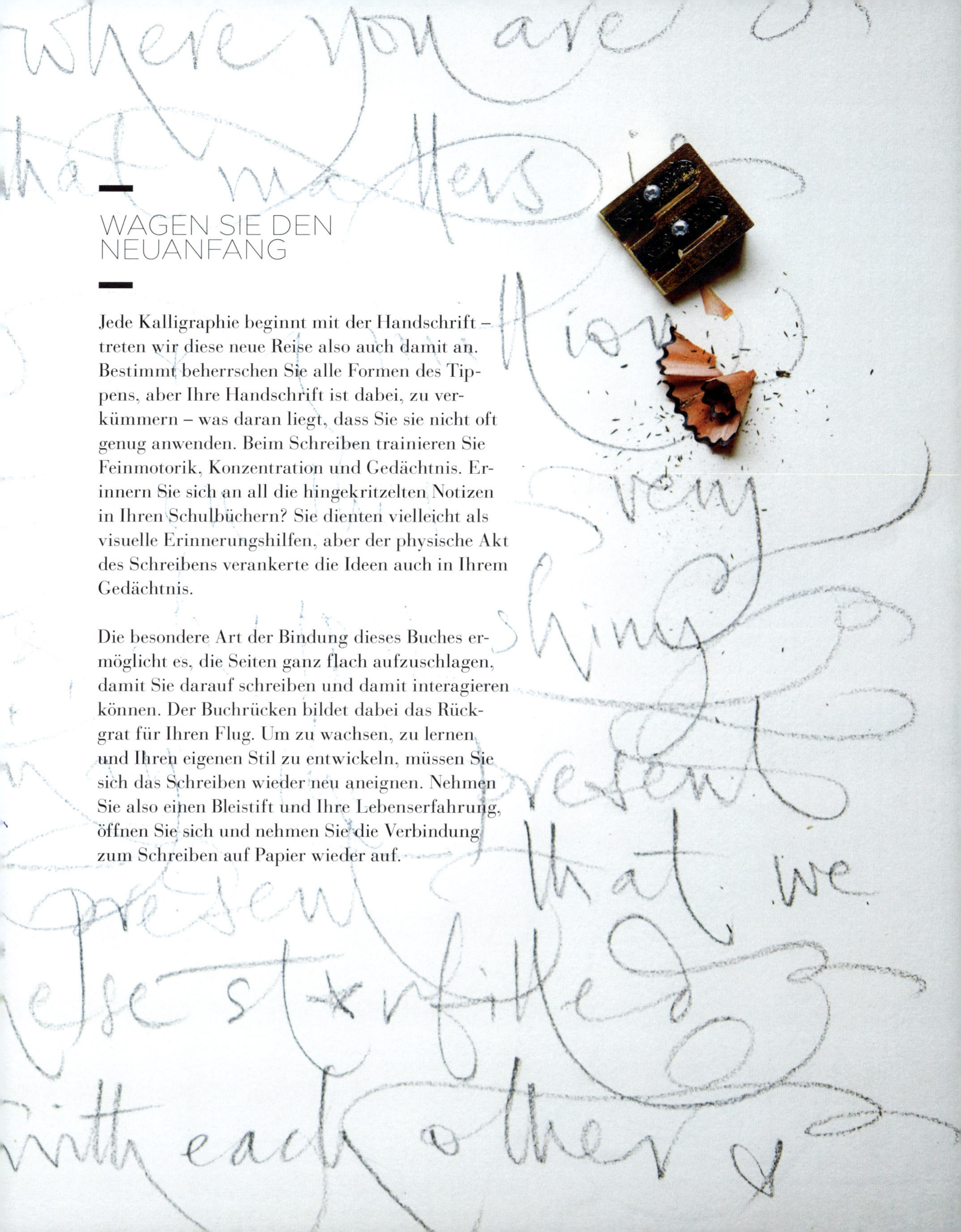

WAGEN SIE DEN NEUANFANG

Jede Kalligraphie beginnt mit der Handschrift – treten wir diese neue Reise also auch damit an. Bestimmt beherrschen Sie alle Formen des Tippens, aber Ihre Handschrift ist dabei, zu verkümmern – was daran liegt, dass Sie sie nicht oft genug anwenden. Beim Schreiben trainieren Sie Feinmotorik, Konzentration und Gedächtnis. Erinnern Sie sich an all die hingekritzelten Notizen in Ihren Schulbüchern? Sie dienten vielleicht als visuelle Erinnerungshilfen, aber der physische Akt des Schreibens verankerte die Ideen auch in Ihrem Gedächtnis.

Die besondere Art der Bindung dieses Buches ermöglicht es, die Seiten ganz flach aufzuschlagen, damit Sie darauf schreiben und damit interagieren können. Der Buchrücken bildet dabei das Rückgrat für Ihren Flug. Um zu wachsen, zu lernen und Ihren eigenen Stil zu entwickeln, müssen Sie sich das Schreiben wieder neu aneignen. Nehmen Sie also einen Bleistift und Ihre Lebenserfahrung, öffnen Sie sich und nehmen Sie die Verbindung zum Schreiben auf Papier wieder auf.

FANGEN WIR GANZ EINFACH AN – SCHREIBEN SIE HIER ETWAS MIT BLEISTIFT – JA, MACHEN SIE SICH DIESES BUCH ZU EIGEN!

Füllen Sie die leere Seite mit Linien: wellig oder gerade, so, wie sie eben herauskommen. Achten Sie auf die Linien, aber auch auf die Zwischenräume …

„EINE **LINIE** IST EIN **PUNKT**, DER EINEN SPAZIERGANG MACHT …" (PAUL KLEE)

Wenn Sie anfangen, mit Kalligraphie zu spielen, werden Sie sehen, dass die Abstände und Formen zwischen den Buchstaben und Wörtern genauso interessant sind wie die Buchstaben selbst.

Schreiben Sie ein paar Worte wirklich richtig k l e i n.

Mini-Minuskel

Jetzt schreiben Sie ein Wort wirklich RICHTIG GROSS.

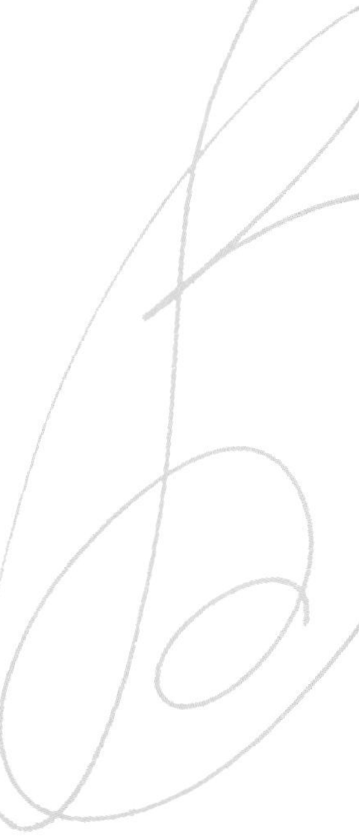

WIE VERÄNDERT SICH IHRE HANDSCHRIFT, WENN SIE DIE SCHRIFTGRÖSSE ÄNDERN? WAS FÜHLT SICH BESSER AN?

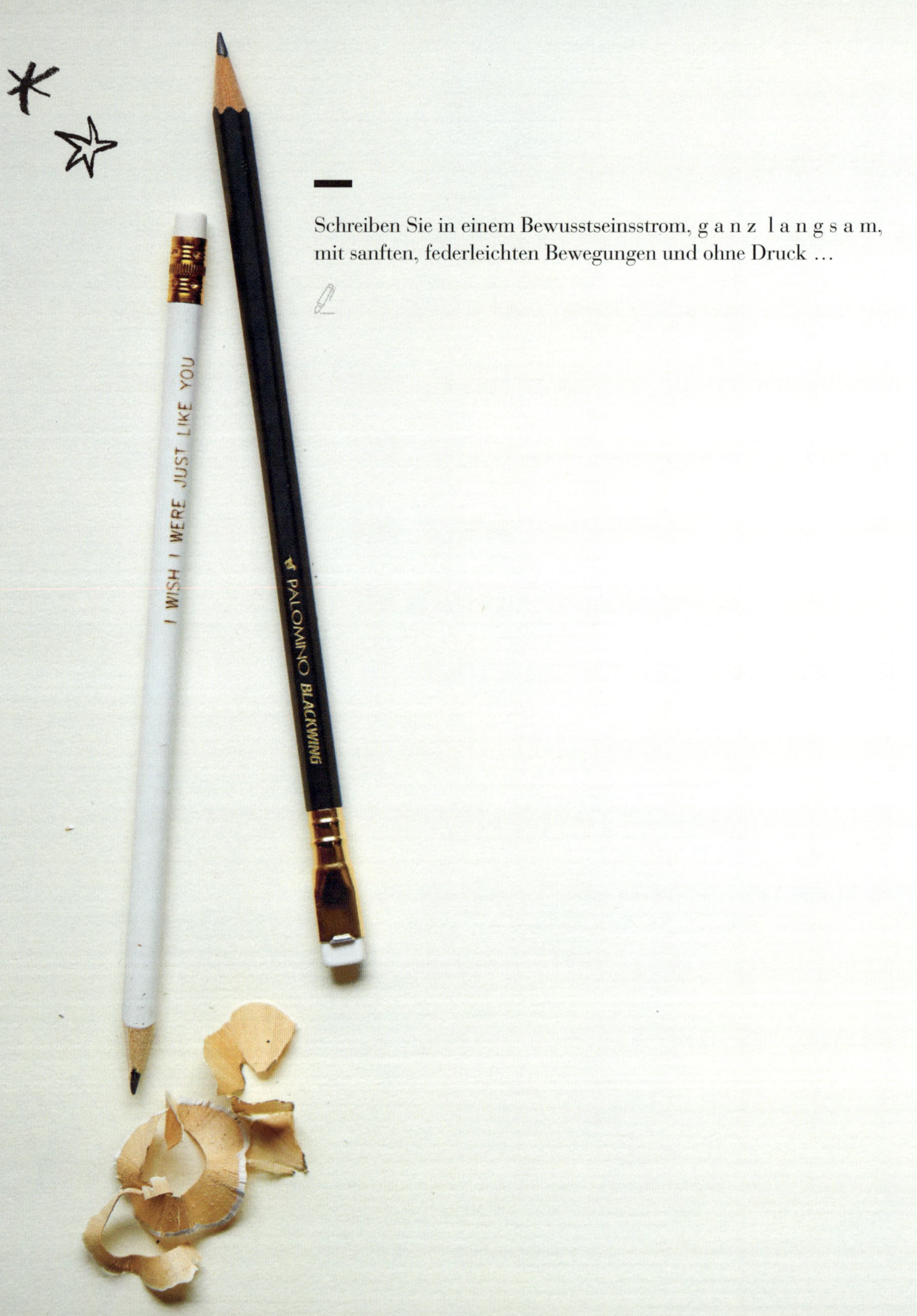

Schreiben Sie in einem Bewusstseinsstrom, g a n z l a n g s a m, mit sanften, federleichten Bewegungen und ohne Druck …

… und schreiben Sie
jetzt superschnell!
Üben Sie starken **Druck**
aus, um ein paar dunklere
Bleistift-Worte zu erhalten.

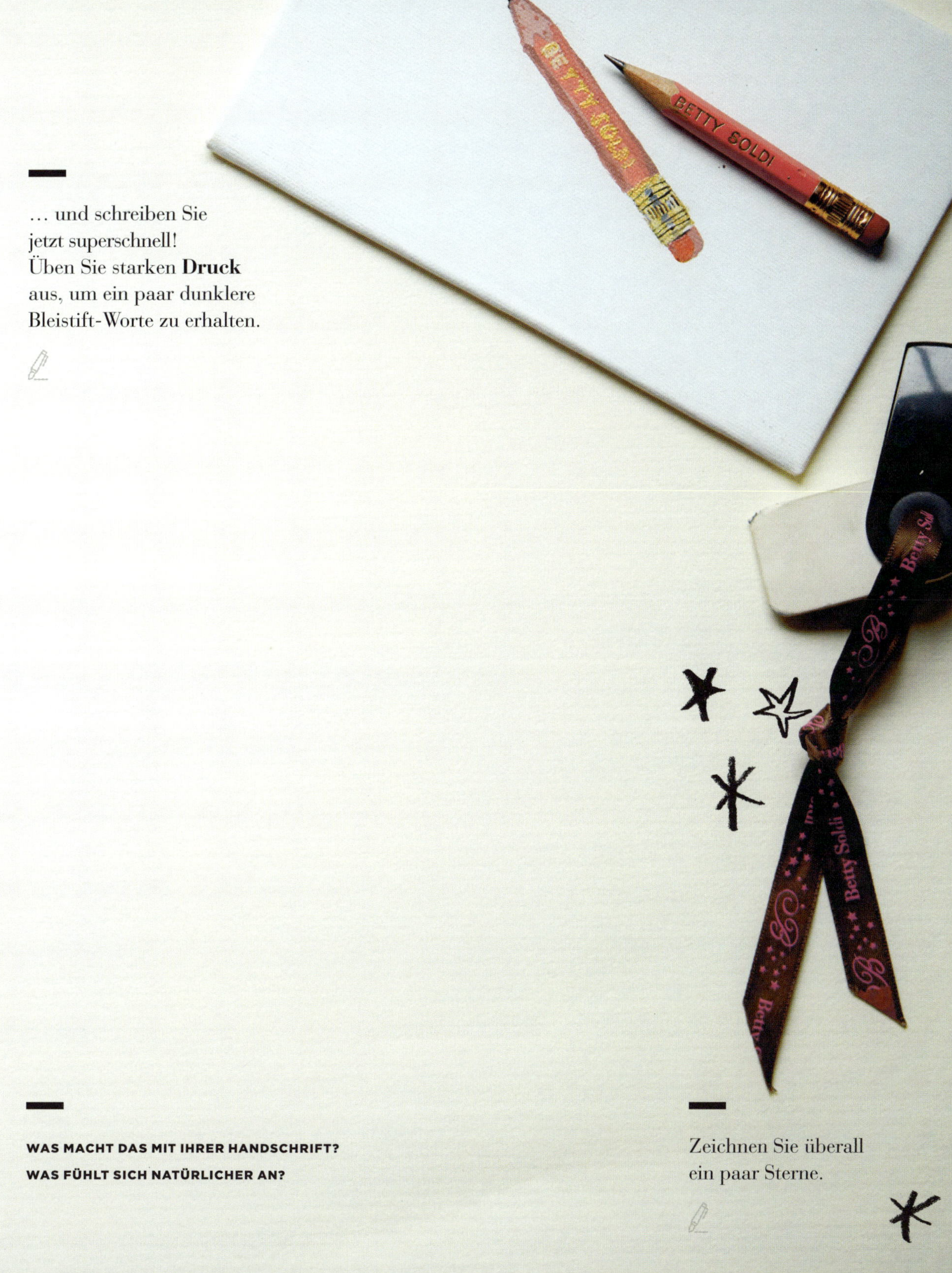

WAS MACHT DAS MIT IHRER HANDSCHRIFT?
WAS FÜHLT SICH NATÜRLICHER AN?

Zeichnen Sie überall
ein paar Sterne.

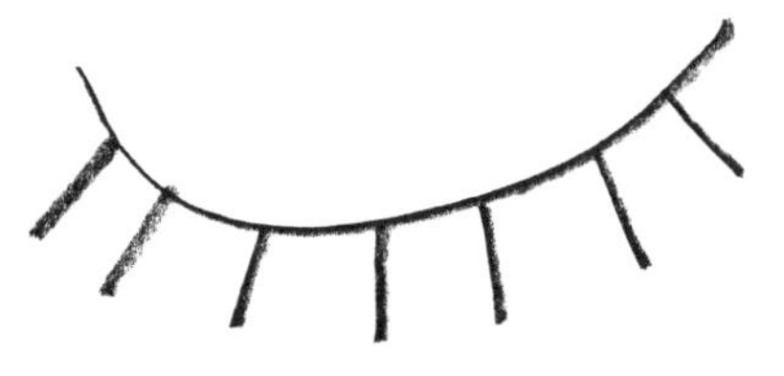
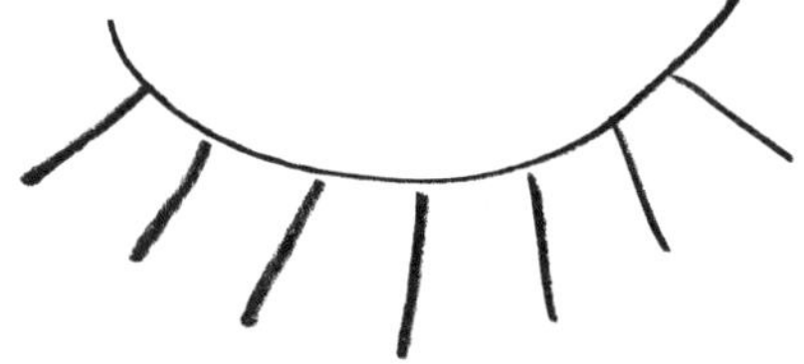

Schreiben Sie hier etwas mit geschlossenen Augen.

SIEHT ES NOCH AUS WIE IHRE HANDSCHRIFT?

Sinistra

» **„LINKS“** AUF ITALIENISCH, ABGELEITET VOM LATEINISCHEN „SINISTER“ – FRÜHER BEDEUTETE ES AUCH UNHEILVOLL ODER BÖSE, DA DER TEUFEL MIT DER LINKEN SEITE ASSOZIIERT WURDE.

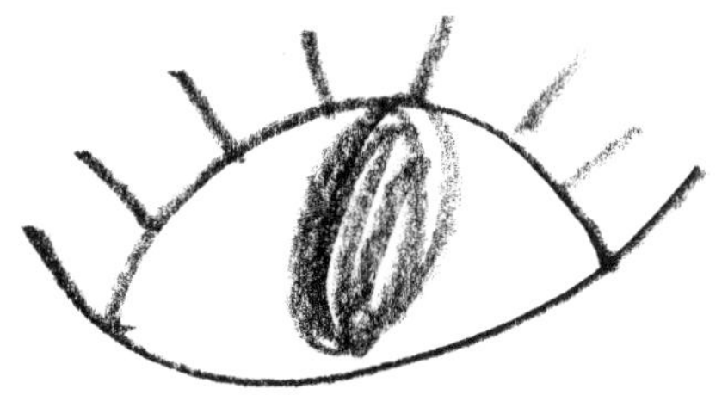

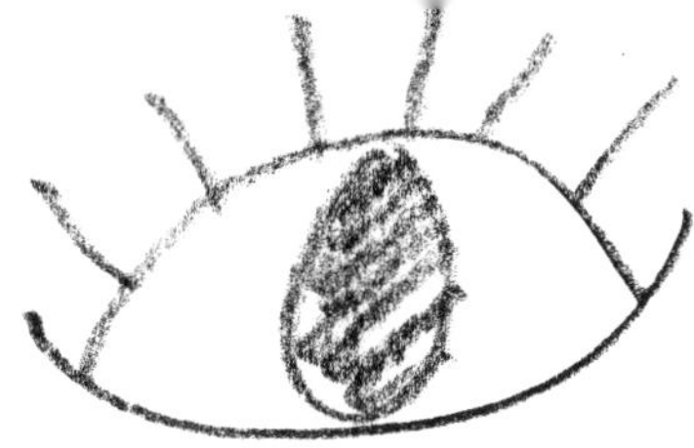

Schreiben Sie dasselbe nun mit offenen Augen, aber mit der anderen Hand.

WIE FÜHLT ES SICH AN, MIT DER „FALSCHEN“ HAND ZU SCHREIBEN? GIBT ES IRGENDETWAS, DAS IHNEN AN DIESEN BUCHSTABEN GEFÄLLT? HIER HABEN SIE WENIGER KONTROLLE – DAS KANN BEDEUTEN, DASS ETWAS NEUES PASSIERT …

dextra » **„RECHTS“** – RICHTIG, GESCHICKT MIT DEN HÄNDEN.

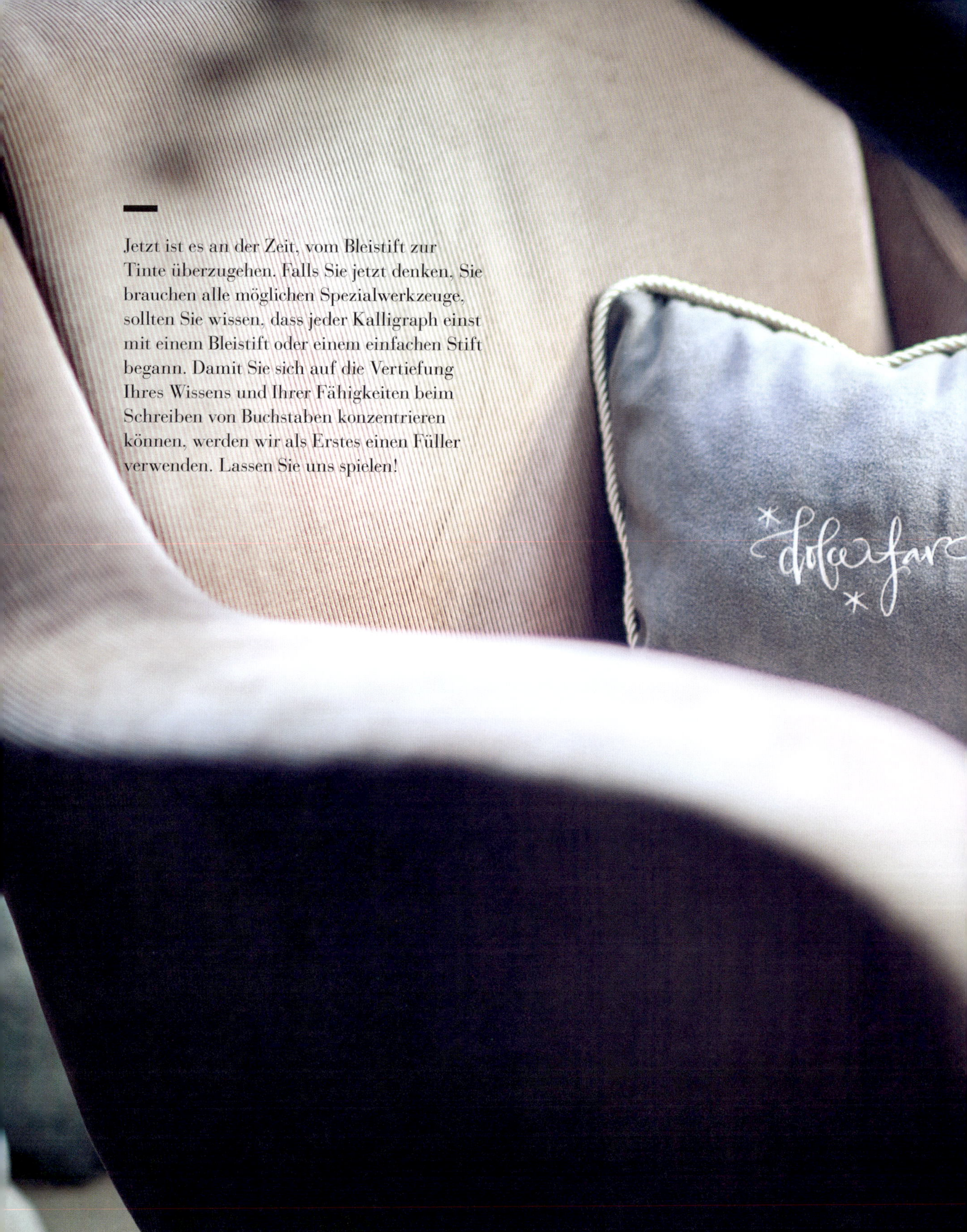

Jetzt ist es an der Zeit, vom Bleistift zur Tinte überzugehen. Falls Sie jetzt denken, Sie brauchen alle möglichen Spezialwerkzeuge, sollten Sie wissen, dass jeder Kalligraph einst mit einem Bleistift oder einem einfachen Stift begann. Damit Sie sich auf die Vertiefung Ihres Wissens und Ihrer Fähigkeiten beim Schreiben von Buchstaben konzentrieren können, werden wir als Erstes einen Füller verwenden. Lassen Sie uns spielen!

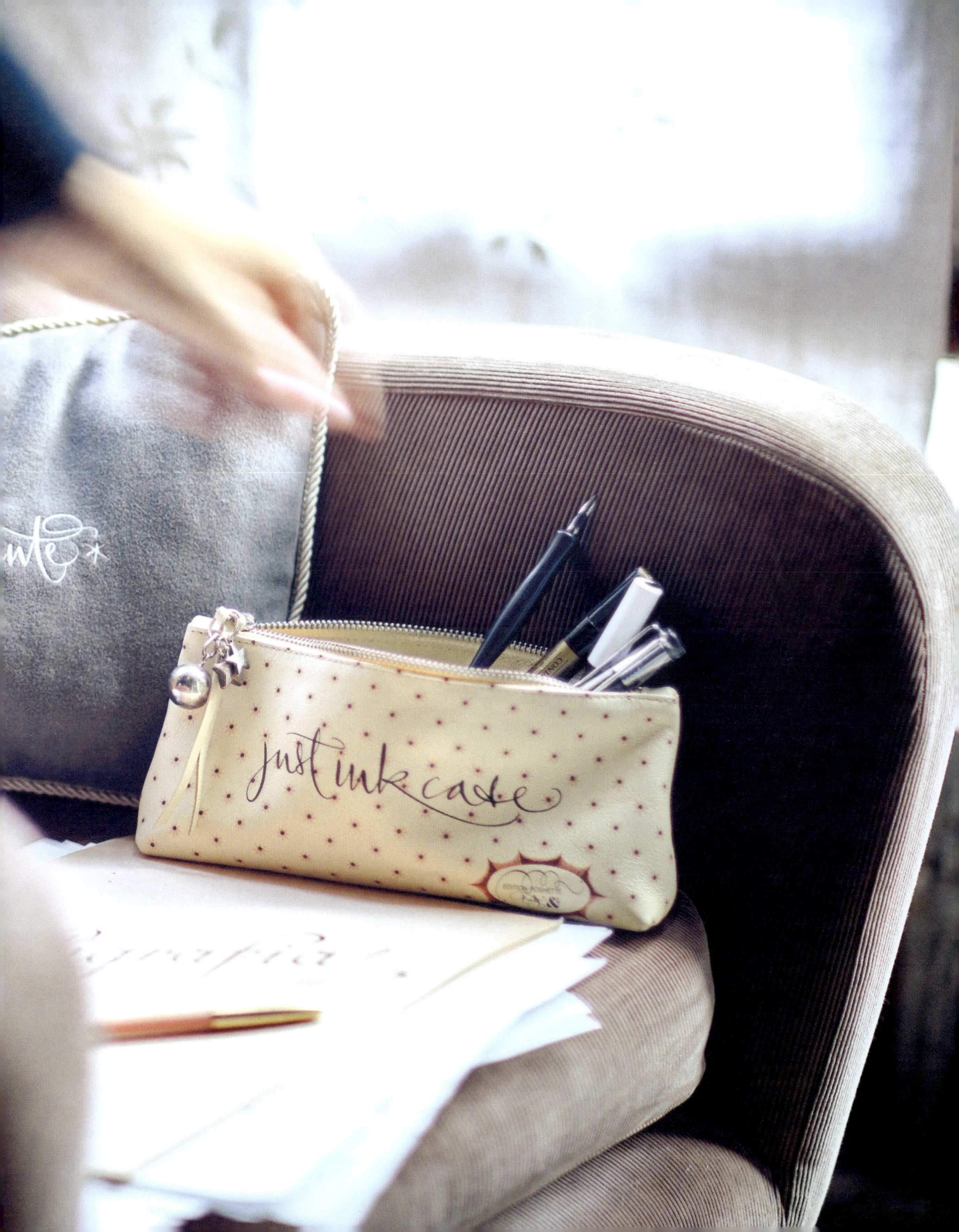
just ink care

Bevor wir anfangen, möchte ich noch etwas anmerken: Perfektion wird überbewertet. In der Authentizität liegt eine viel größere Schönheit. Handgeschriebene Fehler sind schwer zu wiederholen und sollten daher wertgeschätzt werden. In der japanischen Kunstform Kintsugi werden zerbrochene Gegenstände mit Gold zusammengeflickt; der Makel gilt als Teil der Geschichte eines Objekts, nicht als etwas, das versteckt werden muss. Der Schaden gehört dazu, und die Reparatur wird buchstäblich ins Rampenlicht gestellt.

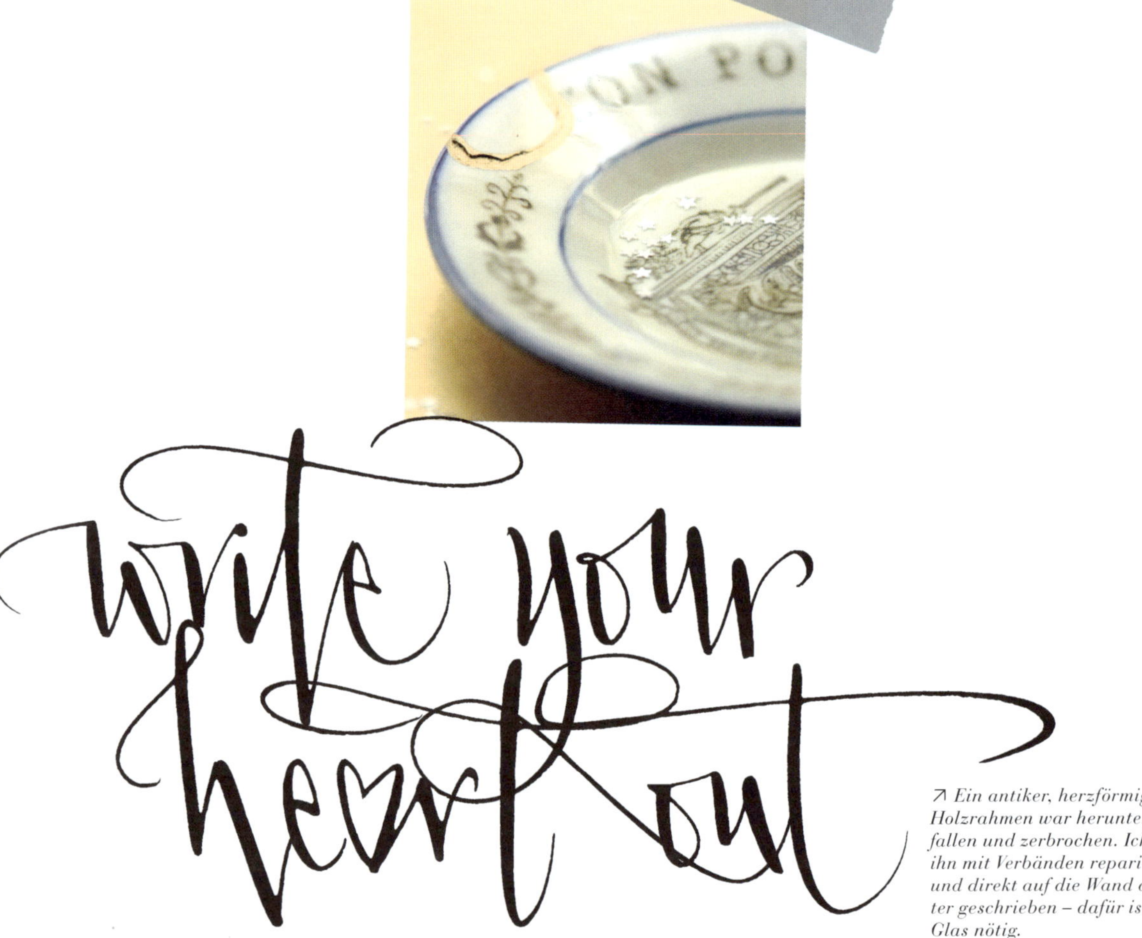

↗ *Ein antiker, herzförmiger Holzrahmen war heruntergefallen und zerbrochen. Ich habe ihn mit Verbänden repariert und direkt auf die Wand darunter geschrieben – dafür ist kein Glas nötig.*

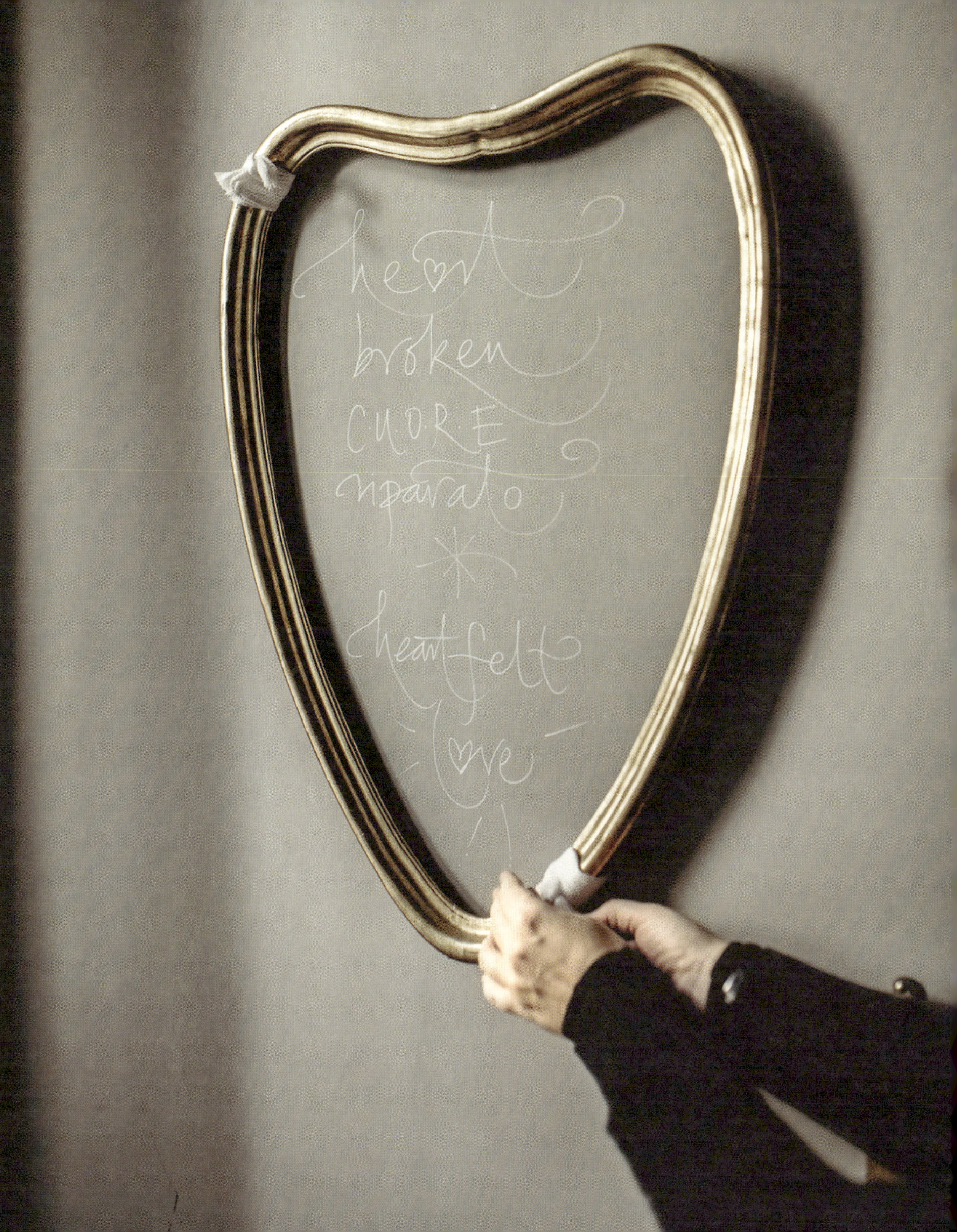
heart
broken
C.U.O.R.E
riparato
heartfelt
love

KREATIVITÄT IST INTELLIGENZ, DIE SPASS HAT

Bereit, ein schönes Chaos anzurichten?!

Kommen Sie wieder in Kontakt mit dem, was und wie Sie schreiben, als eine persönliche Ausdrucksmöglichkeit. Es ist nie zu spät, mit dieser Kunst zu beginnen. Erlauben Sie sich, wieder ganz von vorne zu beginnen. Das braucht Mut und kann unordentlich und chaotisch sein. Buchstäblich.

Verspritzen wir etwas Tinte …

Quer durch dieses Buch habe ich Titel und Zitate mit einer biegsamen, in Tinte getauchten Spitzfeder geschrieben. Sie werden später noch lernen, damit zu spielen. Für die folgenden Übungen verwende ich einen einfachen Füller, genauer gesagt meinen geliebten Lamy Vista – schick, stylisch und überall erhältlich.

Vielleicht trauen Sie sich nicht, mit Füller auf diese Seiten zu schreiben. Hier ein paar Übungen, damit Sie die Angst verlieren. Legen Sie eine neue Patrone in Ihren Füller und nehmen Sie die Kappe ab. Schütteln Sie ihn, damit die Tinte fließen kann, und schaffen Sie Ihr eigenes Meisterwerk aus Tintenklecksen.

Klecks

» BESSER EIN „UPS“ ALS EIN „WAS WÄRE WENN ...“

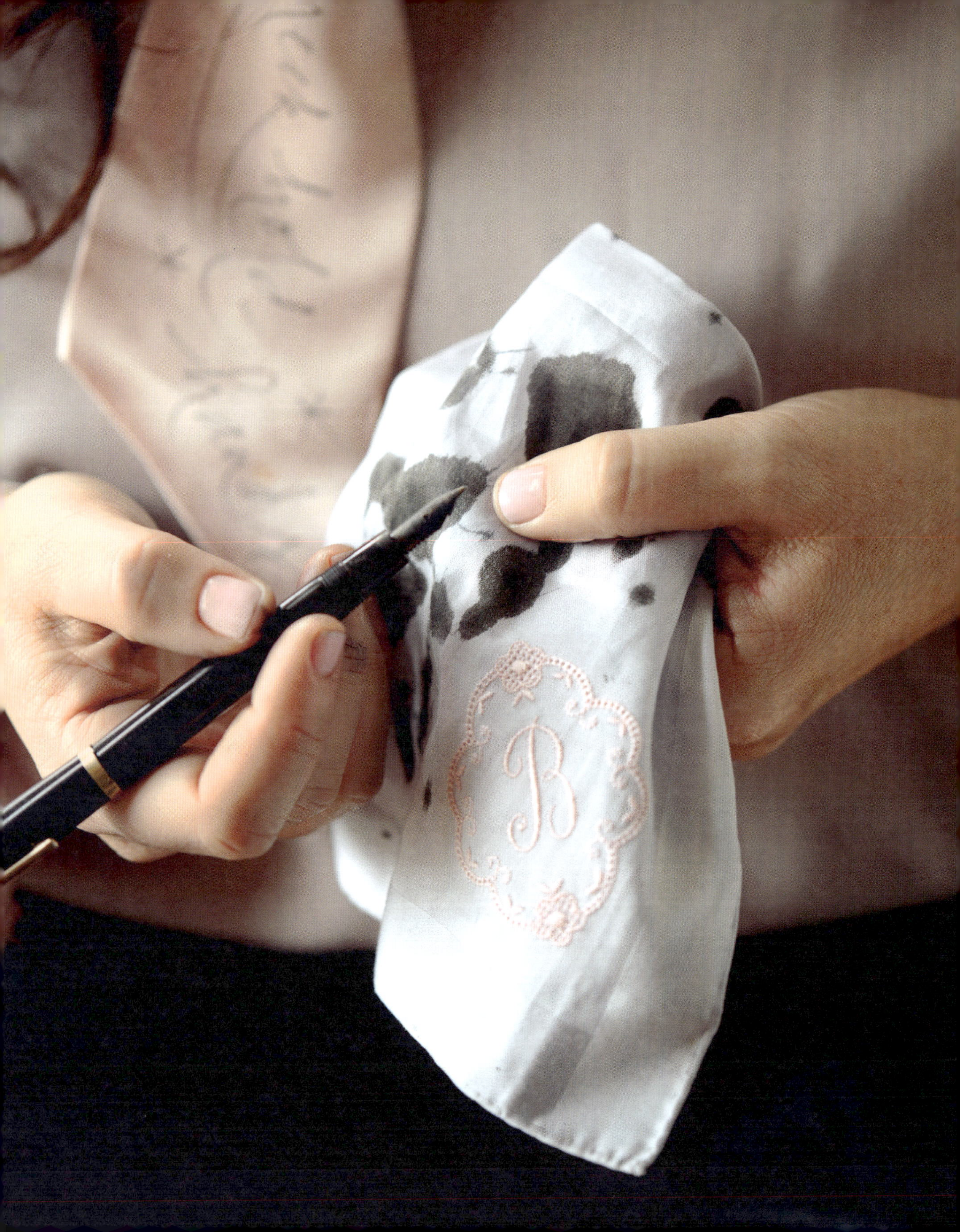
B

Rorschach » IHRE EIGENE WAHRNEHMUNG VON TINTENKLECKSEN

1

Diese Seite entlang der gestrichelten Linie mittig falten und wieder öffnen.

2

Den geöffneten Füller kräftig schütteln, um viele Tintenkleckse zu erzeugen.

3

Die Seite wieder zusammenfalten, andrücken, öffnen und nachsehen, wie schöne, symmetrische Tintenkleckse erscheinen. Trocknen lassen.

EINE SEITE, DIE SIE AN SICH VERMUTLICH NOCH NICHT KANNTEN!

Zu den Anfängen zurückzukehren ist oft schwerer, als einen Weg einfach weiterzugehen. Stellen Sie sich vor, Sie nehmen zum ersten Mal eine Yoga-Stunde – Sie haben bestimmt kaum Selbstvertrauen oder Kontrolle über Ihre Bewegungen. Sie wackeln und zittern beim Versuch, Stellungen zu halten, Sie haben keine Ahnung, wie Sie atmen sollen … aber mit der Zeit werden Geist und Körper biegsamer, Sie werden kräftiger und lernen, den Atem zum Anspannen und Entspannen richtig einzusetzen.

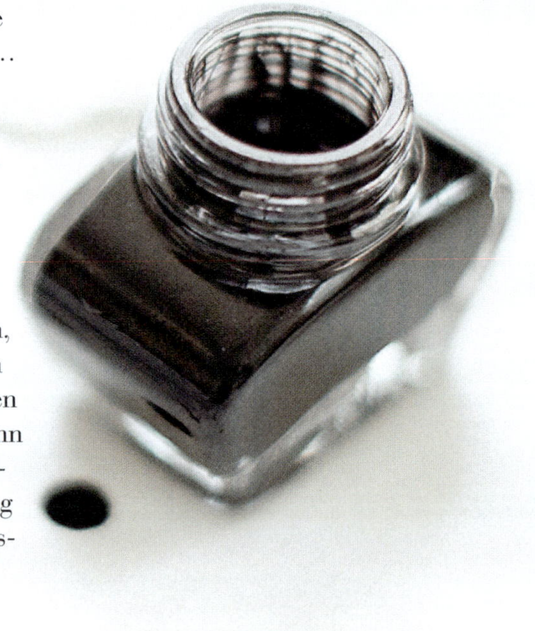

Bei der Kalligraphie ist es genauso. Wenn Sie lernen, präsent zu sein, mit Fehlern umzugehen und sie sich zu eigen zu machen, legen Sie den Grundstein, auf dem Sie Ihren einzigartigen, modernen Schreibstil aufbauen können. Es ist erstaunlich, was passiert, wenn Sie endlich realisieren, dass Perfektion überbewertet wird und Sie allein schon gut genug sind. Etwas Neues zu wagen, ist eine Herausforderung – und ein großer Spaß, wenn es bedeutet, schwarze Tinte auf einer Seite zu verteilen …

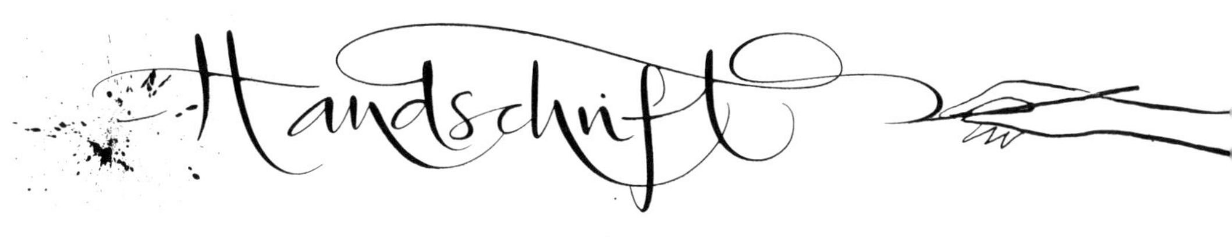

Jeder von uns hat einen einzigartigen Kalligraphiestil, der sich aus verschiedenen Komponenten zusammensetzt. Sehen wir uns Ihre Handschrift einmal an, dieses „Wesen“, das wir alle in uns tragen:

Meine Handschrift

Wie ist der Neigungswinkel? In welche Richtung lehnt sich Ihre Schrift? Ändert sich das je nach Stimmung? Wenn Ihre Schrift aufrecht ist, spielen Sie mit einer Schräglage – nach rechts und links (in der Graphologie wird eine nach rechts geneigte Schrift mit Offenheit für neue Erfahrungen gedeutet). Wenn Sie normalerweise schräg schreiben, wie fühlt es sich an, gerade und aufrecht zu schreiben?

Meine Handschrift

WIE IST DIE FORM IHRER BUCHSTABEN?

Gerundet (sind Sie kreativ und künstlerisch?)

Spitz (sind Sie leidenschaftlich und neugierig?)

WIE SIEHT DER ABSTAND ZWISCHEN IHREN BUCHSTABEN AUS?

Damit ist die Menge an „Luft“ gemeint, die Sie zwischen den Buchstaben lassen, wenn Sie ein Wort zusammensetzen – meine schmiegen sich aneinander und leben eng zusammen, eingerollt wie eine Katze.

Abstand

Wenn Ihre Buchstaben Touristen wären, wie würden sie reisen: mit einer Rakete zum Mond oder auf dem Rücken einer Schnecke?

↘ ↘

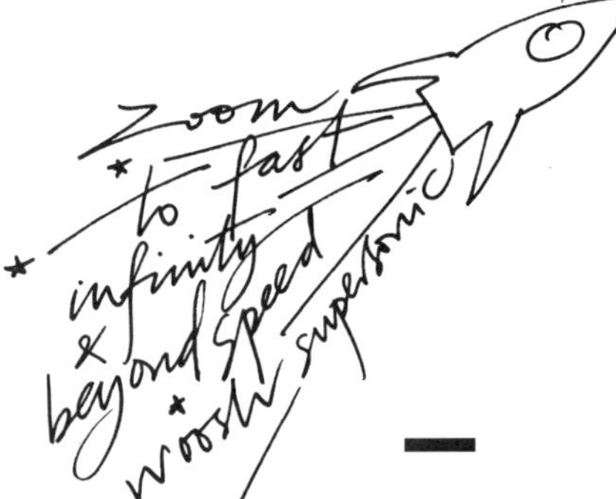

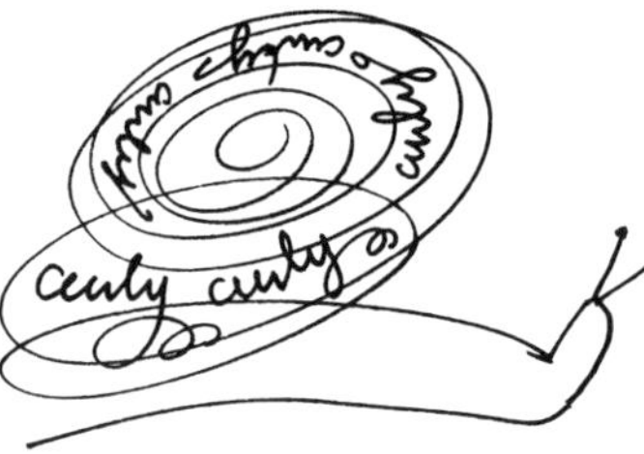

Schreiben Sie nun den Namen Ihres liebsten Urlaubsziels. Beginnen Sie rasch, als wollten Sie rasend schnell ankommen, und verlangsamen Sie dann Ihr Schreibtempo, als seien Sie angelangt und könnten sich nun entspannen …

Alles beginnt mit Tinte, mit Fließen, mit einem ersten Auftrag. An welchem Ort oder in welchen Momenten Ihres Lebens fühlten Sie sich besonders frei – vielleicht an einem Lieblingsort in der Natur? Denken Sie an eine Form, etwa einen Schnörkel oder ein Symbol, die das F l i e ß e n verkörpert und für Sie eine besondere Bedeutung hat.

Vielleicht lasse ich mir diesen Schnörkel als Tattoo stechen – wie würde Ihres aussehen?

Jetzt etwas Eckigeres, Strengeres. Schreiben Sie einige Worte in Großbuchstaben – aber vertikal, so wie in vielen orientalischen Sprachen …

FALL IN LOVE

FALL APART

MEINE TINTENWELT

Die Handlung oder Kraft, durch das Schreiben auf Intellekt oder Emotionen einzuwirken, ein göttlicher Einfluss auf Geist und Seele.

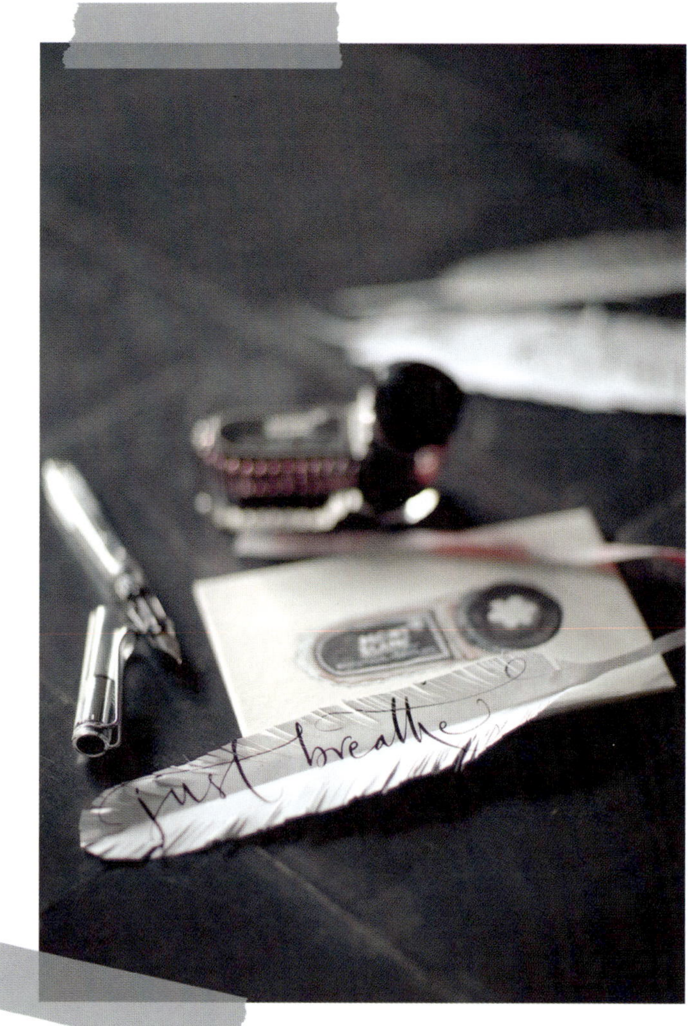

inhale the present

AUS VOLLEM TINTENHERZ

Das Gefühl, etwas tun zu wollen und auch zu können – ein kreativer Impuls, mit Tinte Schriften und Worte zu erzeugen.

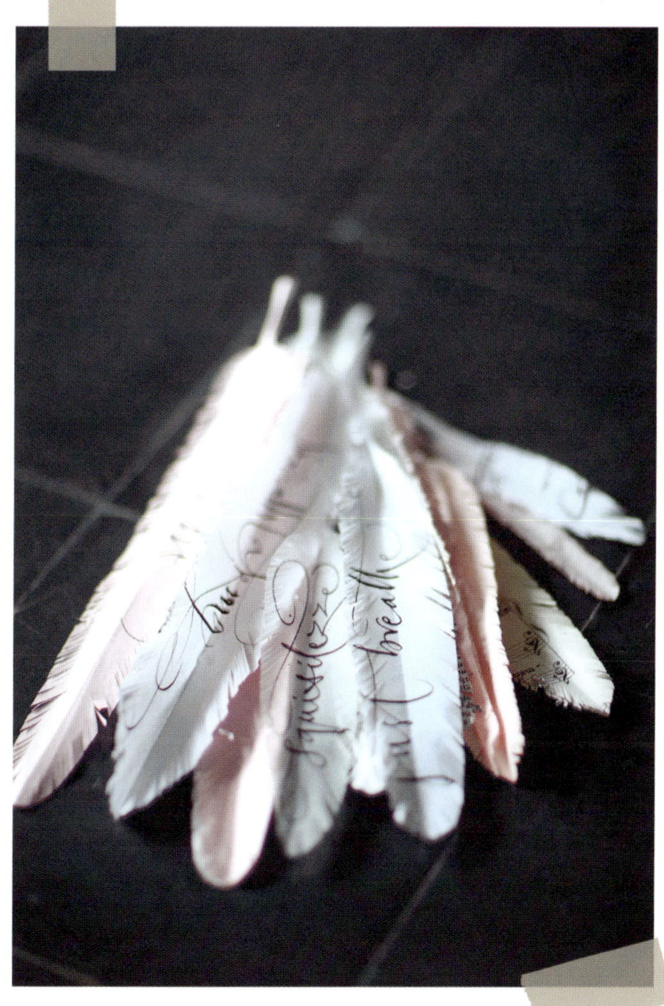

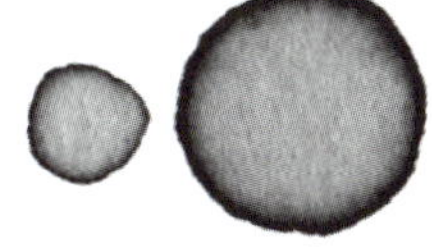

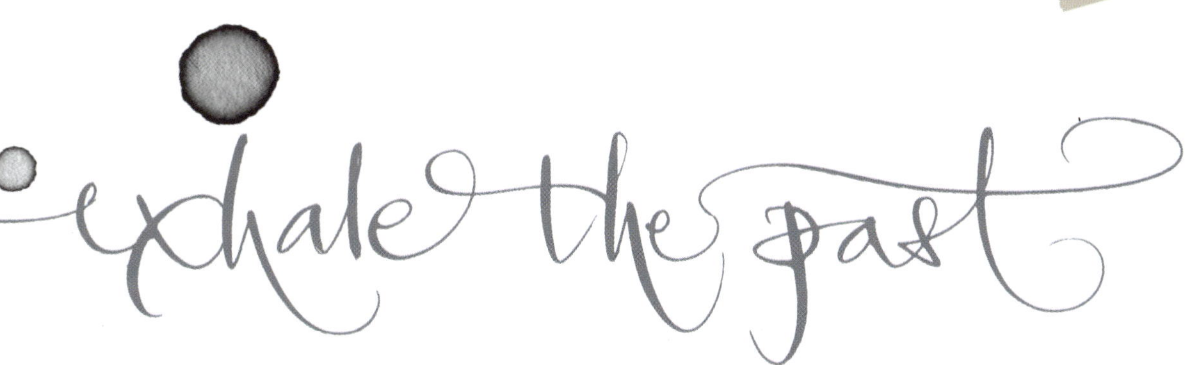

TINTENFEDER

„Gefieder mit Tinte" ist eine Aufwärm-Übung für Hand, Arm und Handgelenk, ohne sich bereits Gedanken über die Buchstaben zu machen.

Denken Sie zuerst bewusst daran, was Sie tun, und verlieren Sie sich dann in der Wiederholung.

Fahren Sie die Linien gegenüber nach. Füllen Sie Seite um Seite mit immer schnelleren, ähnlichen, aber eigenen Strichen.

Die Freude an der aufmerksamen, bewussten Handlung wird auch dann anhalten, wenn Sie schließlich loslassen.

Lassen Sie es geschehen.

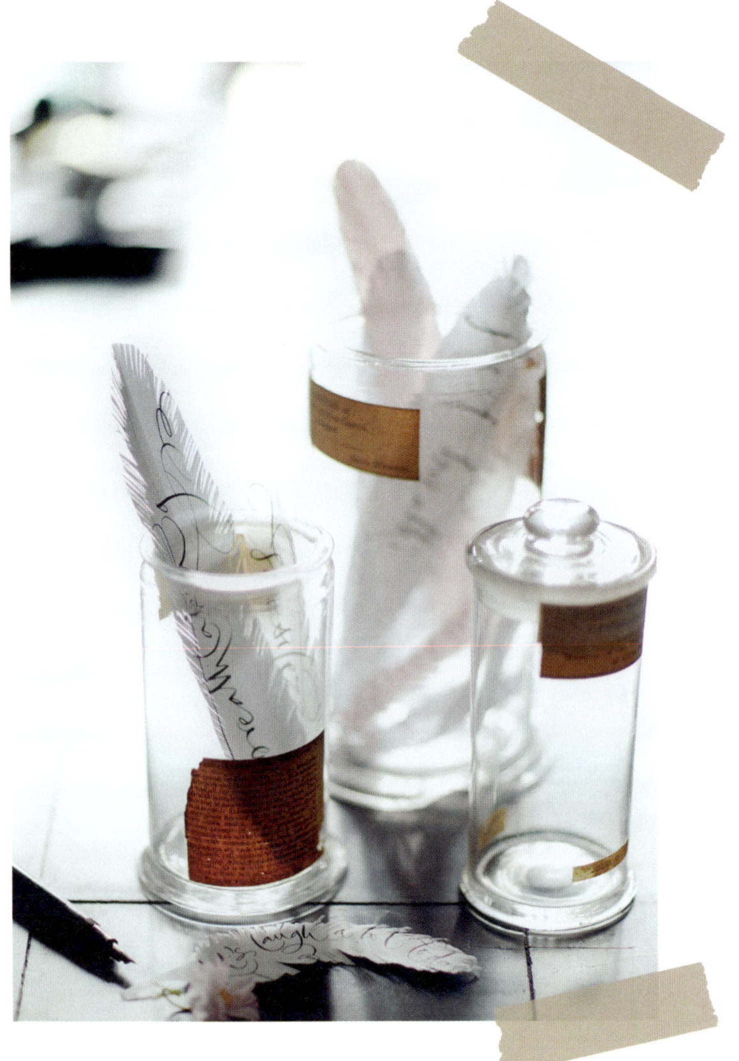

HÖREN SIE DABEI IHRE LIEBLINGSMUSIK, WÄHREND DAS LICHT ZUM FENSTER HEREINSTRÖMT ODER EINE KERZE LEUCHTET.

VERGESSEN SIE NICHT ZU ATMEN. UND ZU LÄCHELN, UND ZU GENIESSEN.

AUFWÄRMEN

Ziehen Sie ein paar schnelle Linien von unten nach oben.

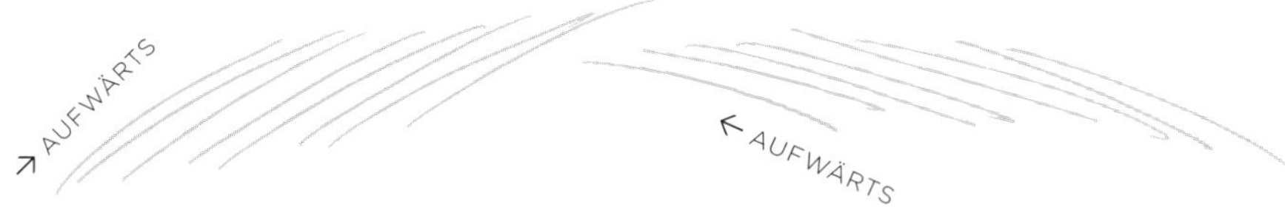

Setzen Sie nun eine Reihe aus Aufwärts- und Abwärtsstrichen zusammen.

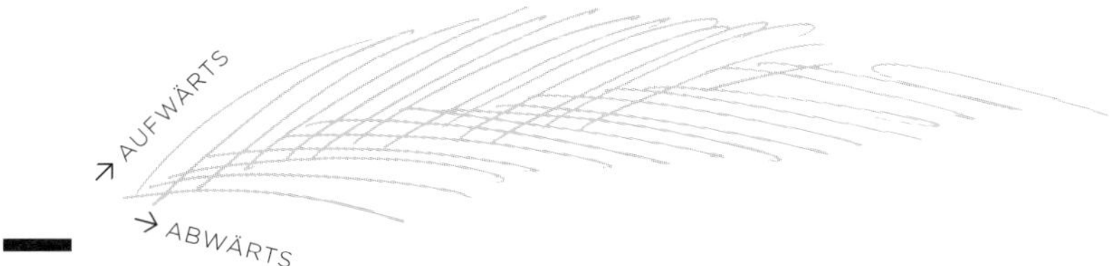

Dasselbe noch einmal, aber diesmal mit einer leichten Kurve.

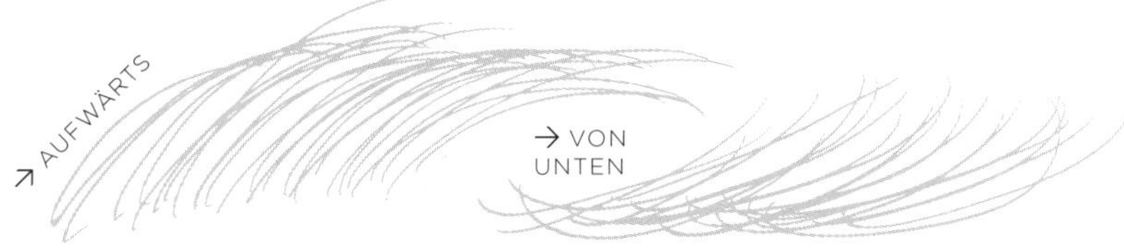

Setzen Sie sie wieder zusammen – geschlossen … und offen.

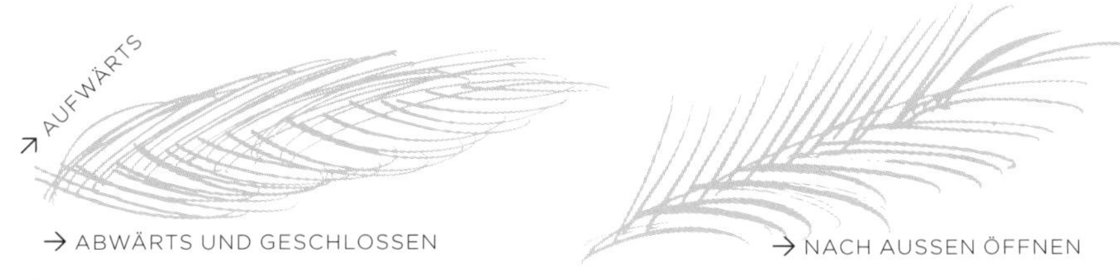

Zeichnen Sie nun einen gefiederten Pfeil, bereit, nach vorne zu fliegen …

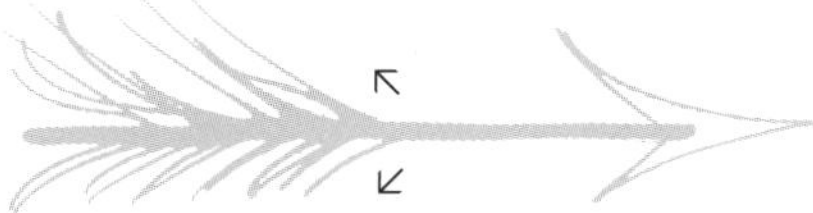

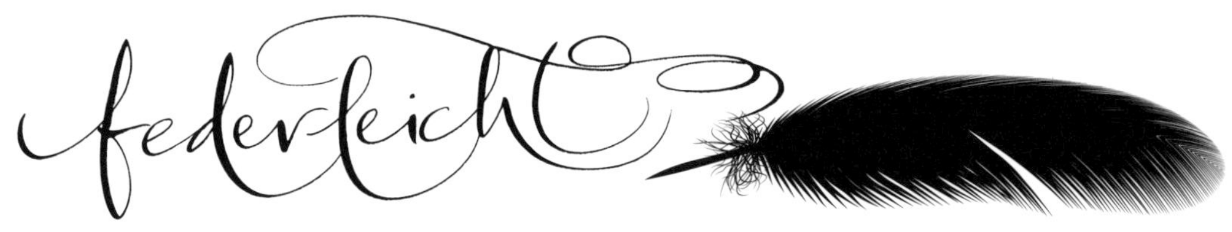

Erschaffen Sie Ihre eigenen „Federn“ und spielen Sie mit leichten und kräftigen Füllerstrichen.

Jump
and you
will learn
to unfold
your wings
as you fall

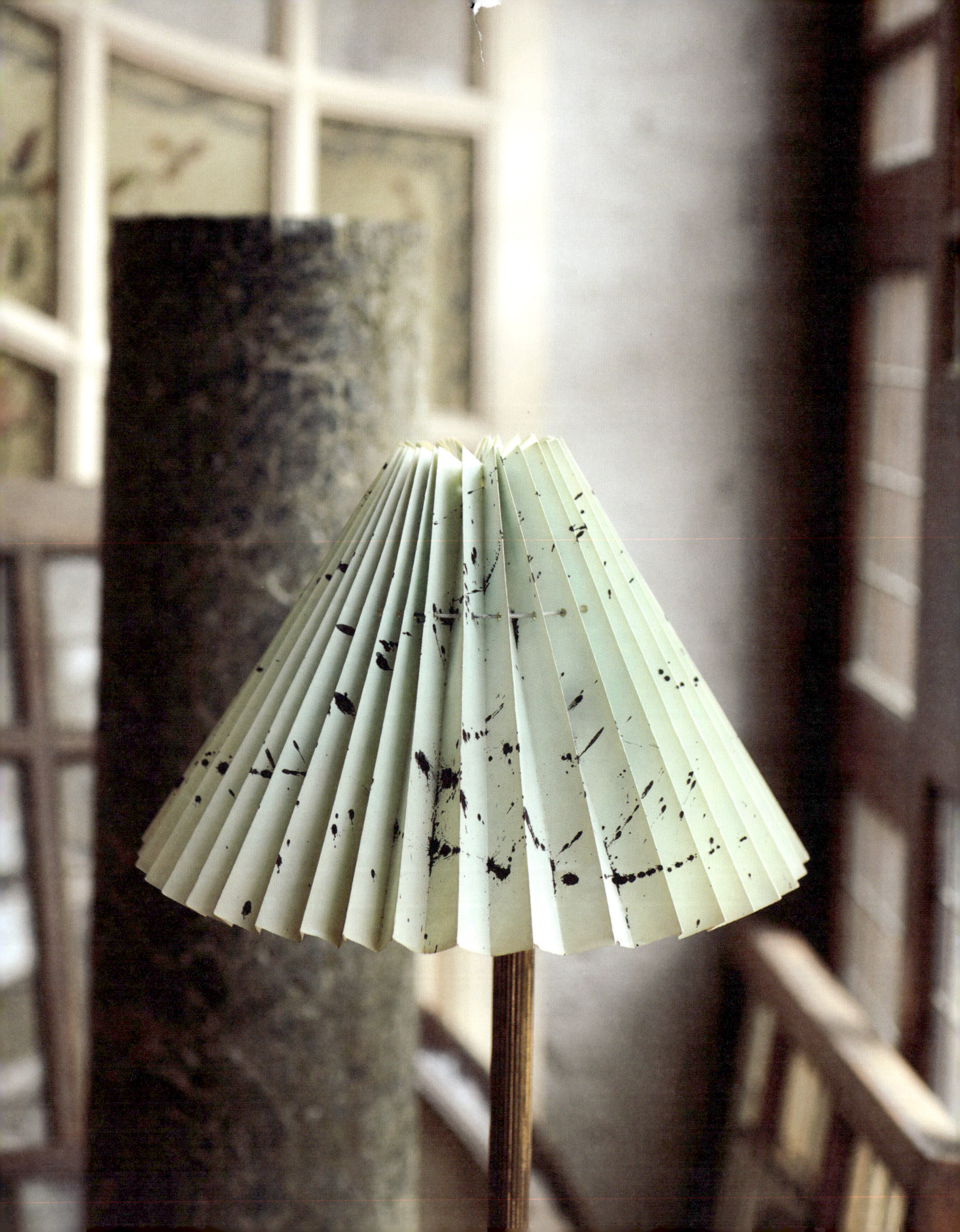

Füllen Sie den Leerraum. Wiederholen Sie entweder immer dieselben Wörter oder lassen Sie Worte ohne Satzzeichen stetig aus Ihrem Bewusstsein herausfließen. Versuchen Sie, den Füller dabei möglichst nicht abzusetzen. Bewegen Sie sich in einem gleichbleibenden Rhythmus und beurteilen Sie nicht, was und wie Sie schreiben – lassen Sie es einfach nur f l i e ß e n.

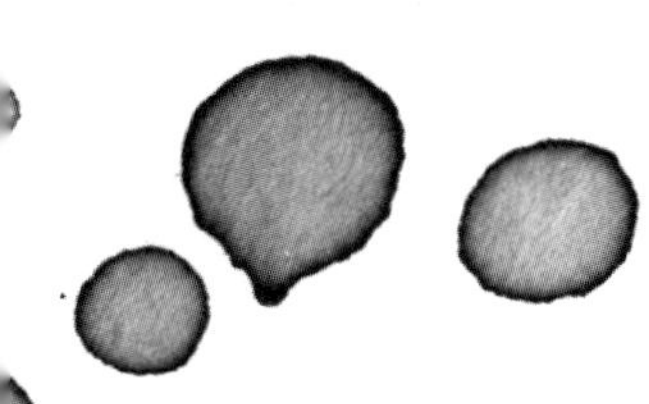

RELAXEN SIE – NICHTS IST UNTER KONTROLLE …

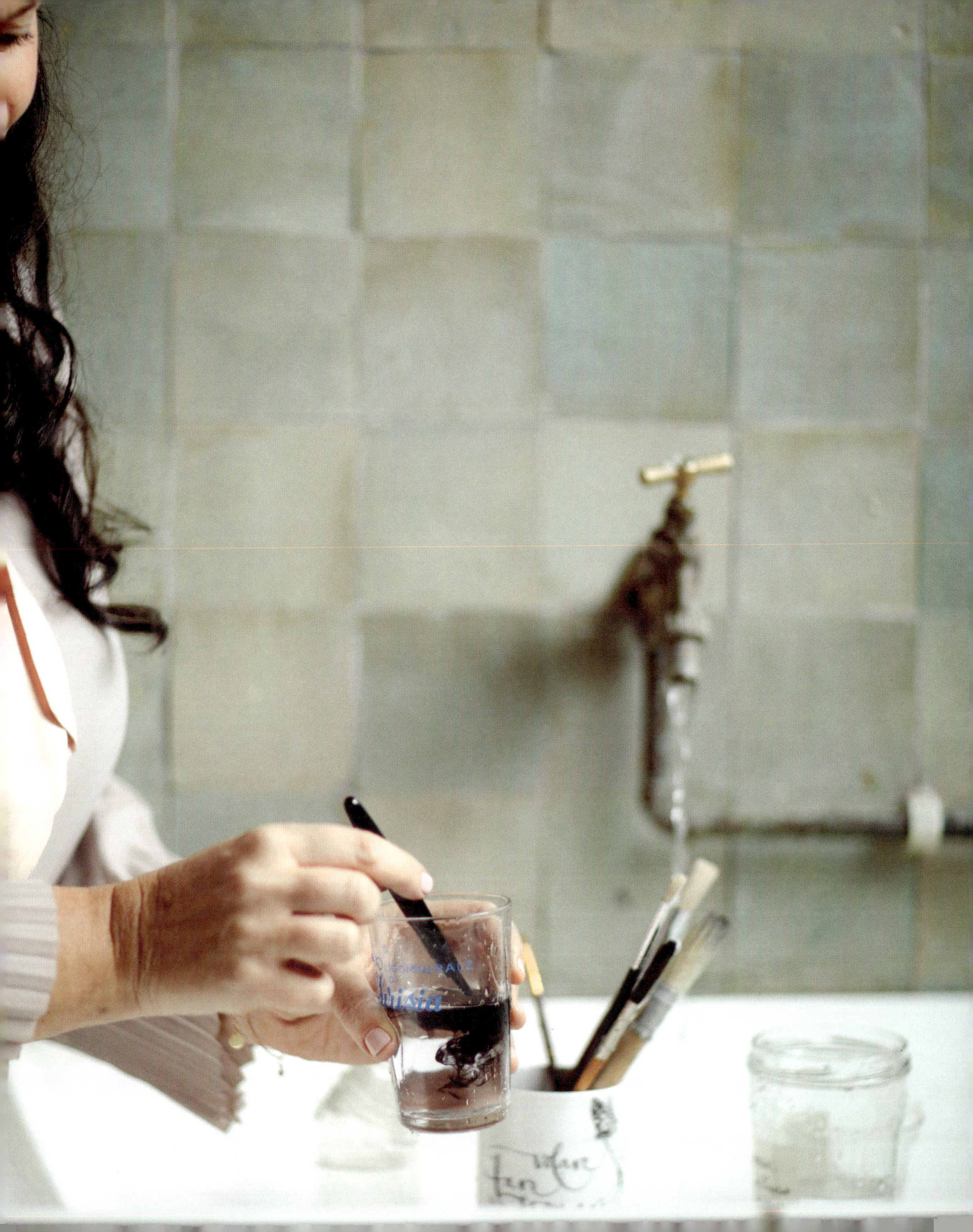

Es heißt, Leonardo da Vinci sei in der Lage gewesen, gleichzeitig mit einer Hand zu skizzieren und mit der anderen zu schreiben. Wow. Indem wir Schrift spielerisch und auf verschiedene Weise betrachten, verändert sich unsere Sichtweise darauf, wie und was wir schreiben. Loslassen ist notwendig, um Platz für Neues zu schaffen.

Gehen wir nun dazu über, mit unserem Füller verschiedene kalligraphische Buchstaben zu schreiben, die Hand auf und ab zu bewegen und Vertrauen aufzubauen, langsam aber sicher …

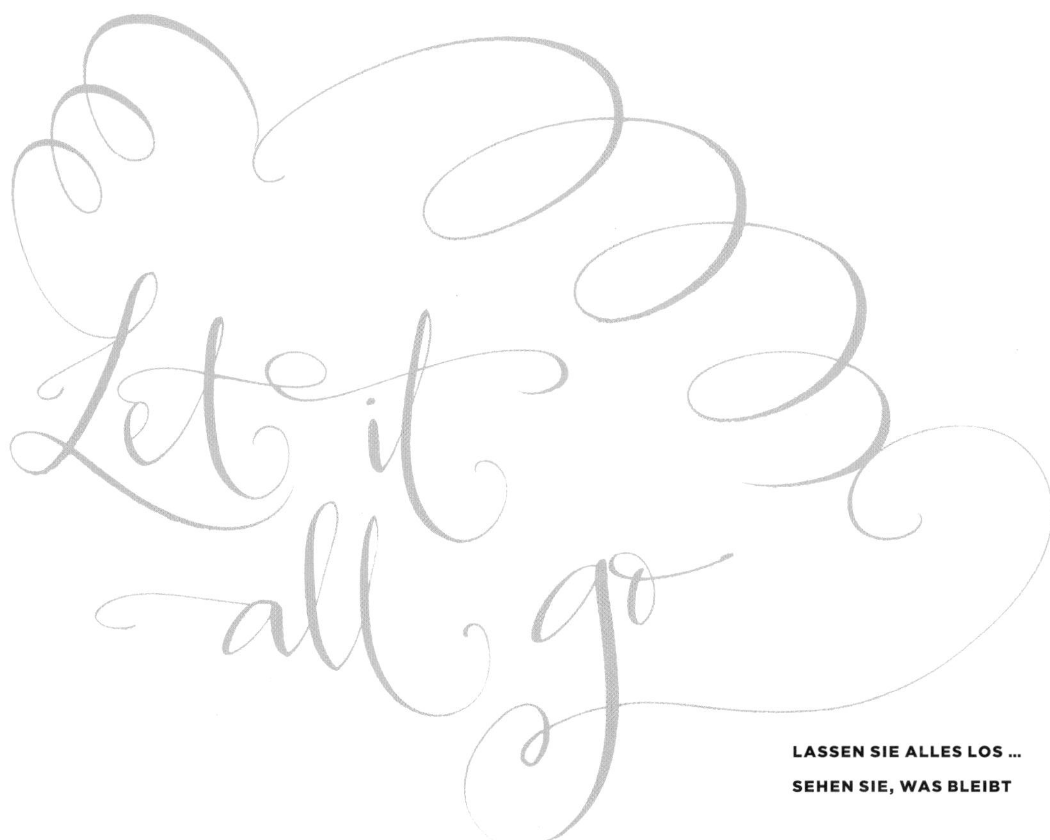

LASSEN SIE ALLES LOS …
SEHEN SIE, WAS BLEIBT

Ein wichtiger Aspekt beim Schreiben ist die Intention. Sie nehmen sich die Zeit, um hier zu sein, und schaffen sich ganz bewusst den Raum, um etwas für sich selbst zu tun. Genießen und schätzen Sie es. Die richtige Haltung beim Sitzen hilft dabei, die Schrift besser fließen zu lassen.

VERBINDUNG AUFNEHMEN

BEGINNEN Sitzen Sie gerade, beide Füße auf dem Boden. Fühlen Sie über den Boden die Verbindung zur Erde.

SPÜREN Betrachten Sie die Orientierung Ihres Körpers zum Papier – versuchen Sie, gerade sitzen zu bleiben und drehen Sie das Blatt in einen Winkel, der sich für Sie gut anfühlt.

LOCKERN Entspannen Sie Ihre Schultern, rollen Sie sie nach hinten und unten.

SEHEN Drehen Sie Ihren Kopf von einer Seite zur anderen. Und jetzt schauen Sie nach vorne und nach unten, ganz konzentriert.

SITZEN Setzen Sie sich nah an den Rand Ihres Stuhls, das hilft dabei, den Rücken gerade zu halten.

STRECKEN Schütteln Sie die Arme aus und legen Sie sie sanft ab. Der Unterarm gleitet auf Brusthöhe über den Tisch.

♥ Vom Herz zur Hand.

DENKEN Halten Sie Ihren Füller bewusst, er ist eine Verlängerung von Ihnen.

SEUFZEN Vergessen Sie nicht zu atmen.

JA Lassen Sie locker, lächeln Sie innerlich und bereiten Sie sich vor auf den Sprung in das Tun und das Sein.

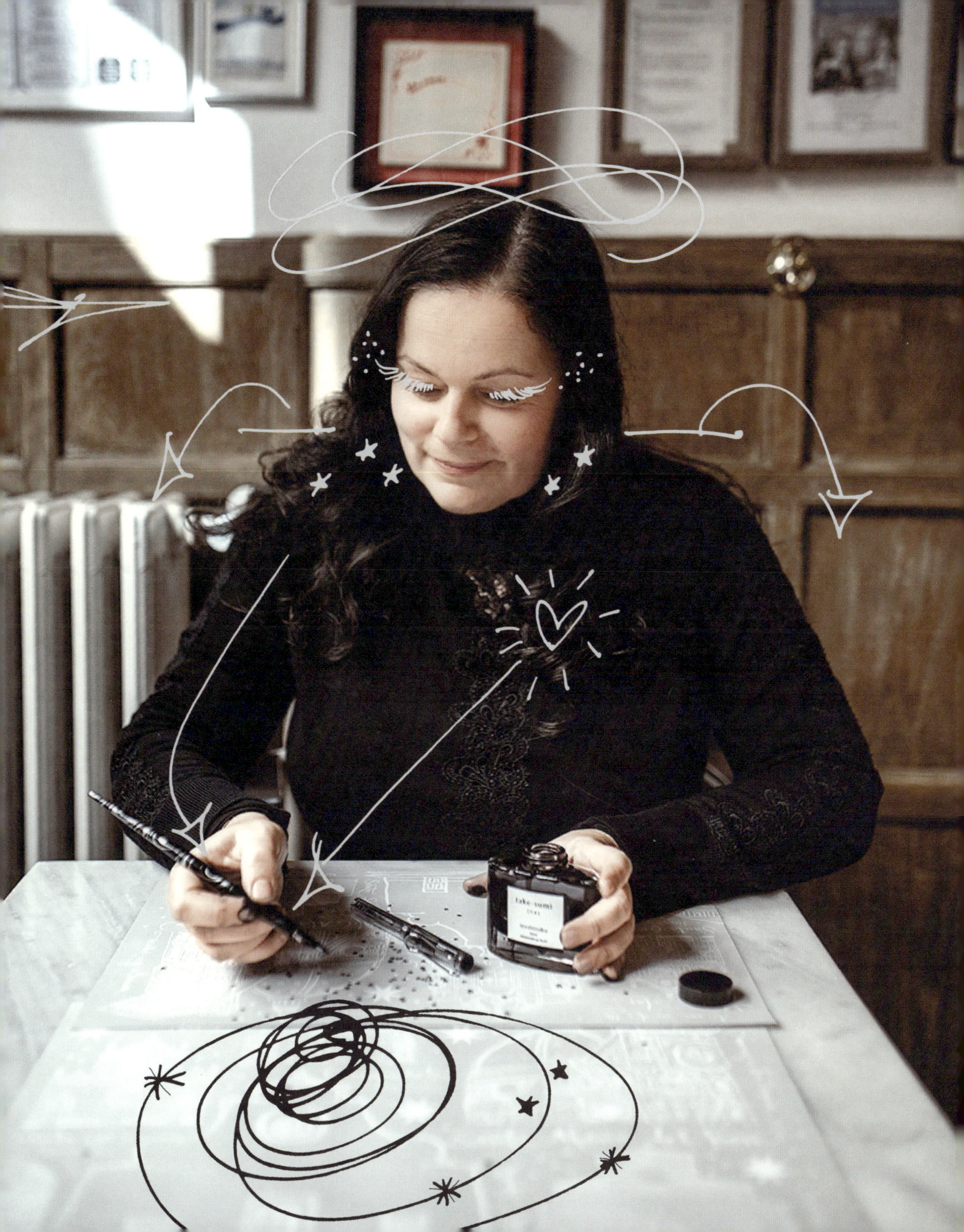
take-sumi

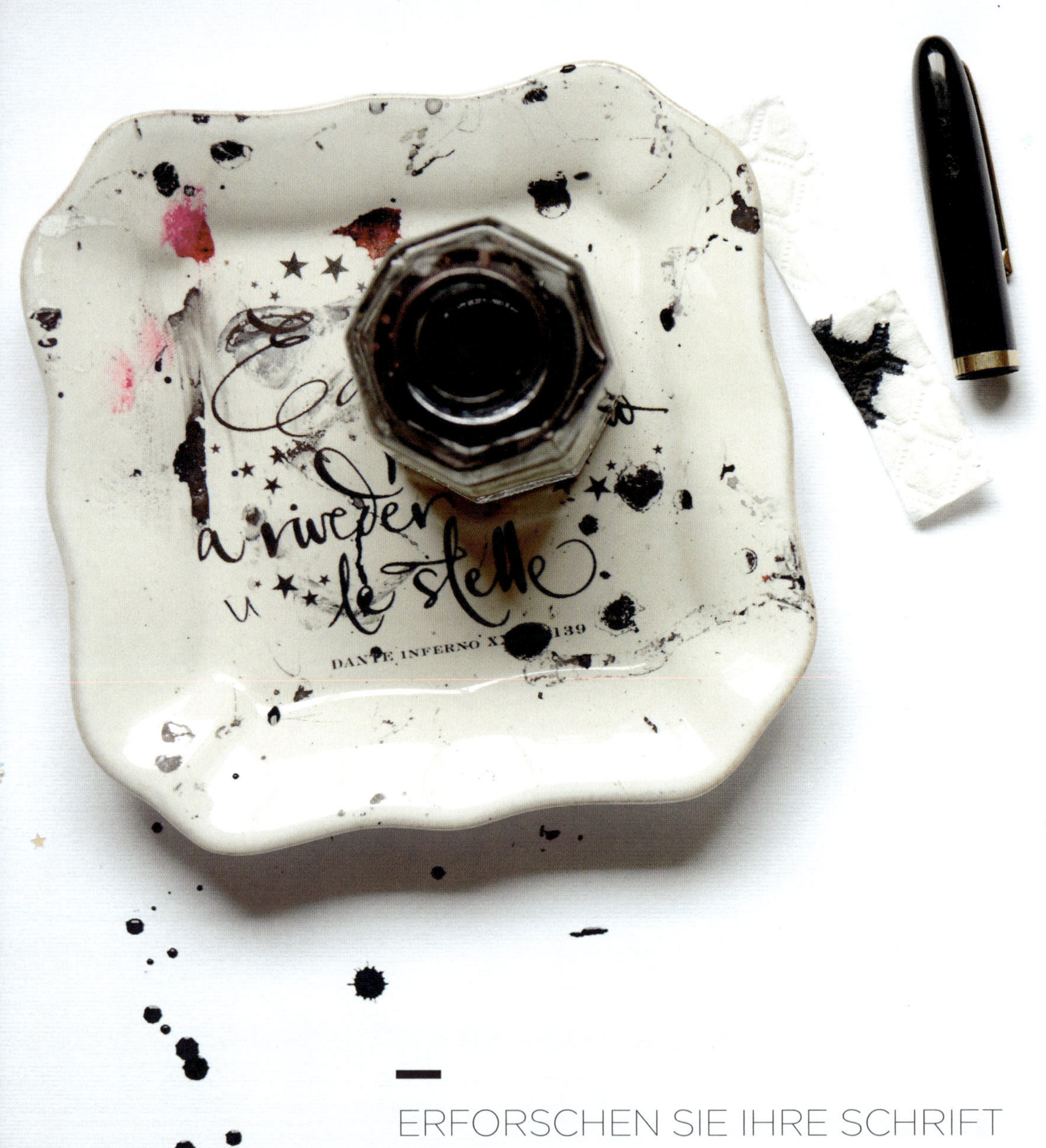

ERFORSCHEN SIE IHRE SCHRIFT

Legen Sie sich eine Auswahl verschiedener Füller zum Ausprobieren bereit. Meine Favoriten sind schon immer Vintage-Füller von Flohmärkten – sie haben bereits weiche Federn von all den Geschichten, die mit ihnen geschrieben wurden. Ich stelle mir gerne vor, dass sich der Füller an jedes Wort erinnert, er liest sozusagen, was Sie denken und sagen …

Es gibt so viele verschiedene Buchstabenformen zu entdecken – von klassischen Schriftstilen über Lettern und Typen bis hin zu Street Art und Graffiti. Man findet jede Menge Tutorials und Anleitungen für all diese verschiedenen Lettering-Stile, und viele schreiben ziemlich viel vor. Die Wahrheit aber ist: Der Prozess sollte weniger mit den Verfassern, sondern mehr mit Ihnen zu tun haben. Wie Sie Ihren persönlichen Kalligraphiestil entwickeln, hängt von Ihnen ab, und davon, wie Sie an diesen Prozess herangehen.

Zielen Sie Richtung Mond – selbst wenn Sie nicht treffen, landen Sie in den Sternen.

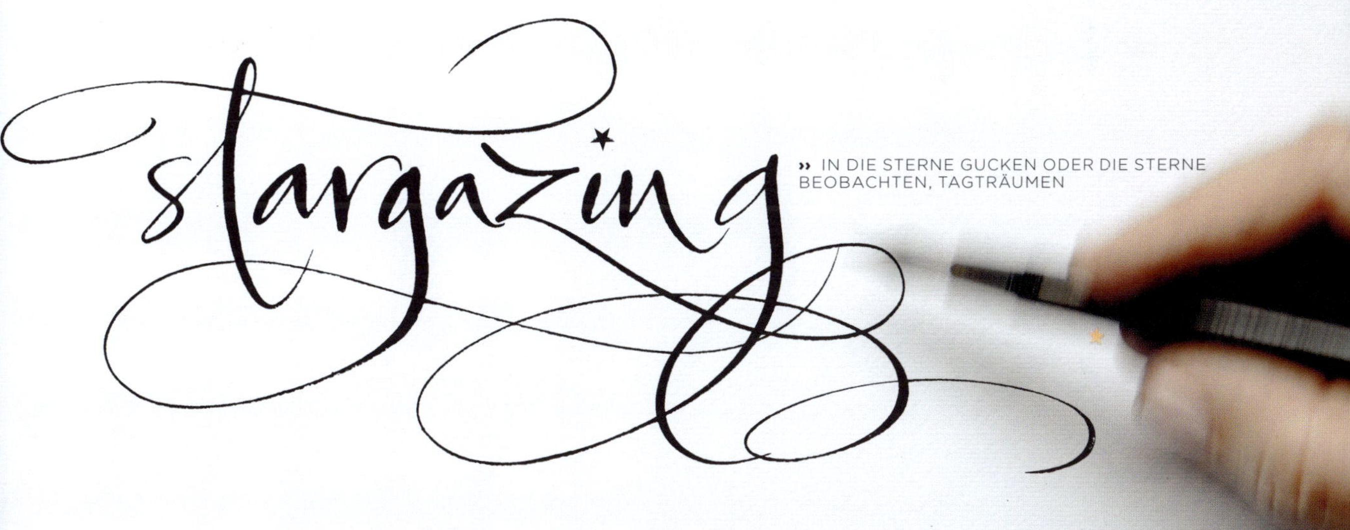

» IN DIE STERNE GUCKEN ODER DIE STERNE BEOBACHTEN, TAGTRÄUMEN

Denken Sie daran: Wenn es keine Herausforderung ist, wird es Sie auch nicht verändern, aber hier geht es darum, sich weiterzuentwickeln. Mit Geduld und Übung werden Sie Ihre Denkfähigkeit schärfen, Ihr Hand- und Muskel-Gedächtnis aufbauen und vor allem Ihr Auge trainieren, hinzusehen, wahrzunehmen und zu verbessern. Schauen Sie sich Ihre Striche genau an, die Balance, die Richtung: Wenn Sie auf andere Weise auf die Dinge blicken, ändert sich auch das, was Sie sehen.

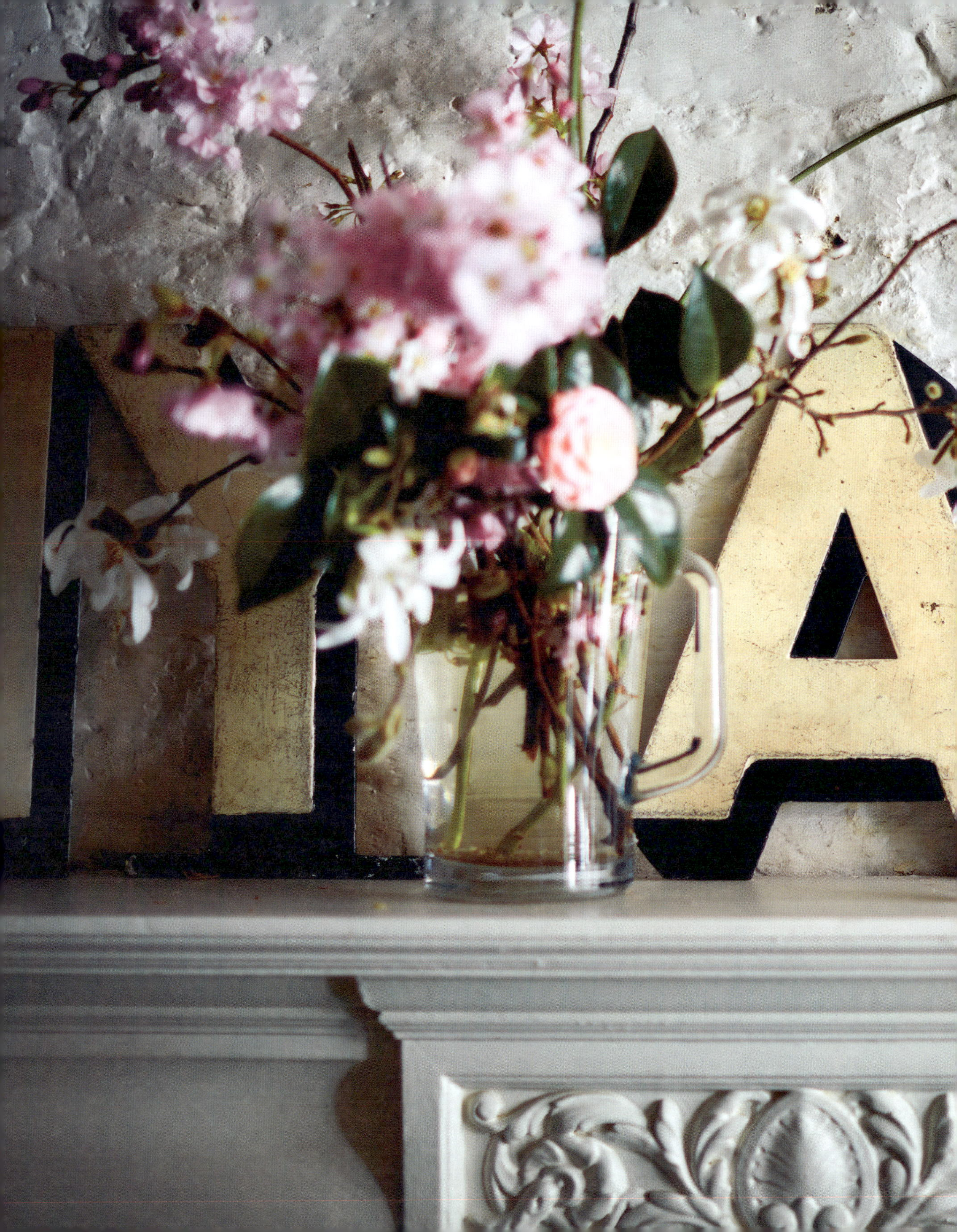

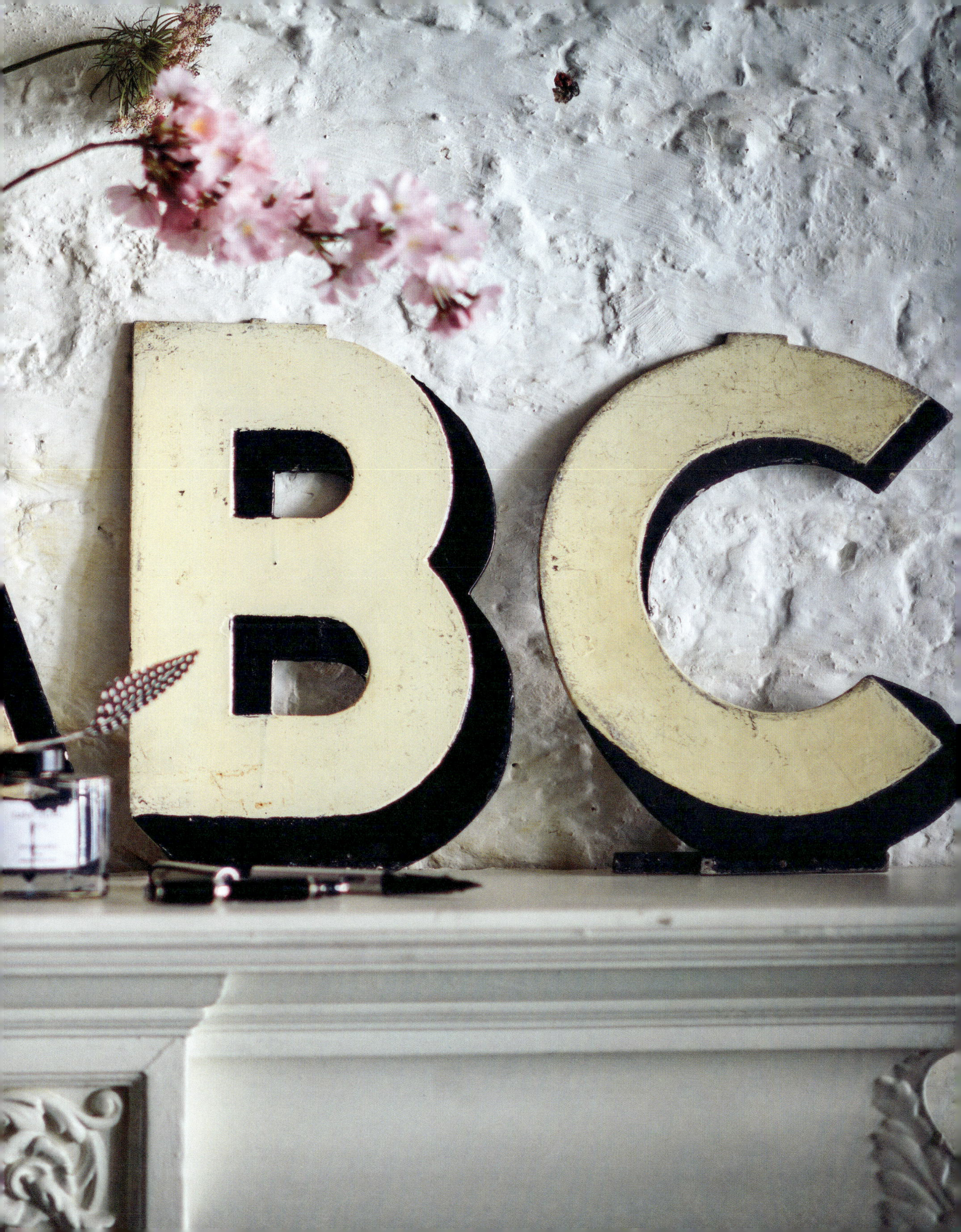
BC

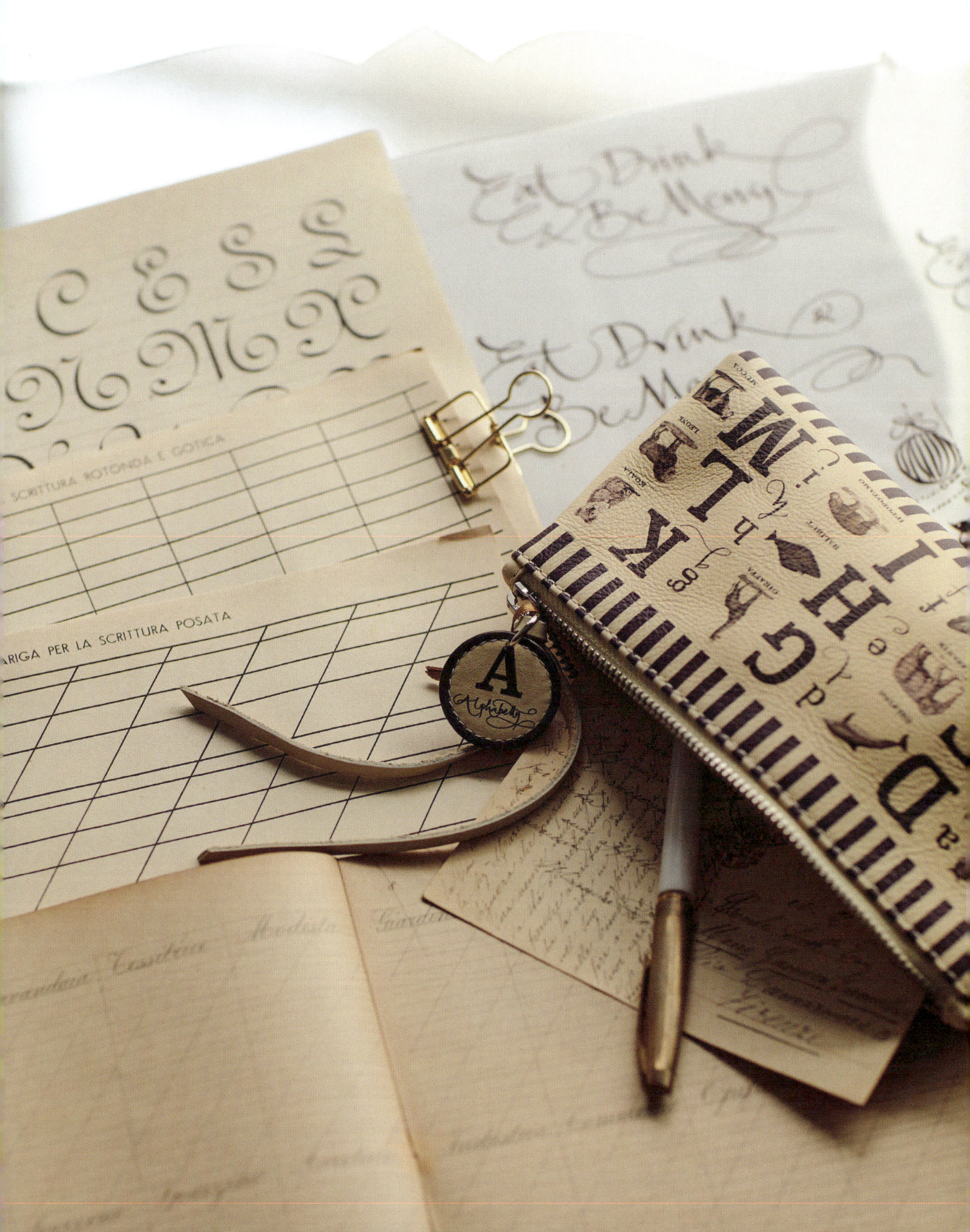

Eat Drink & Be Merry
SCRITTURA ROTONDA E GOTICA
RIGA PER LA SCRITTURA POSATA
Alphabetty

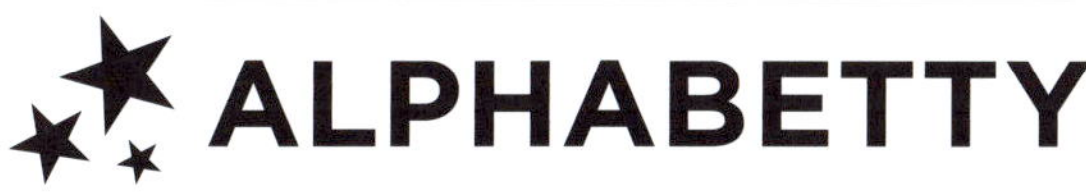

ALPHABETTY

Alphabetty ist eine Buchstaben-Kollektion, die für meinen Kalligraphie-Stil steht. Das Alphabet ist einzigartig für mich, doch wenn Sie es auf Ihre eigene Handschrift anpassen, werden die Buchstaben ebenso einzigartig sein, nur eben für Sie.

Vor der Renaissance kannte die Schreibkunst weder Schleifen und Schnörkel noch Ligaturen, also Verbindungen zwischen den Buchstaben. Das änderte sich, als im 15. Jahrhundert die Kursive in Mode kam (in diesem Fall meine ich die altitalienische Kursive, nicht die schräg gesetzten Schriftzeichen, die wir heute *kursiv* nennen). Um die Schreibgeschwindigkeit zu erhöhen, wurden in den Renaissanceschriften die Buchstaben miteinander verbunden, damit die Feder weniger oft abgesetzt werden musste. Der Begriff Kursive, das fließende Zusammenschreiben von Buchstaben, das ein schnelleres Schreibtempo ermöglicht, leitet sich ab vom lateinischen Verb *currere*, laufen, eilen, hasten.

Alphabetty

» VIELFALT IST GUT FÜR DIE SEELE, UND ES GIBT VIELE VERSCHIEDENE ARTEN, BUCHSTABEN ZU FORMEN

← *Das lederne Fülleretui „Just Inkcase", eine Zusammenarbeit mit Edition Poshette, ist mit meinem Alphabetty von A bis Z bedruckt.*

Die Kalligraphie erlebt heute ihre eigene Renaissance. Obwohl ich die klassischen Schriftstile, die auf Einheitlichkeit und Perfektion abzielen, sehr verehre, ist mein persönlicher Stil lockerer, spontaner und wechselt ständig. Unsere heutige „moderne" Kalligraphie ist eine Kursivschrift und – nach dem Beispiel der westlichen Schreibschriften – fast immer schräg geneigt, wobei meine eigenen kalligraphischen Buchstaben eigentlich eher senkrecht stehen.

DAS SCHÖNE BEI DER ENTWICKLUNG DES EIGENEN STILS IST: ES GIBT KEIN RICHTIG ODER FALSCH. ES GEHT NUR DARUM, OFFEN ZU SEIN UND VERSCHIEDENE ARTEN DES SCHREIBENS AUSZUPROBIEREN.

Zunächst sollten Sie einige Grundformen beherrschen, bevor Sie sie mit elegantem Schwung „loslassen". Testen Sie verschiedene Füller, bis Sie den richtigen gefunden haben. Ich empfehle einen Füller, bei dem die Tinte gleichmäßig fließt, der gut in der Hand liegt und sich mühelos über das Papier bewegen lässt, damit muskuläre Verspannungen vermieden werden. Wie bei allem müssen wir unsere Muskeln trainieren, um besser zu werden.

Bevor wir anfangen: Haben Sie Geduld mit sich und Ihrem Vorhaben. Jeder geht einen anderen Weg, nehmen Sie sich also Zeit, um herauszufinden, was für Sie am besten passt. Ich gebe gerne ein paar Tipps, aber in Sachen Kreativität gibt es eigentlich kein richtig oder falsch. Es geht darum, Neugier, Potenzial und Ausdrucksfähigkeit zu entwickeln und daran zu wachsen. Kopieren Sie ruhig meine Schriftbeispiele, fahren Sie die grauen Buchstaben direkt auf den Buchseiten nach oder legen Sie zuvor ein transparentes Blatt Papier über die Seiten. Ziehen Sie die Buchstaben immer wieder nach, aber beschränken Sie sich nicht nur auf das Kopieren. Wenn Sie „meine" Art ein paar Mal ausprobiert haben und Selbstvertrauen sowie Fähigkeiten zunehmen, werden Sie beginnen, Ihren eigenen Stil zu entwickeln. Mit der Übung wächst auch die Neugier. Sie werden schneller und stärker und Sie werden Ihre Eigenheiten zu schätzen lernen. Spüren Sie den Funken der kreativen Energie in sich, und bringen Sie einen Hauch persönlicher Magie in Ihren Alltag!

SCHREIBEN IST DENKEN MIT DEN FINGERSPITZEN

Der kreative Prozess ist die Inspiration. Sie sind hier, Sie sind auf dem Weg zu einem Abenteuer. Nehmen Sie die Form meiner Buchstaben als Grundlage, Variationen in Ihre eigene Schrift einzubringen. Am Anfang wird es sich etwas gezwungen anfühlen, denn die Art, mit den Fingerspitzen zu denken, ist neu, während Ihr Verstand zunächst will, dass alles genauso bleibt wie bisher.

LETZTLICH GEHT ES MEHR UM DAS LOSLASSEN ALS UM KONTROLLE.

Sie werden auf Ihrer Reise entdecken, dass Sie etwas können, von dem Sie zuvor nichts wussten. Und je öfter Sie es tun, desto besser beherrschen Sie es. Übung macht nicht perfekt, sondern bringt Fortschritt – in Ihrem eigenen Tempo, auf Ihre eigene Weise.

„Sie sind Ihr eigener Lehrer.

Die Suche nach Lehrern kann Ihre eigenen Zweifel nicht beseitigen.

Erforschen Sie sich selbst, um die Wahrheit zu finden – in Ihrem Inneren, nicht außen.

Das Wichtigste ist, sich selbst zu kennen.

Das Herz ist das einzige Buch, das es sich zu lesen lohnt.“

(Ajahn Chah)

LASSEN SIE UNS BEGINNEN …

MIT MEINEN BUCHSTABEN WILL ICH KEINE AKADEMISCHE PERFEKTION VERMITTELN, SONDERN SIE FÜR NEUE ARTEN DES SCHREIBENS EMPFÄNGLICH MACHEN.

-

BETRACHTEN SIE MEINE SCHWARZEN BUCHSTABENVARIATIONEN GENAU: SIE BEGINNEN LINEAR UND WERDEN DANN ZUNEHMEND SKURRILER. IN VIELEN ANLEITUNGEN WIRD MIT PFEILEN DARGESTELLT, WIE MAN EINEN BUCHSTABEN BEGINNT UND WEITERFÜHRT. ICH MARKIERE MANCHMAL DEN AUSGANGSPUNKT MIT EINEM STERN (*), LASSE IHNEN ABER DIE FREIHEIT, SELBST HERAUSZUFINDEN, WAS SICH FÜR SIE AM BESTEN ANFÜHLT.

-

ZIEHEN SIE ERST DIE GRAUEN BUCHSTABEN NACH UND WIEDERHOLEN SIE DANN ALLE BUCHSTABEN AUF JEDER SEITE. FAHREN SIE AUF SEPARATEM PAPIER FORT, BIS SIE DAMIT VERTRAUT SIND …

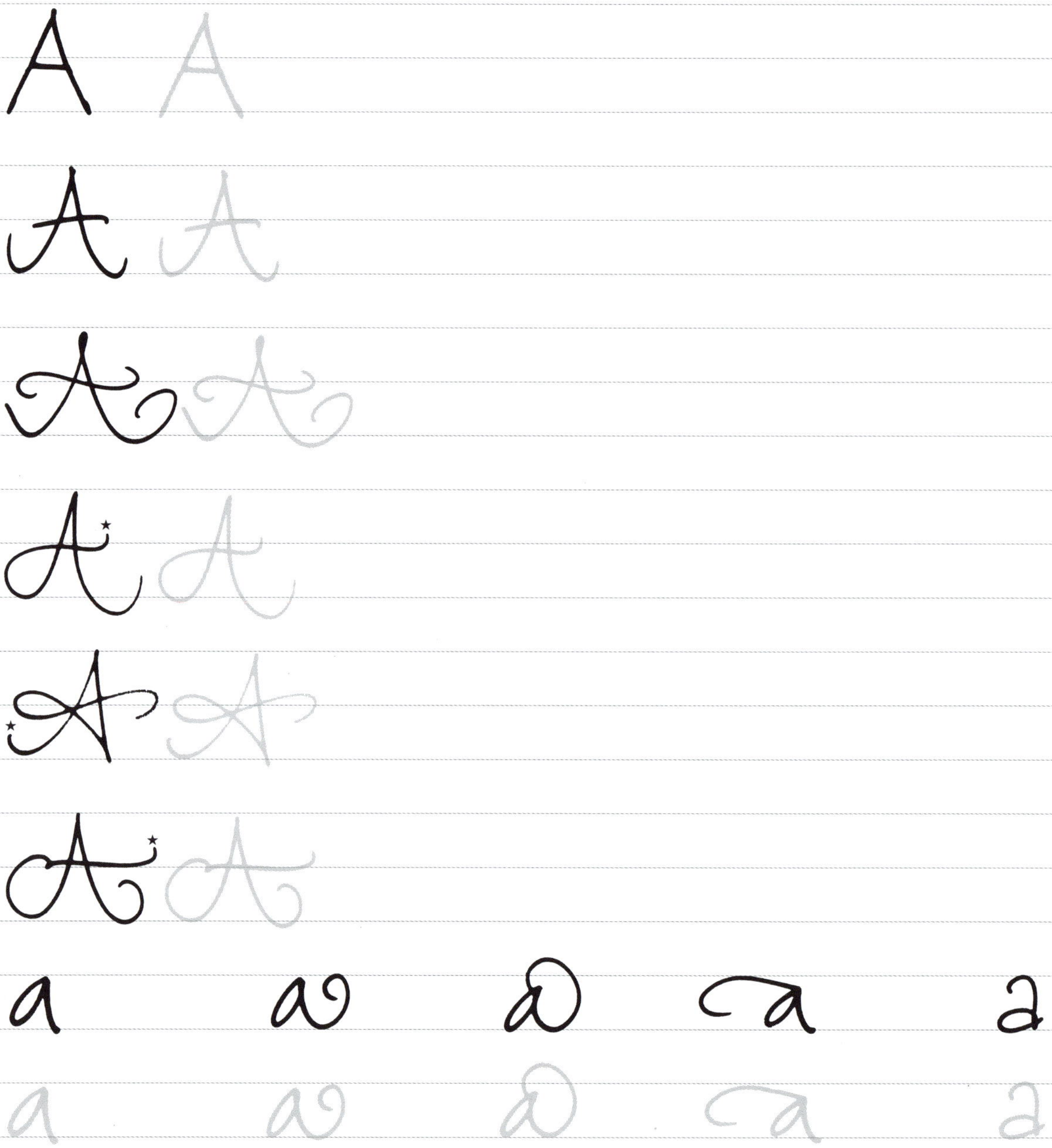

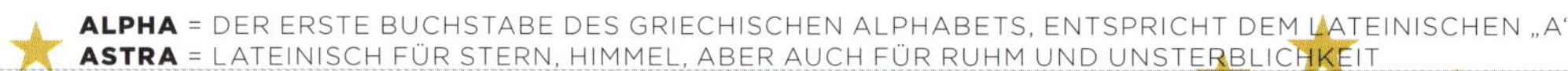

ALPHA = DER ERSTE BUCHSTABE DES GRIECHISCHEN ALPHABETS, ENTSPRICHT DEM LATEINISCHEN „A“
ASTRA = LATEINISCH FÜR STERN, HIMMEL, ABER AUCH FÜR RUHM UND UNSTERBLICHKEIT

DIE BEIDEN
BUCHSTABEN **B** & **P**,
HABEN VIELE
ÄHNLICHKEITEN
IM AUFBAU

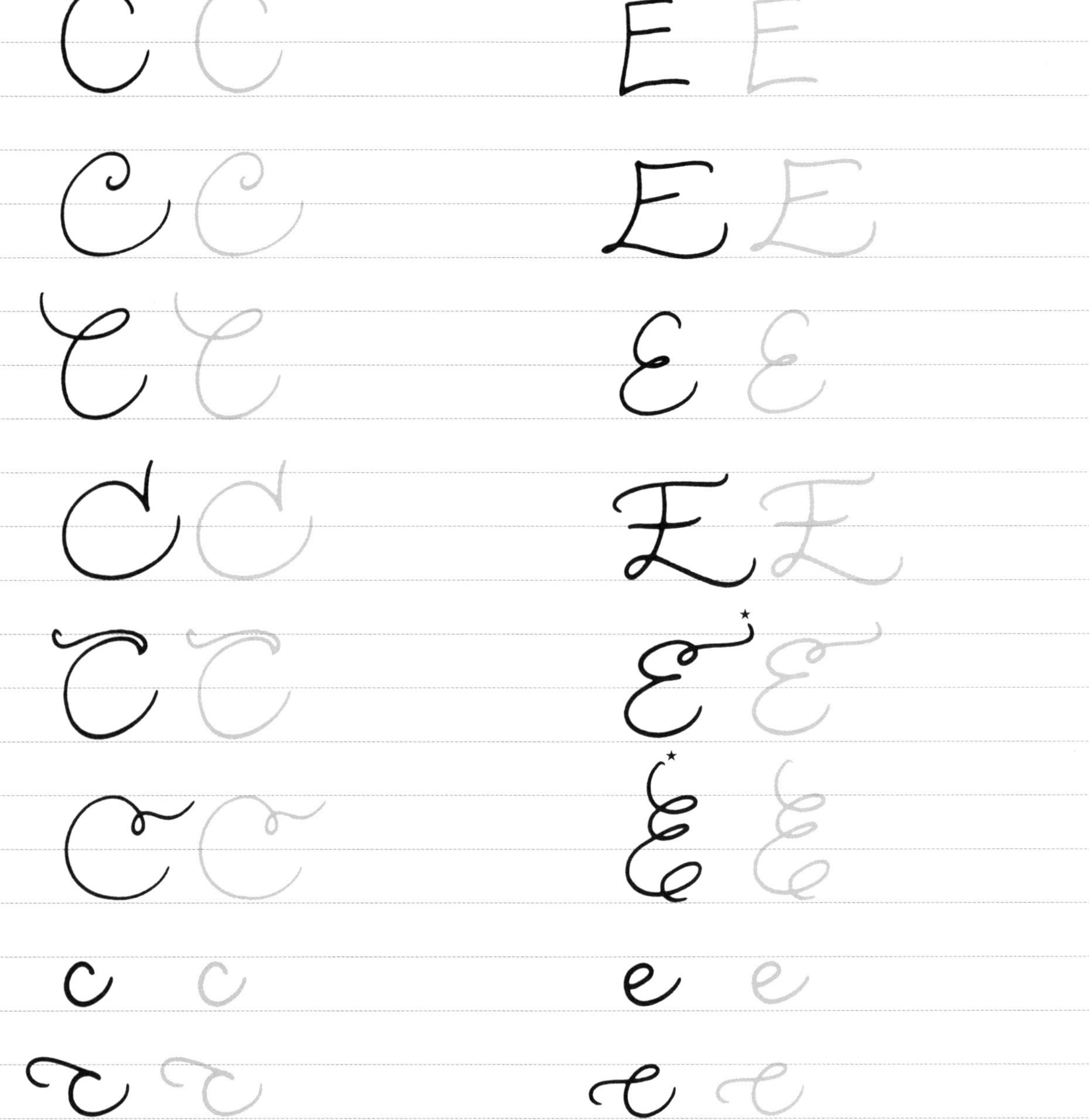

DIESE BEIDEN BUCHSTABEN SIND **PURE SCHNÖRKELEI!**

DAS **„E“** IST DER HÄUFIGSTE BUCHSTABE IN DER DEUTSCHEN SPRACHE

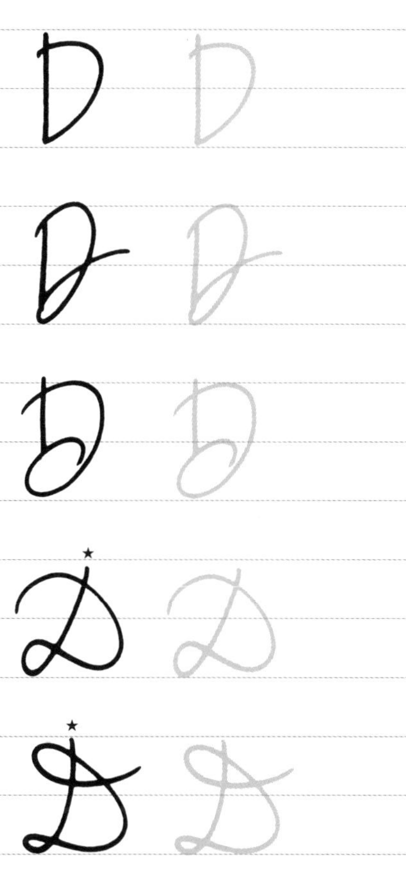

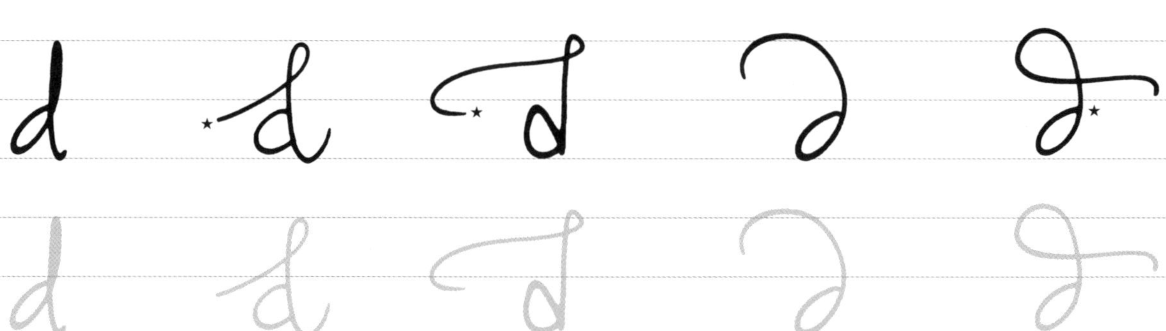

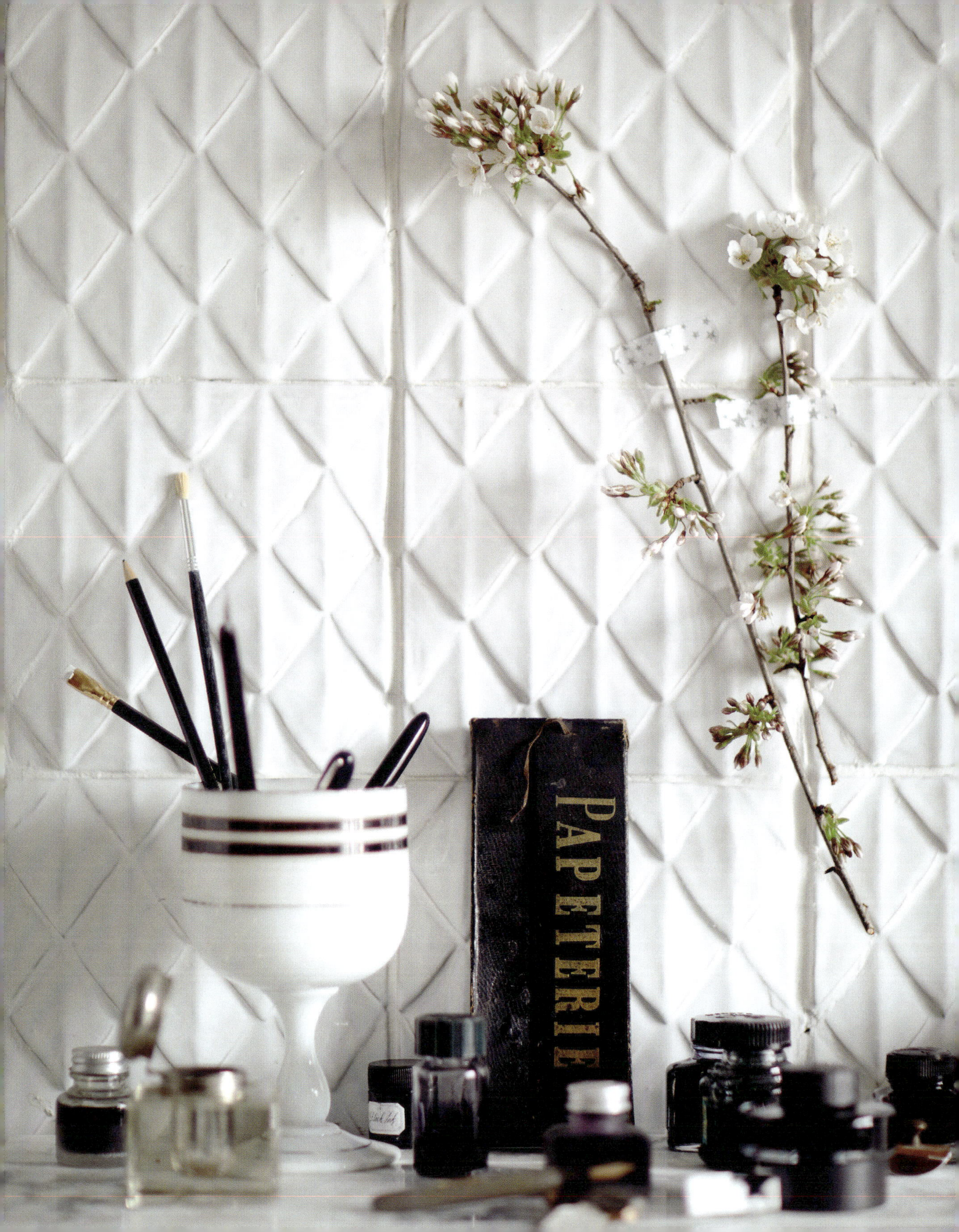
PAPETERIE

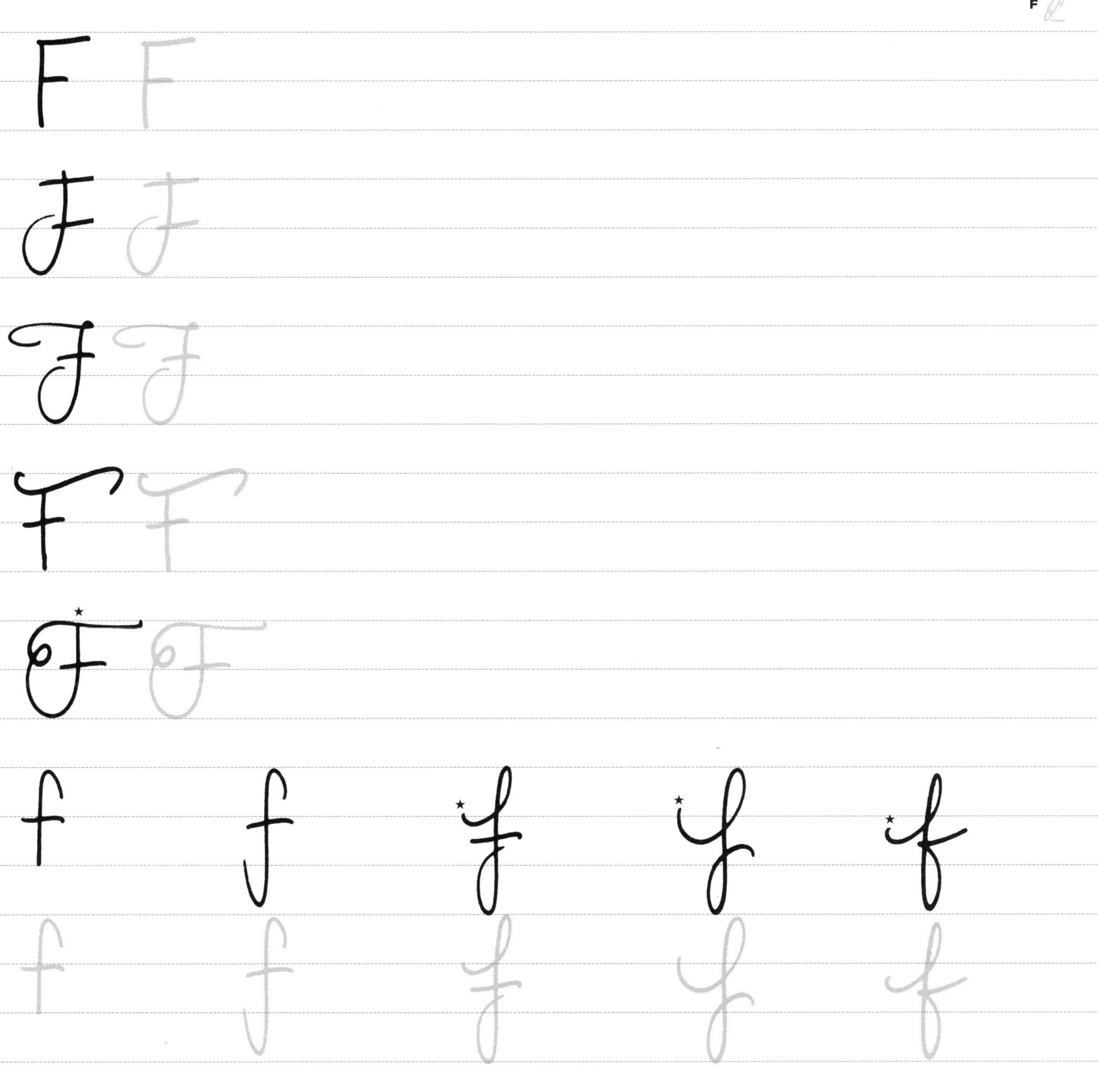

DIE SCHRI**F**T DER ZUKUN**F**T IST **F**EMININ UND **F**LORAL!

★ DIE UNTERLÄNGE DES „G" ZU VARIIEREN, GEHÖRT ZU MEINEN TYPOGRAPHISCHEN LIEBLINGSSPIELEREIEN

H H K K

H H K K

H H K K

H H K K

h h k k

h h k k

h h k k

h h k k

Betrachten Sie Buchstaben als Formen, mit denen man spielen kann. Überlegen Sie, welcher Aufbau Ihnen besonders gut gefällt, während Sie verschiedenste Arten erkunden, einen Buchstaben zu schreiben.

Sorgen Sie mit diesen schwungvollen Bögen dafür, dass Ihre Hand aufgewärmt und locker bleibt. Schreiben Sie dann den Satz zuerst freihändig. Probieren Sie anschließend, ob es Ihnen gelingt, ihn im Ganzen nachzufahren.

Es gibt so viele wunderschöne farbige Tinten, aber ich liebe ein tiefes, dunkles Tintenschwarz!

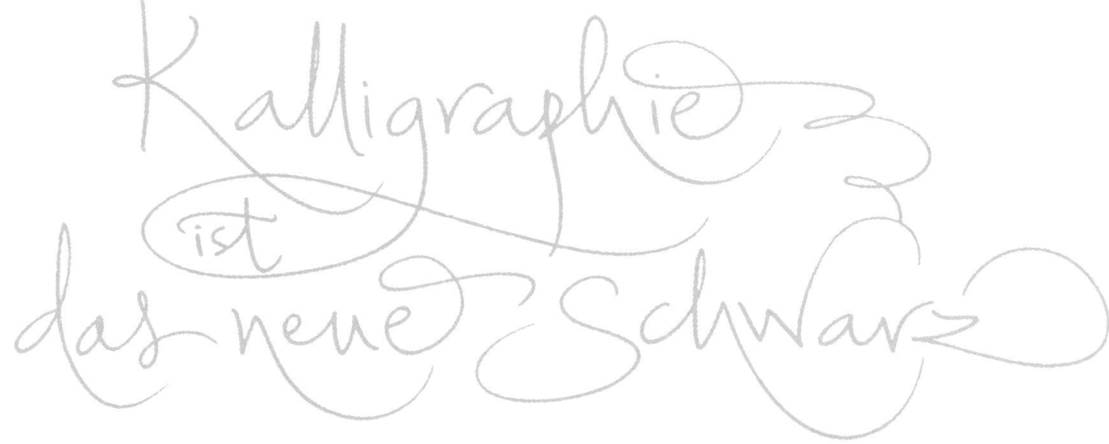

„INK: THE BLACK LIQUOR WITH WHICH MEN WRITE" – SAMUEL JOHNSON'S A DICTIONARY OF THE ENGLISH LANGUAGE, 1755.
ABGELEITET VOM FRANZÖSISCHEN WORT ENCRE, DUNKLE SCHREIBFLÜSSIGKEIT (12. JH.), URSPRÜNGLICH ENCA UND VOM GRIECHISCHEN ENCAUSTON, „EINGEBRANNT". DAS LATEINISCHE WORT FÜR TINTE WAR ATRAMENTUM UND BEZEICHNET WÖRTLICH „ETWAS, DAS SCHWARZ FÄRBT". DAS MITTELHOCHDEUTSCHE KENNT BEREITS DAS WORT TINCTE ALS SUBSTANTIVIERTES LEHNWORT AUS DEM LATEINISCHEN TING(U)ERE FÜR EINTAUCHEN, FÄRBEN.

ÜBER DIE KLEINBUCHSTABEN I UND J WIRD IN DEN MEISTEN SPRACHEN EIN **PUNKT** GESETZT.

Buchstabe für Buchstabe

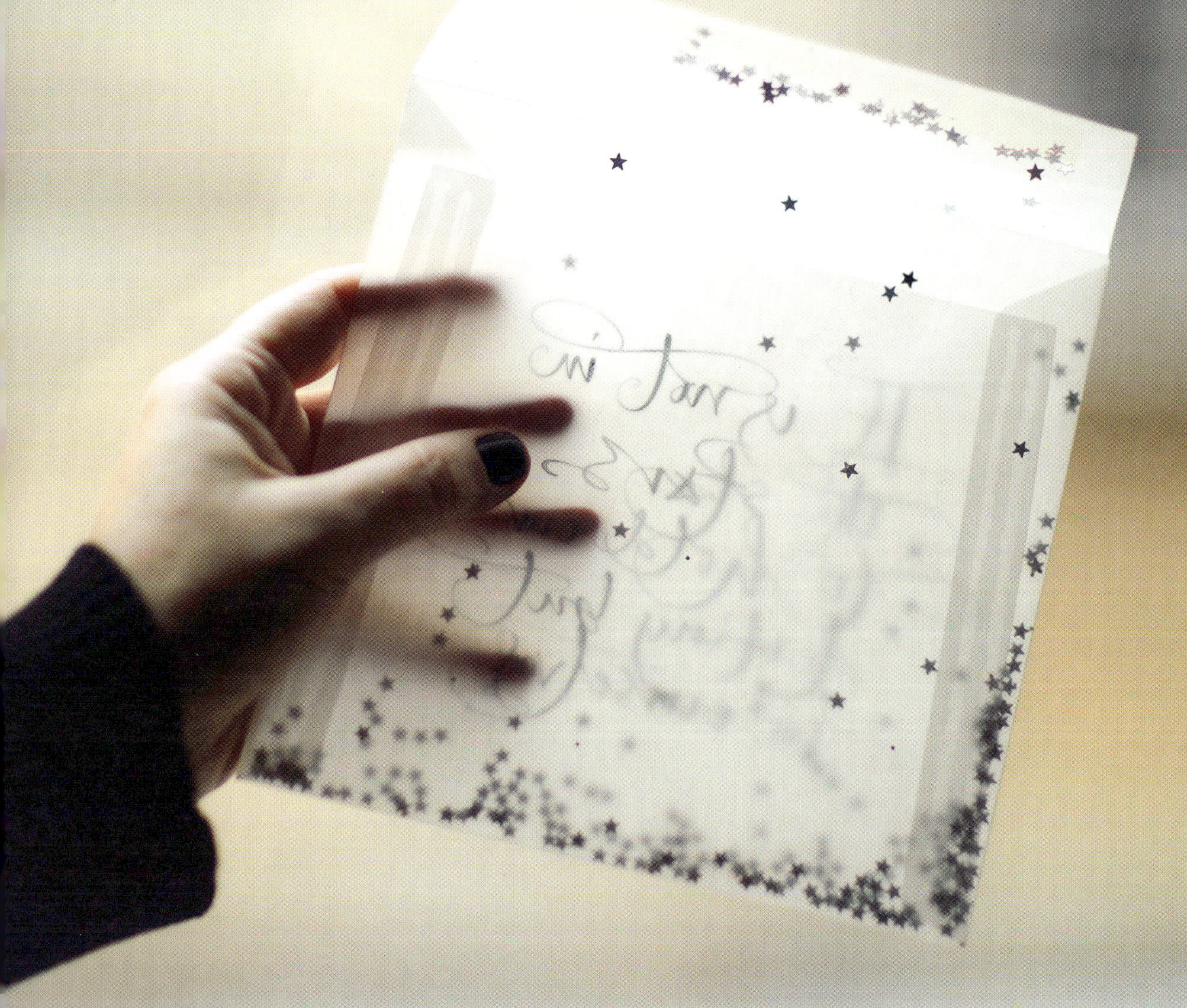

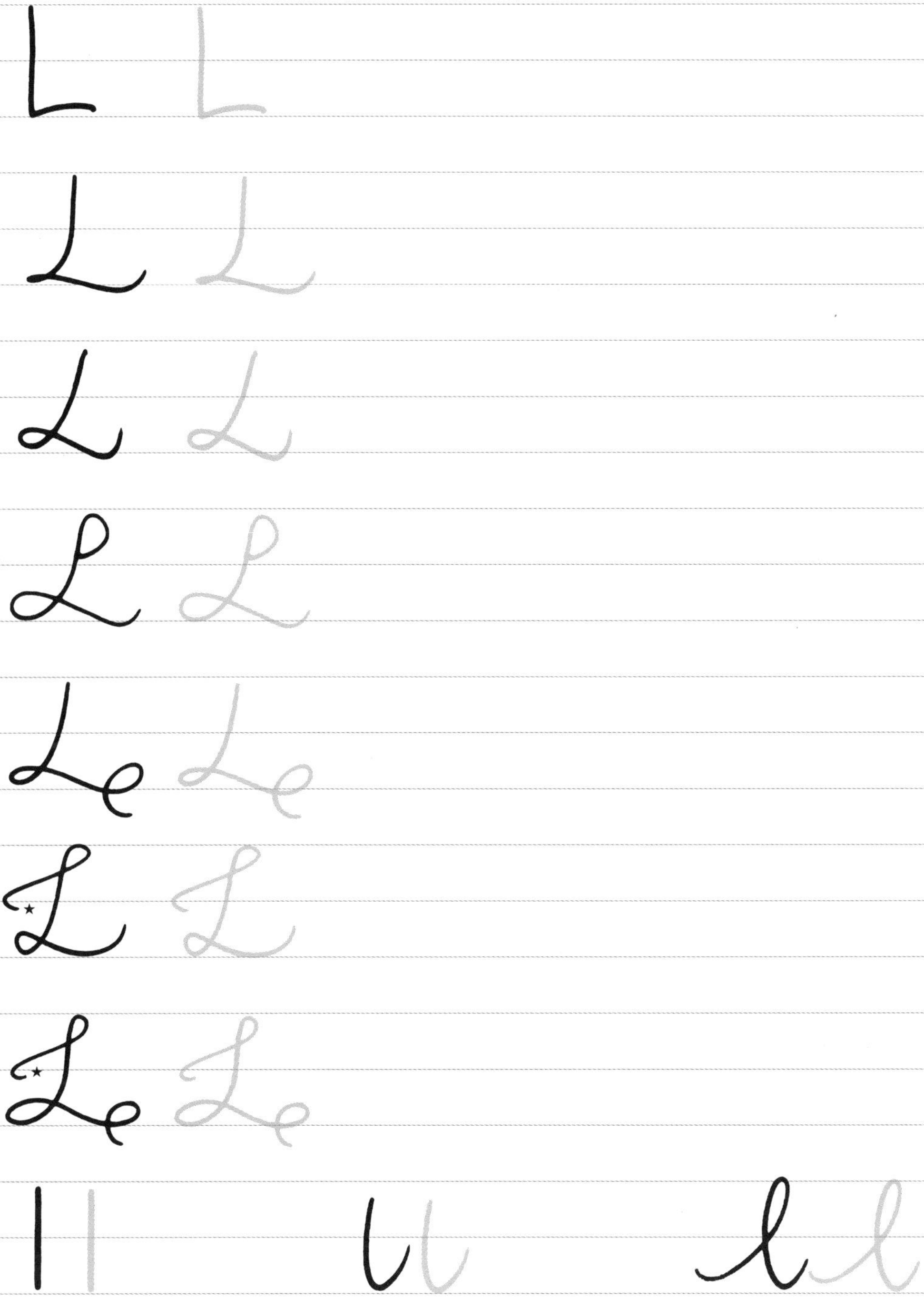

EIN **ALPHABET** IST EIN SCHRIFTSYSTEM, EINE LISTE VON SCHRIFTZEICHEN. DIESE GRUNDELEMENTE DES ALPHABETS SIND DIE BUCHSTABEN. JEDER BUCHSTABE IST EIN SYMBOL FÜR EINEN LAUT ODER MEHRERE VERWANDTE LAUTE.
DAMIT DIESES SYSTEM BESSER FUNKTIONIERT, WIRD DAS ALPHABET DURCH WEITERE ZEICHEN WIE SATZZEICHEN, LEERZEICHEN ETC. ERGÄNZT.

VOR 4000 JAHREN VERWENDETEN DIE ÄGYPTER IN IHRER HIEROGLYPHENSCHRIFT EINE WELLENLINIE ALS SYMBOL FÜR „WASSER". DIESES ZEICHEN WURDE VON DEN PHÖNIZIERN ZUR FORM EINES „**M**" VEREINFACHT, ALS BUCHSTABE IN IHR ALPHABET AUFGENOMMEN UND NACH IHREM WORT FÜR WASSER „MEM" BENANNT.

N N

N N

N N

N N

N N

N N

n n

n n

n n

DENKEN SIE DARAN, REGELMÄSSIG „**HAND-PAUSEN**" EINZULEGEN: DIE SCHREIBHAND ÖFFNEN UND SCHLIESSEN, UM SCHMERZEN UND KRÄMPFEN VORZUBEUGEN …

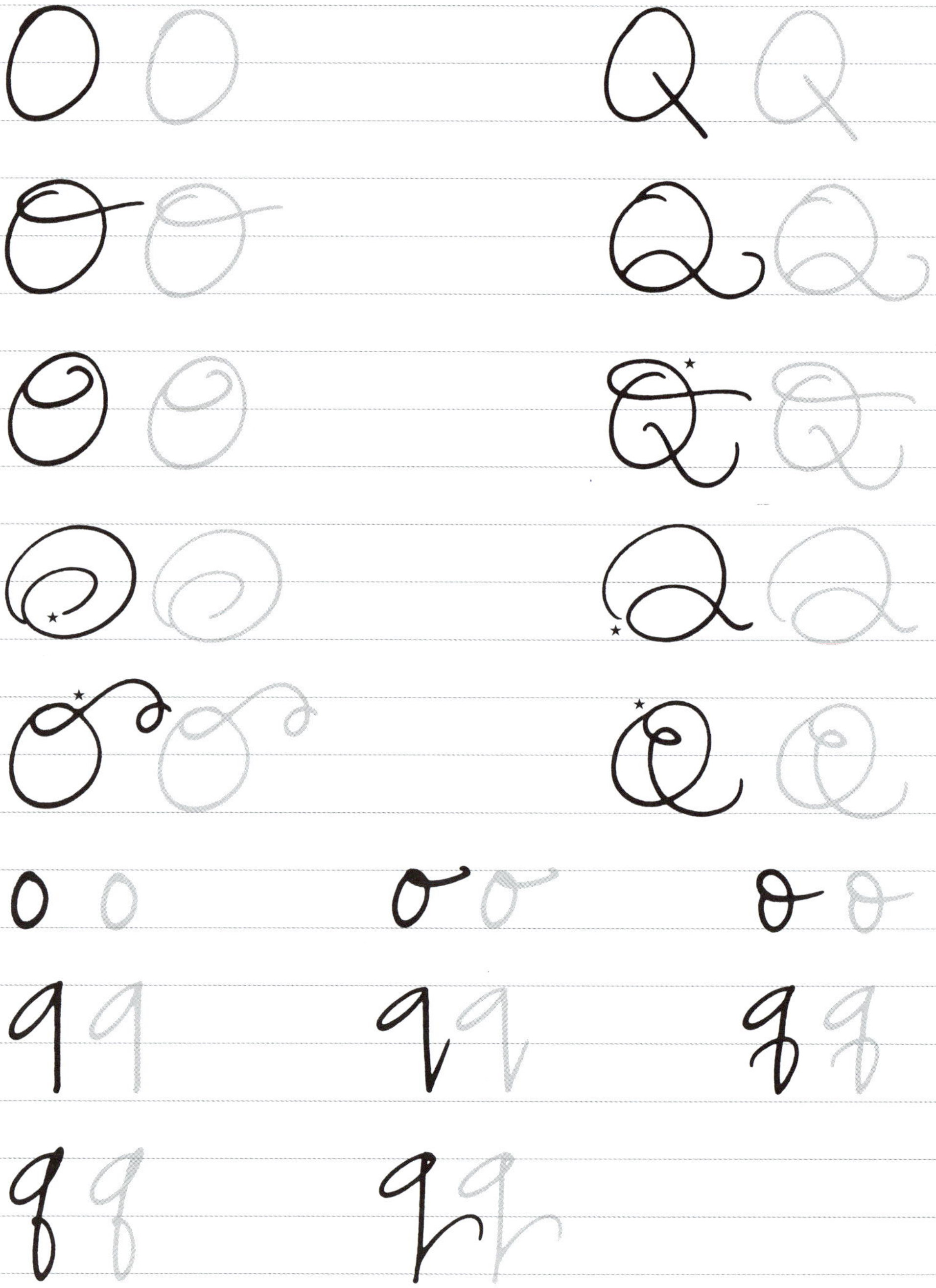

AUCH DIE BUCHSTABEN **O** & **Q** WEISEN IN IHREM AUFBAU ZAHLREICHE ÄHNLICHKEITEN AUF

DER BUCHSTABE „**O**" IST INSPIRIERT VON DER SEHR BILDHAFTEN ÄGYPTISCHEN HIEROGLYPHE FÜR „AUGE", WOBEI NUR DER UMRISS DER PUPILLE ÜBERLEBT HAT …

DIESES AUGE SCHAUT SIE AN! BLEIBEN SIE DRAN …

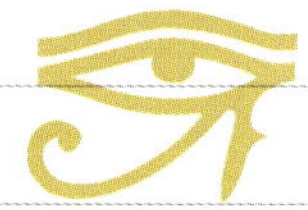

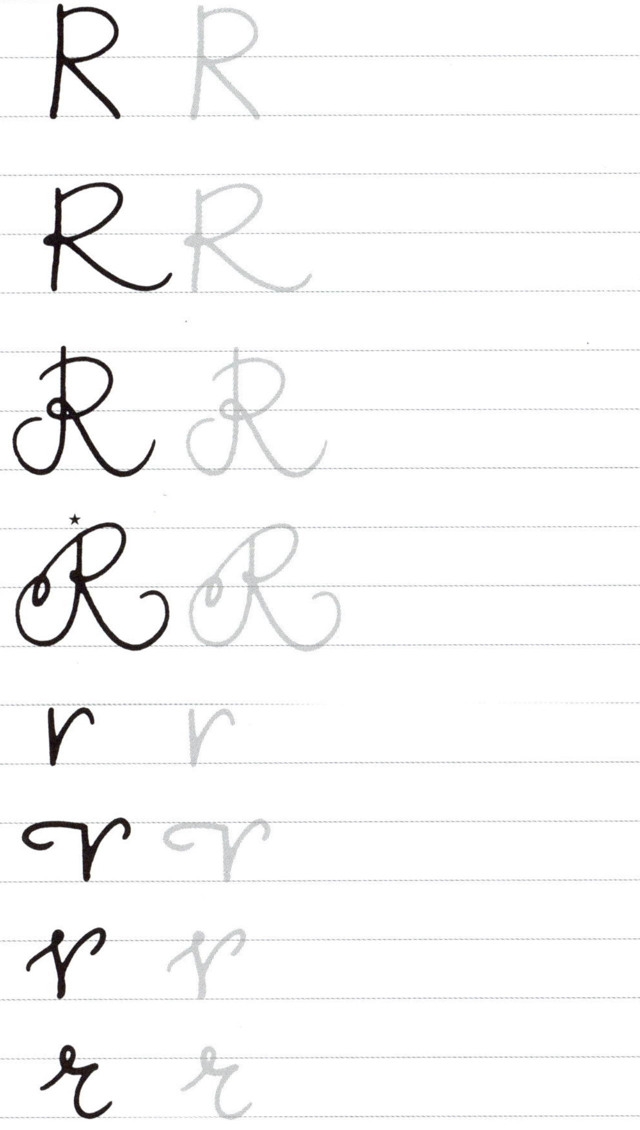

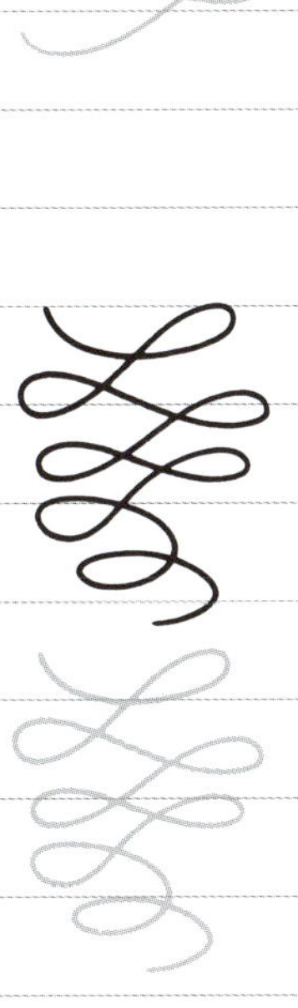

DIE **UNTERSCHRIFT** VON ELISABETH I. VON ENGLAND IST EINES DER BERÜHMTESTEN GRAPHOLOGISCHEN BEISPIELE DER GESCHICHTE FÜR DEN ELABORIERTEN UND EXTRAVAGANTEN STIL, MIT DEM HOCHGESTELLTE PERSÖNLICHKEITEN IM 16. JH. RANG UND STATUS AUSDRÜCKTEN.

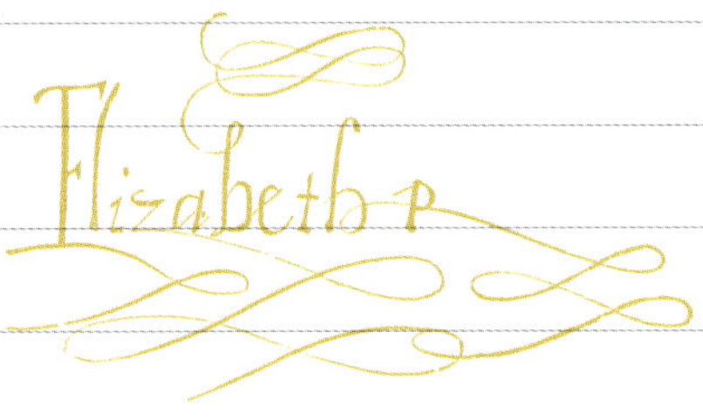

Achten Sie auf die eindrucksvollen Schwünge von E, b und R. Letzteres steht für „Regina“, das lateinische Wort für Königin.

espresso

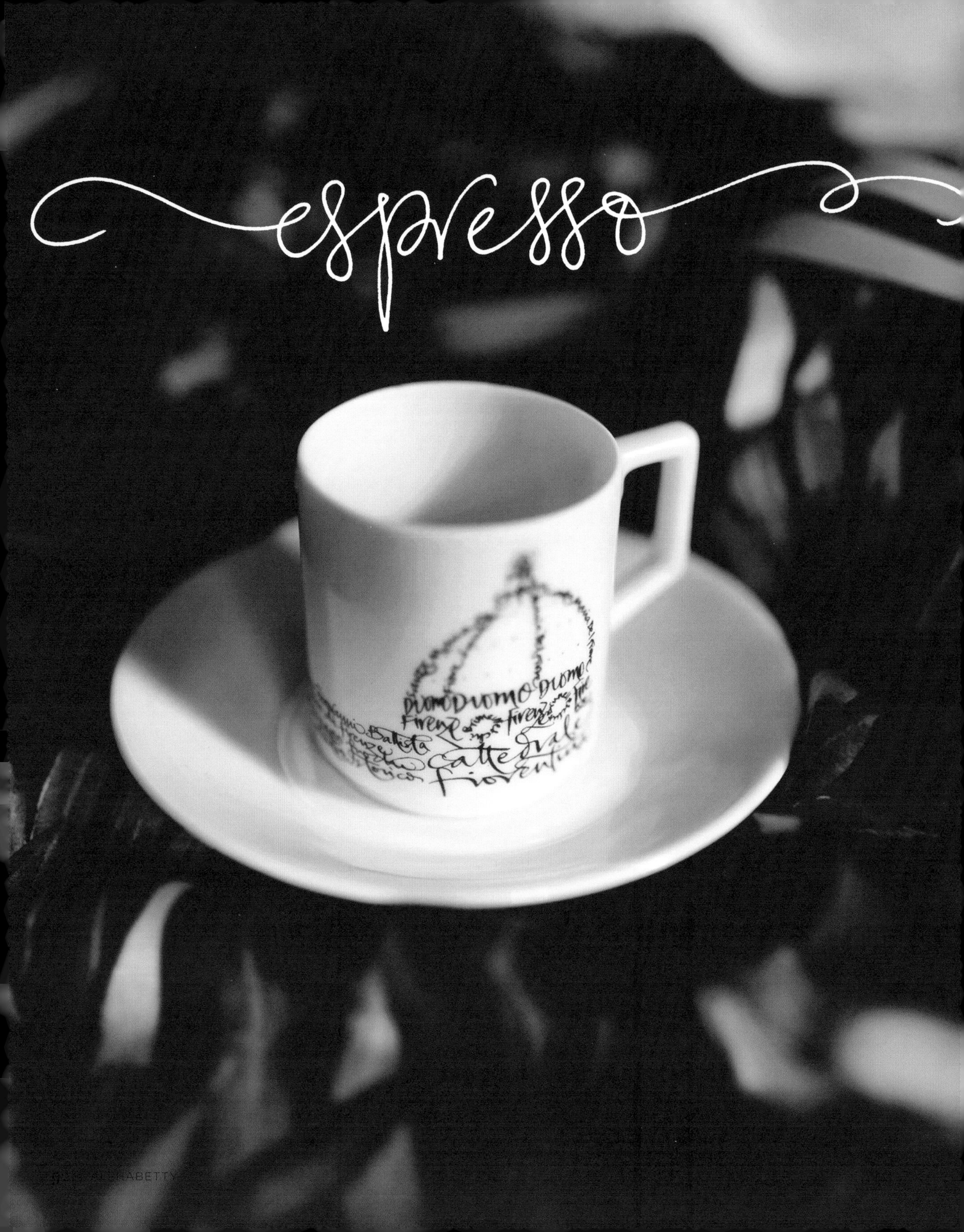

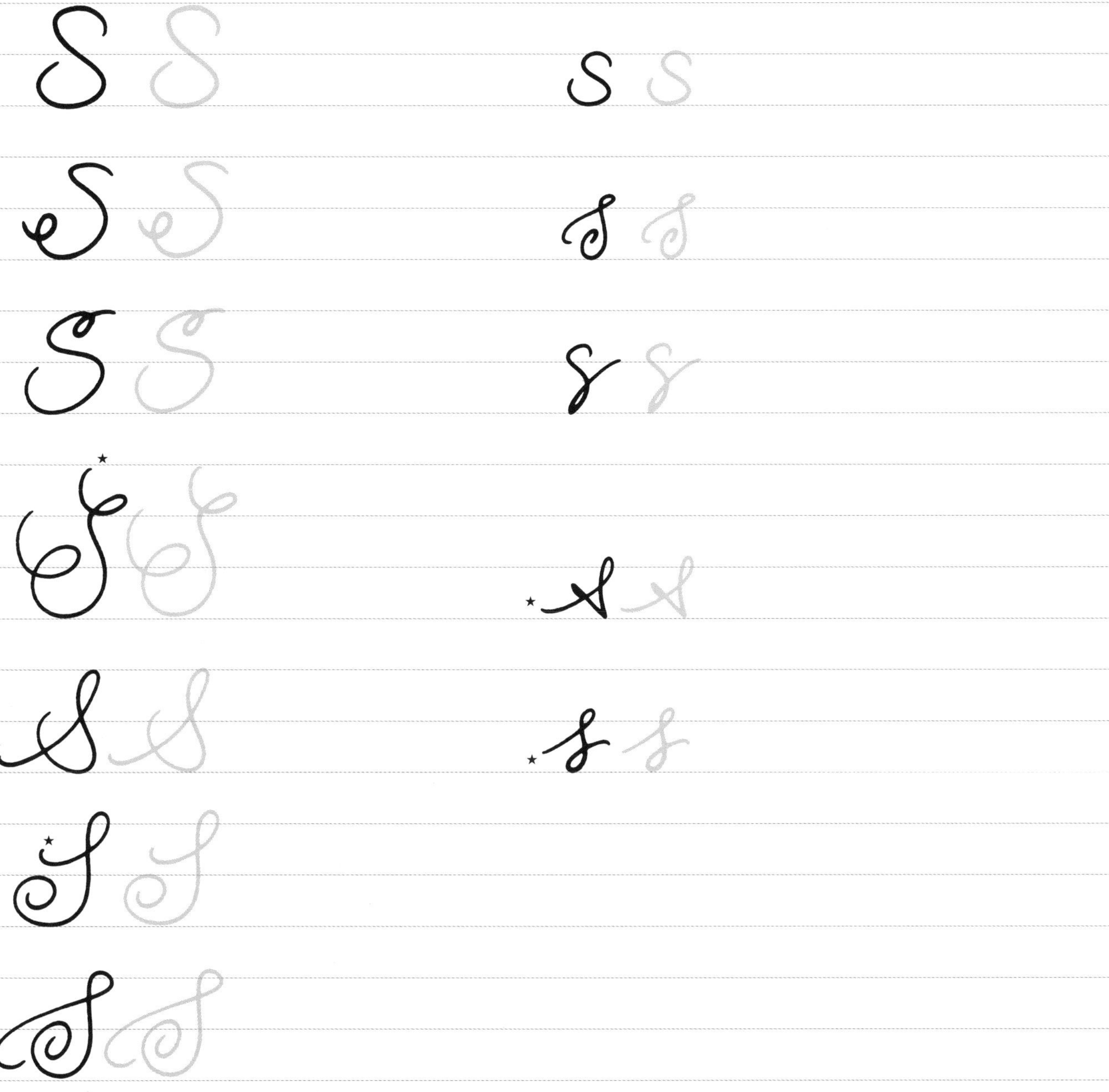

Zeit für eine Kaffeepause! Und für ein paar kringelige sssssss-Übungen:

T T

DER BUCHSTABE **W** ENTSTAND UM 1700 AUS EINEM DOPPELTEN **V** ODER AUCH **U**.

Y Y

Y Y

Y Y

Y Y

Y Y

Y Y

Y Y

★ Y Y

★ Y Y

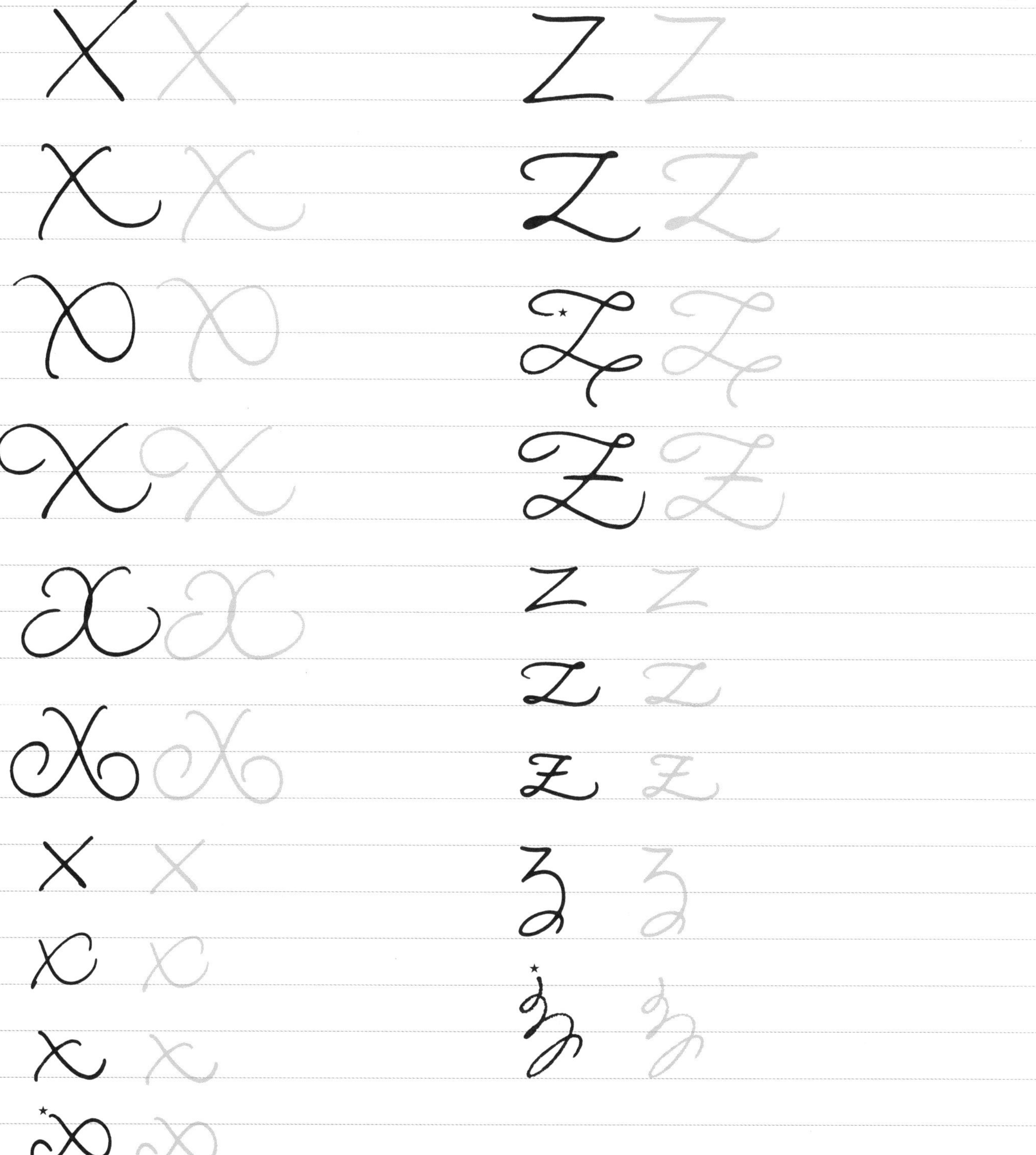

DASS IM ENGLISCHEN SPRACHRAUM EIN „**X**" ALS SYMBOL FÜR EINEN KUSS VERWENDET WIRD, REICHT ZURÜCK BIS INS MITTELALTER. DAMALS VERSAH MAN DOKUMENTE ALS ZEICHEN FÜR AUFRICHTIGKEIT UND EHRLICHKEIT MIT EINEM CHRISTLICHEN KREUZ UND SETZTE DARAUF EINEN KUSS.

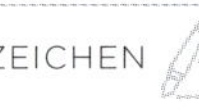

DAS ET-ZEICHEN „&“ IST EIN LOGOGRAMM ZUR DARSTELLUNG DES WORTES „UND“. DAS ZEICHEN SELBST IST EINE BEREITS IN DER SPÄTANTIKE ENTSTANDENE LIGATUR, EINE VERBINDUNG DER BUCHSTABEN E UND T, DEM LATEINISCHEN WORT „ET“ FÜR UND.

ICH VERWENDE ES GERNE ÜBERALL DA, WO ICH EINE ENGERE VERBINDUNG ALS NUR EIN EINFACHES „UND“ AUSDRÜCKEN WILL.

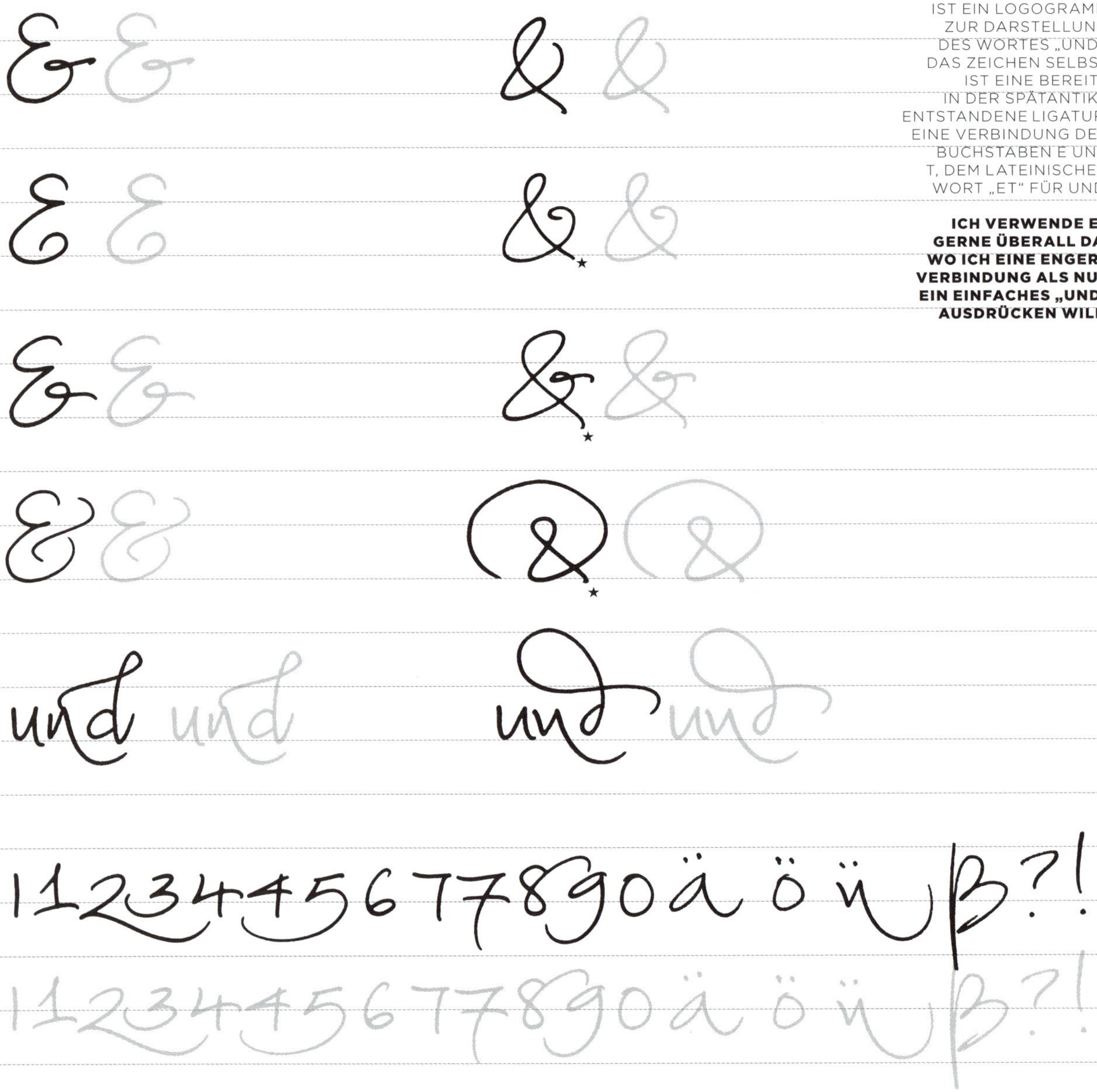

RÖMISCHE ZAHLEN WERDEN DURCH BUCHSTABEN DES ALPHABETS DARGESTELLT:

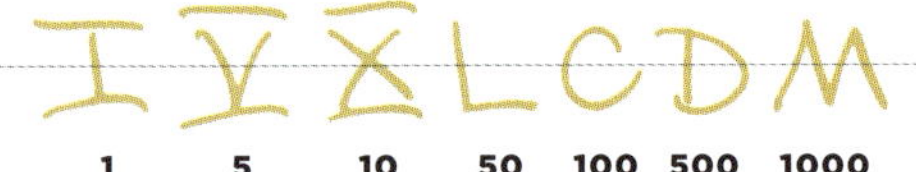

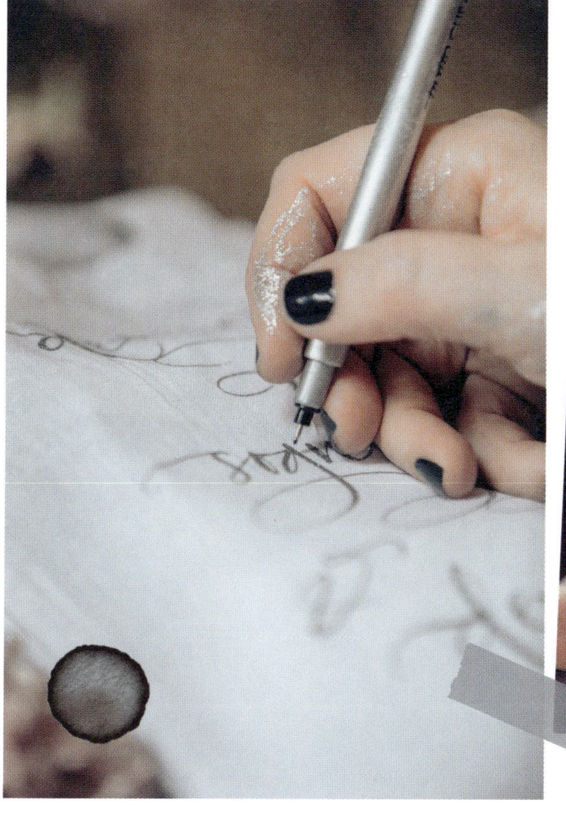

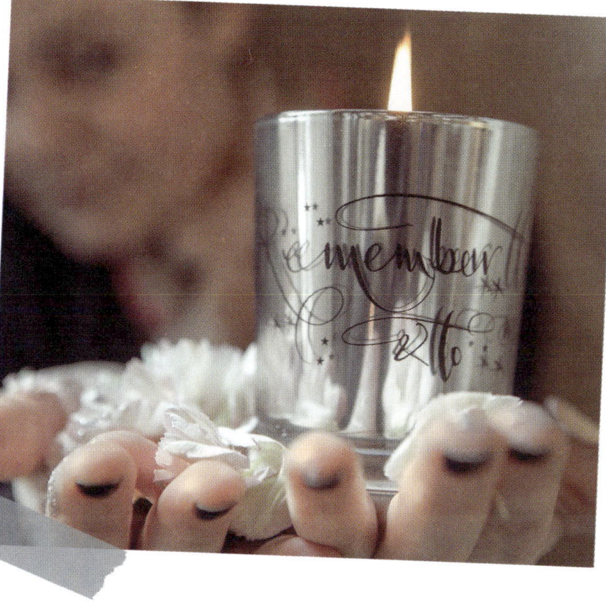

Hoffentlich spüren Sie inzwischen schon eine gewisse Lockerheit beim Schreiben. Es dauert sicher eine Weile, bis Sie all diese verschiedenen Buchstabenformen wirklich entspannt und flüssig schreiben können. Doch wenn Sie weiterhin üben und wiederholen, werden Sie mit der Zeit völlig neue Varianten in Ihren eigenen Stil einfließen lassen. Experimentieren Sie mit verschiedenen Neigungswinkeln, Schriftbreiten und -höhen und Verzierungen – aber auch mit verschiedenen Schreibgeräten, vom Kugelschreiber über Filzstifte und Marker bis zu Tintenrollern. Achten Sie darauf, wie sie sich beim Schreiben anfühlen und wie sich das auf das Schriftbild auswirkt.

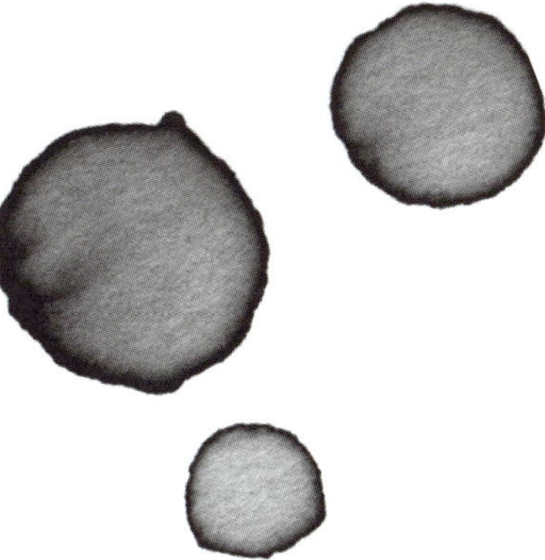

Wenn Sie alle Buchstaben des Alphabets zusammenfügen, wirkt es wie ein einziges langes Wort …

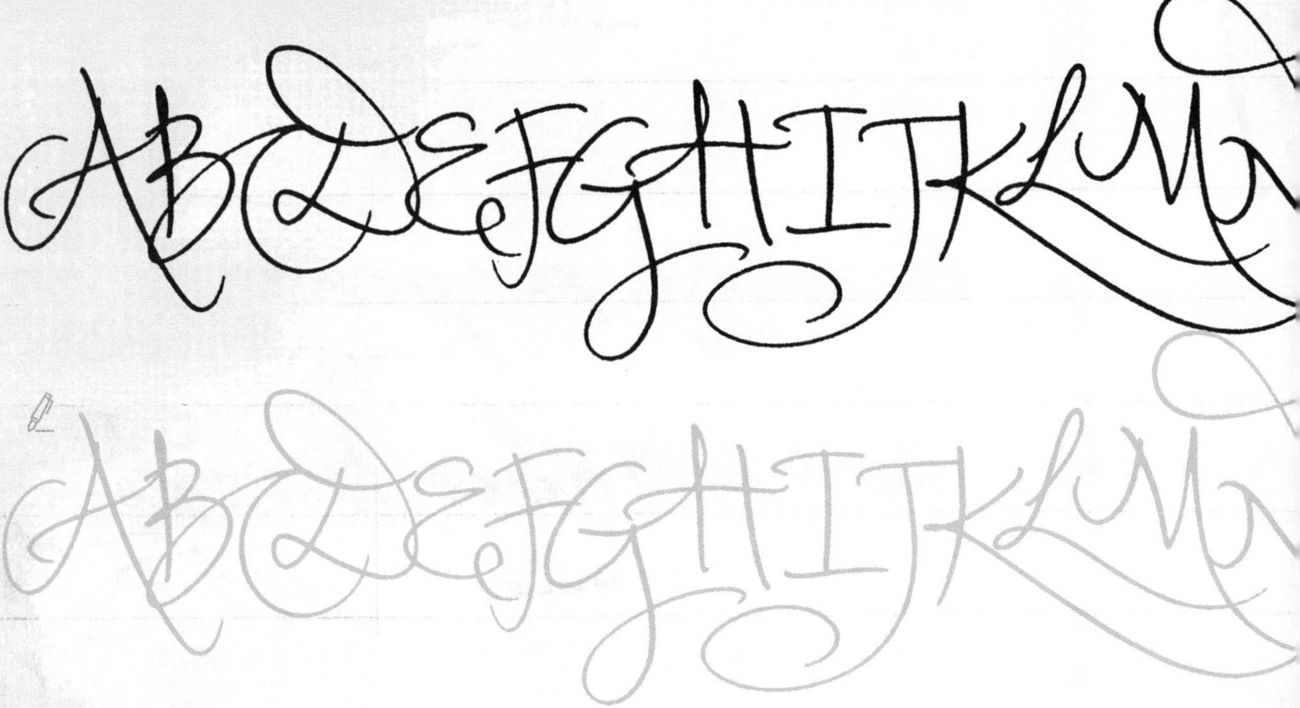

Lassen Sie uns nun damit spielen, Buchstaben zu Wörtern zusammenzusetzen, mit kurvigen Schwüngen zu verbinden und mit Schnörkeln zu verzieren. Jeder Buchstabe ist die Gelegenheit, aufregende neue Wortformen entstehen zu lassen.

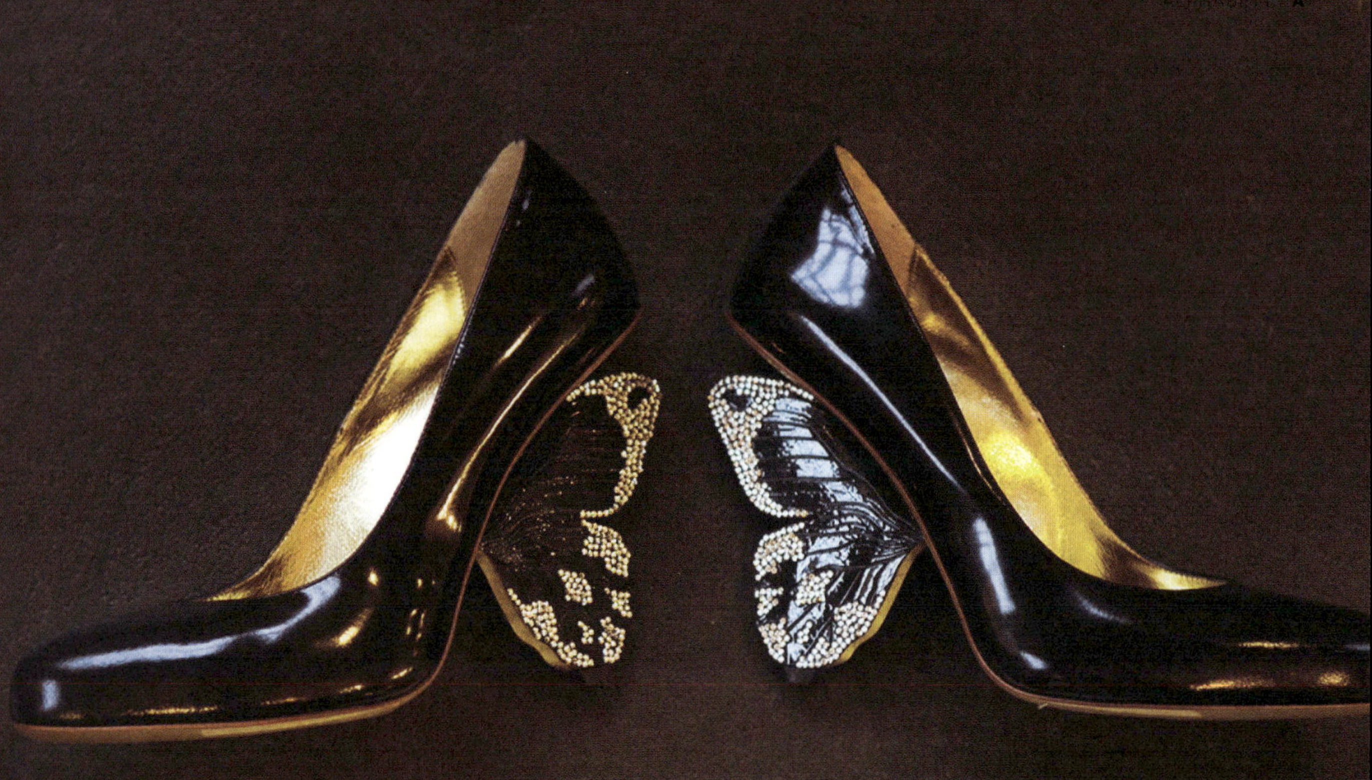

La frase migliore al momento giusto è sempre e solo quella che sgorga dal vostro cuore, che esprime quello che realmente sentite e che viene fatta considerando la profonda conoscenza che avete di chi vi sta davanti, della sua indole e della sua sensibilità. È infatti certo che l'atmosfera in questo storico momento sarà unica, indimenticabile, coinvolgente solo ed esclusivamente se sarà "vera" "vostra" "personale".

ALPHABETTER

Manche Buchstaben innerhalb eines Wortes bieten sich förmlich für spielerische Verzierungen und Schnörkel an:

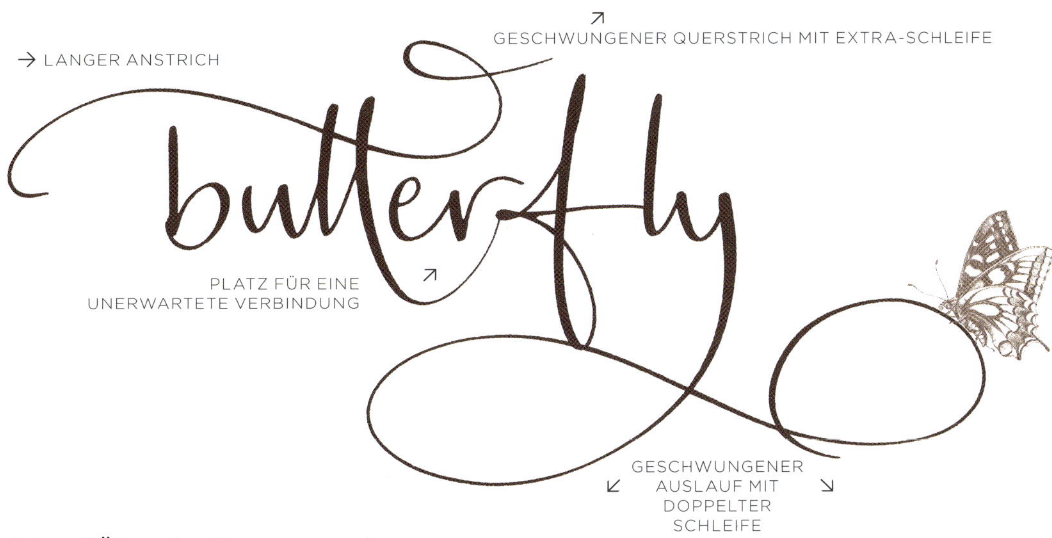

Viel Spaß beim Üben der Verzierungen!

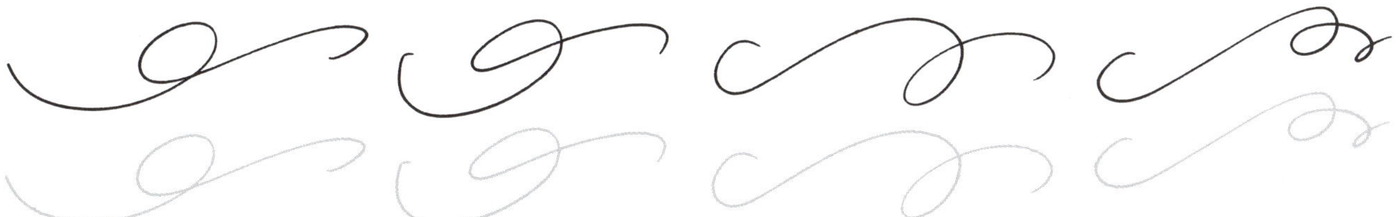

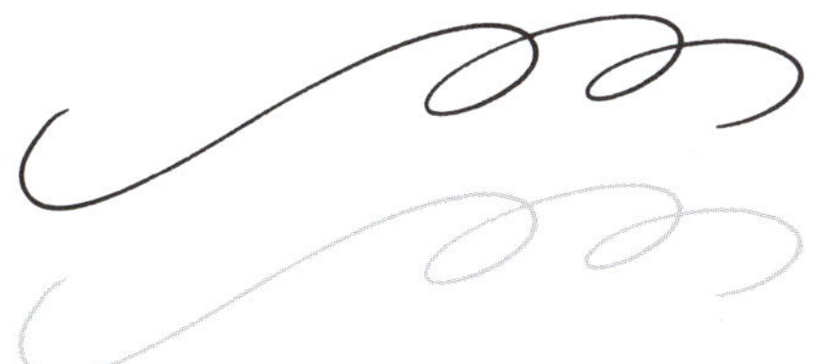

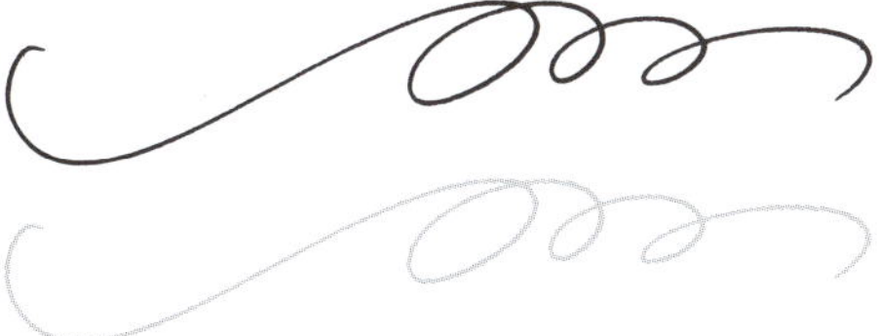

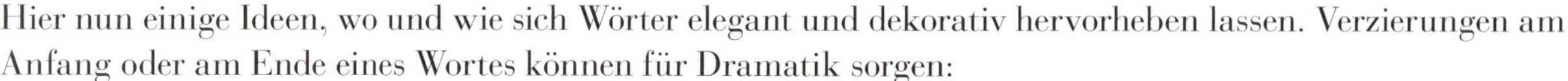

Hier nun einige Ideen, wo und wie sich Wörter elegant und dekorativ hervorheben lassen. Verzierungen am Anfang oder am Ende eines Wortes können für Dramatik sorgen:

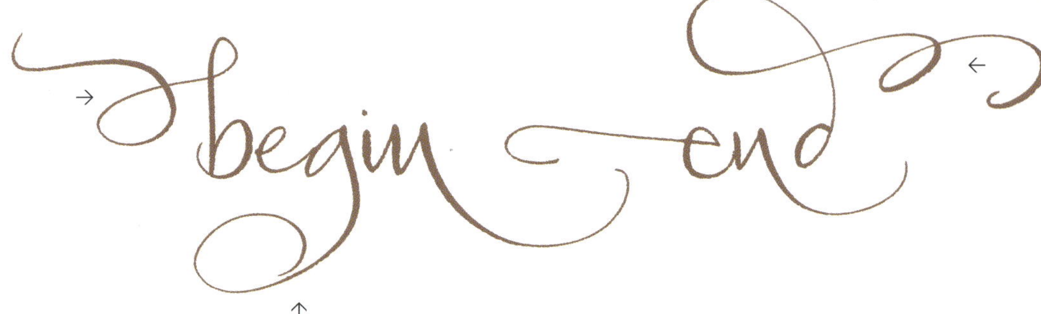

In der Mitte eines Wortes bieten sich die oberen Enden der Oberlängen für schwungvolle Schnörkel an:

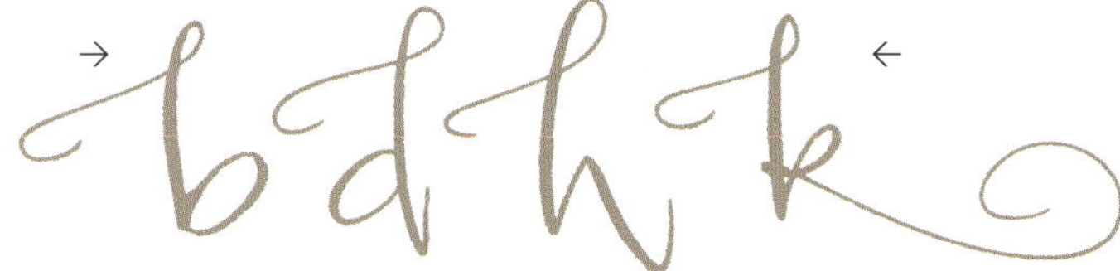

Dasselbe gilt auch für die unteren Enden der Unterlängen:

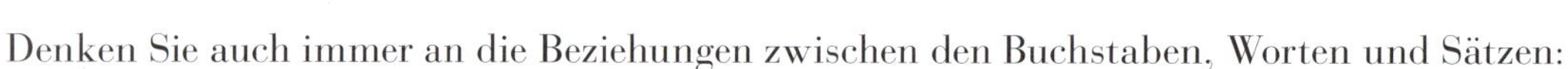

Denken Sie auch immer an die Beziehungen zwischen den Buchstaben, Worten und Sätzen:

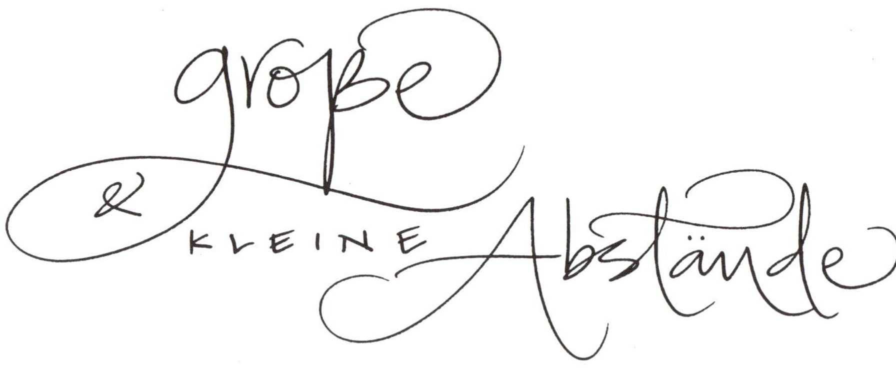

Einige Buchstaben laden zu schwungvollen Schnörkeln an Querstrich und Unterlängen ein:

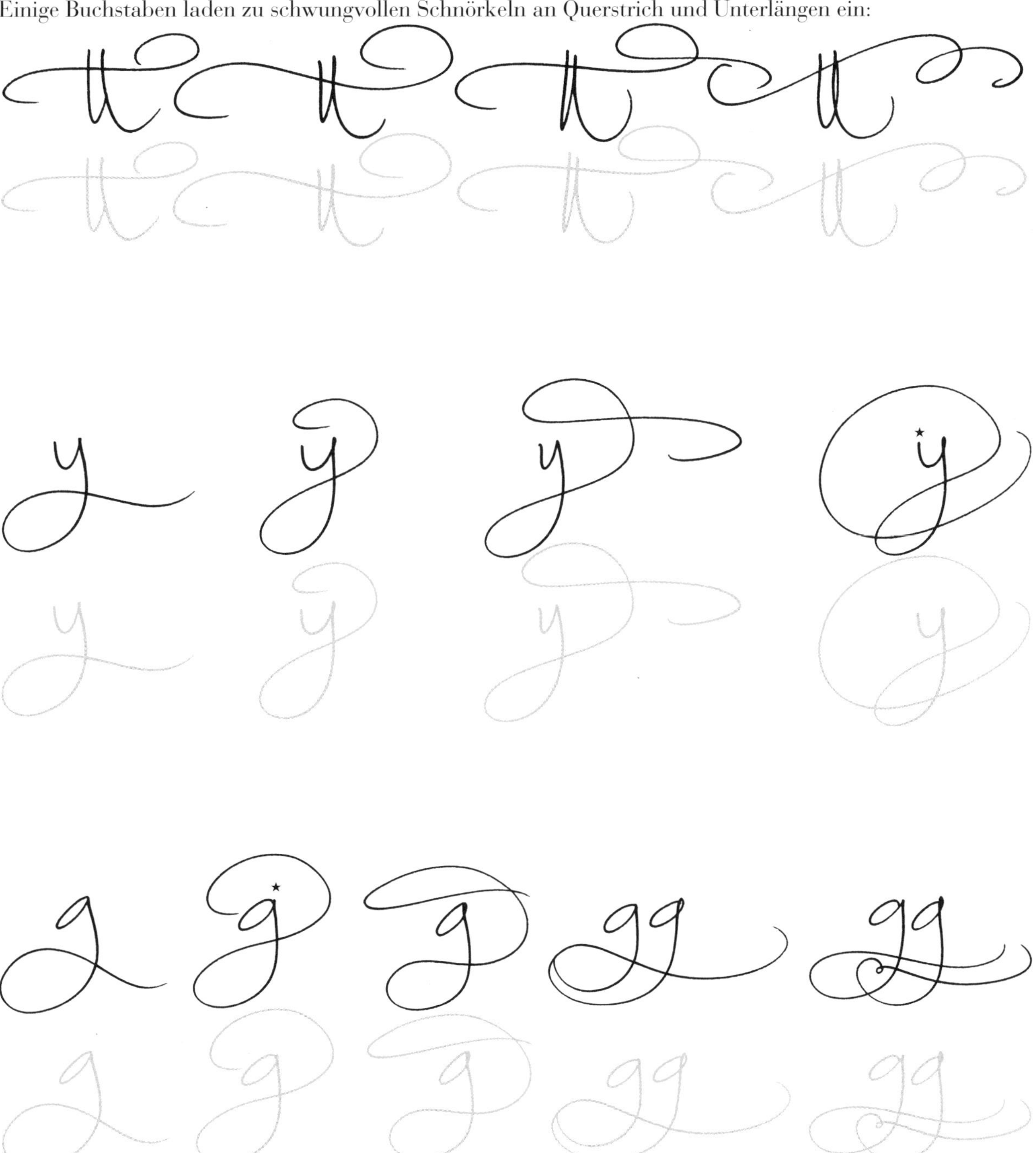

WENN WORTE FLIEGEN LERNEN

Hier können Sie Ihr Repertoire erweitern! Lassen Sie Schmetterlinge in ihrem natürlichen Lebensraum fliegen und erforschen Sie neue kalligraphische Wege, um mit der Natur zu spielen:

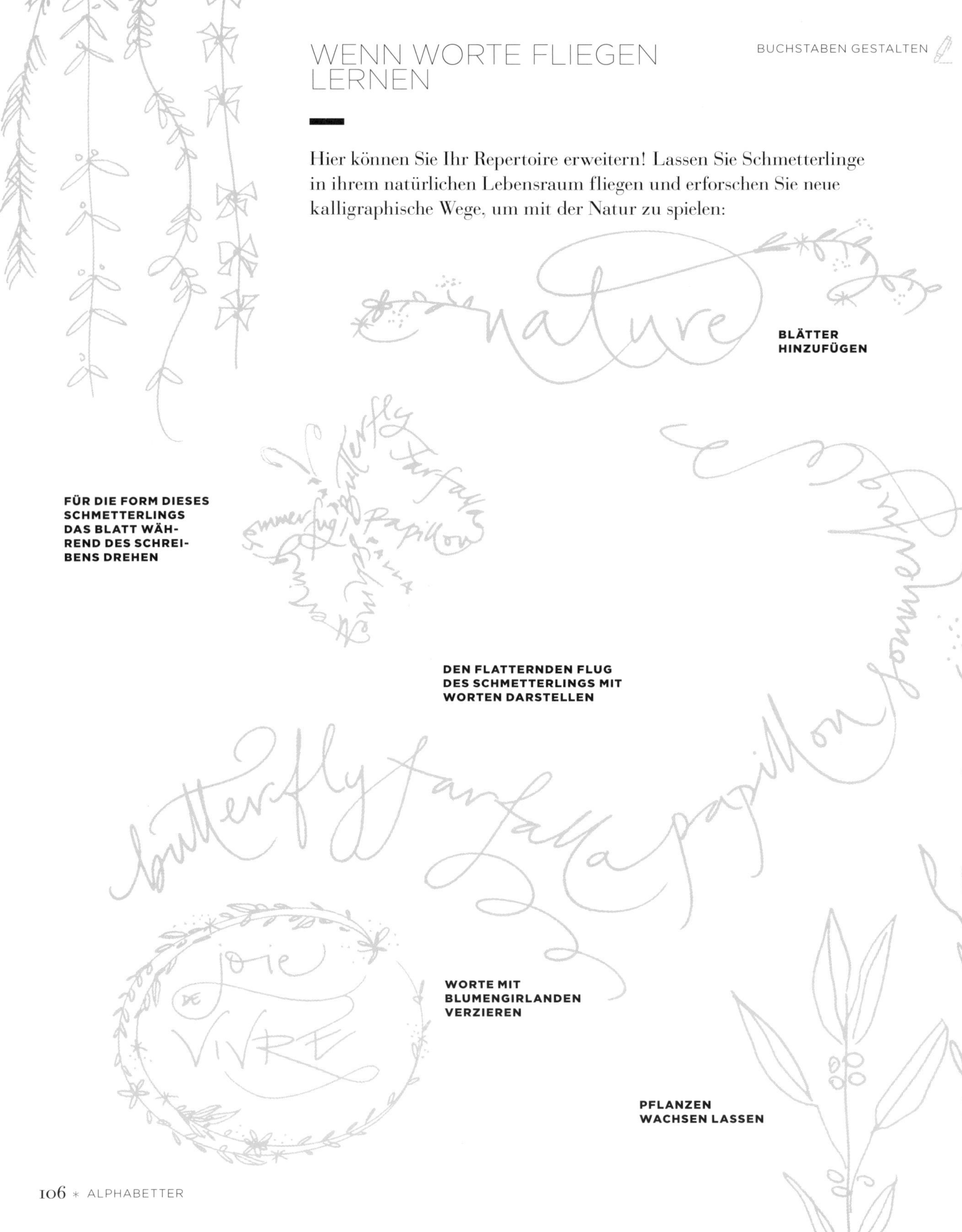

BLÄTTER HINZUFÜGEN

FÜR DIE FORM DIESES SCHMETTERLINGS DAS BLATT WÄHREND DES SCHREIBENS DREHEN

DEN FLATTERNDEN FLUG DES SCHMETTERLINGS MIT WORTEN DARSTELLEN

WORTE MIT BLUMENGIRLANDEN VERZIEREN

PFLANZEN WACHSEN LASSEN

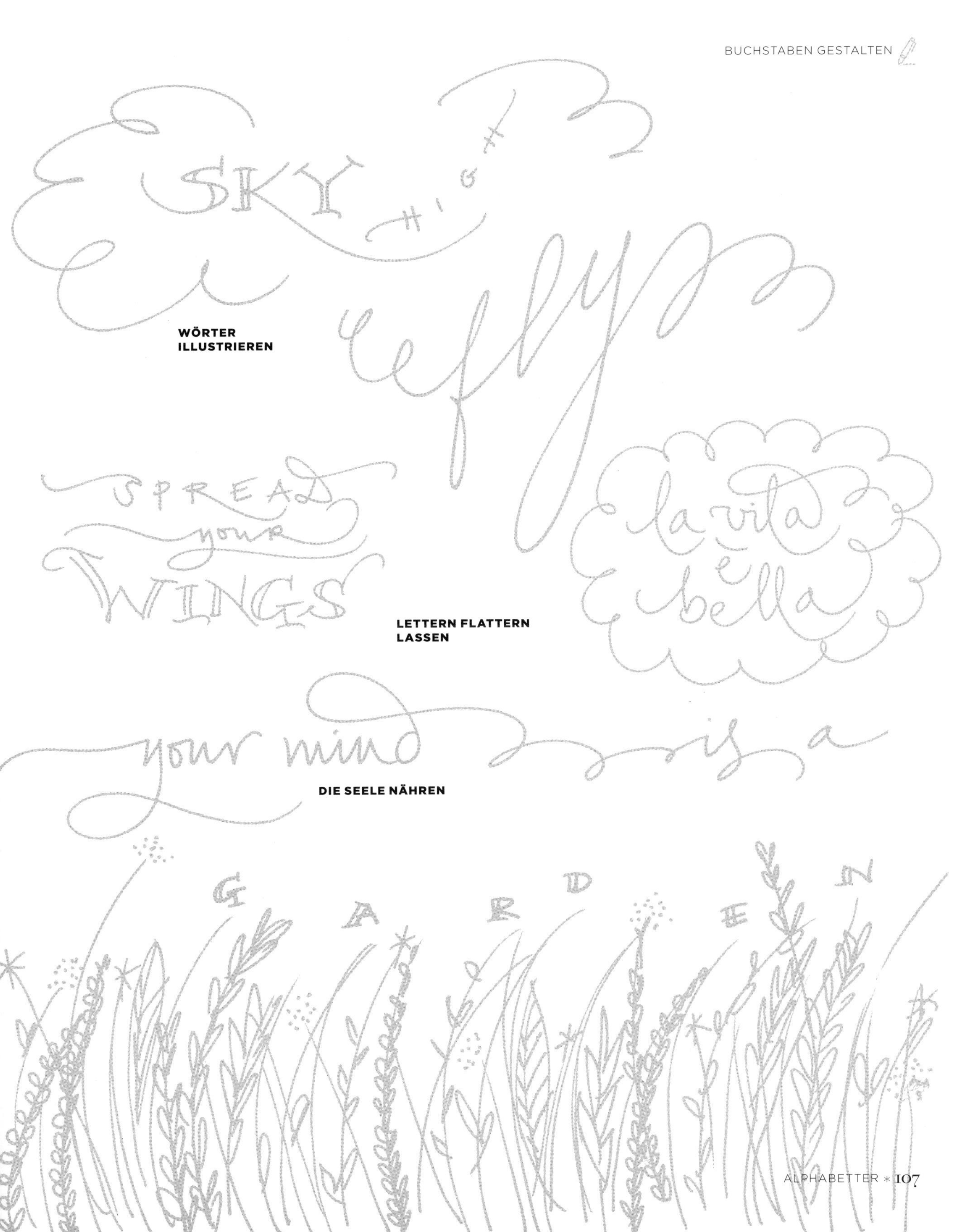

WÖRTER ILLUSTRIEREN

LETTERN FLATTERN LASSEN

DIE SEELE NÄHREN

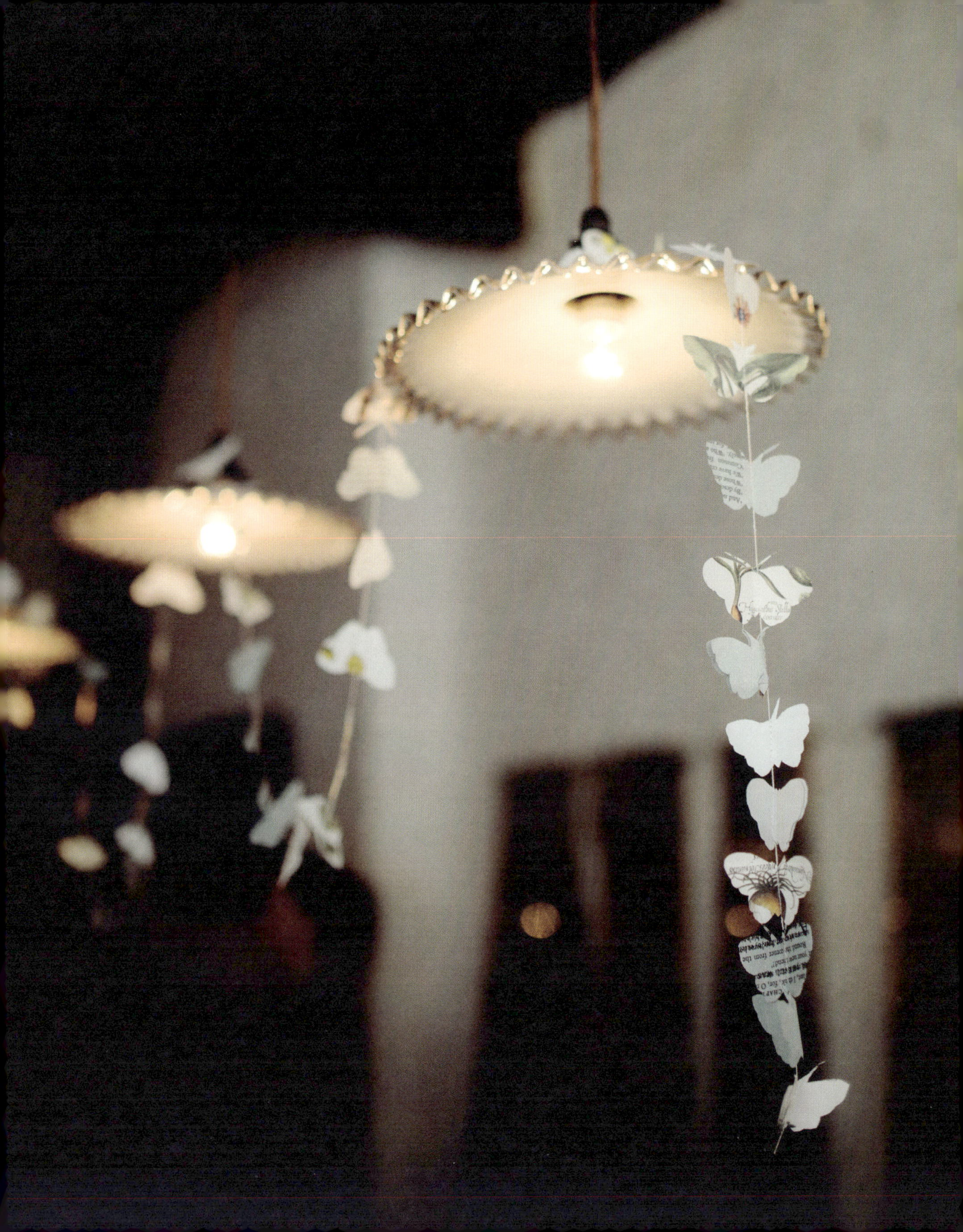

WORTE WÄHLEN

In Workshops, bei denen die Teilnehmer ihren eigenen Schreibstil entwickeln sollen, wissen viele erst einmal nicht, was sie schreiben könnten, wenn sie zum freien Gestalten einer leeren Seite aufgefordert werden.

ES KOMMT EBENSO DARAUF AN, WAS SIE SCHREIBEN, NICHT NUR, WIE SIE ES SCHREIBEN.

Gesammelte Zitate Ihrer Lieblingskünstler sind eine großartige Möglichkeit, Gedanken und Emotionen auszudrücken, ebenso wie Songtexte oder alles andere, was für Sie eine besondere Bedeutung hat. Auch Pangramme sind ein gutes Mittel, um mit Kalligraphie zu spielen. Dabei handelt es sich um Sätze, die alle Buchstaben des Alphabets enthalten und dabei trotzdem noch einen gewissen Sinn ergeben!

Es macht Spaß, sie zu schreiben, selbst in Sprachen, die Sie selbst gar nicht verstehen. Fahren Sie diese Beispiele zuerst nach, bevor Sie versuchen, sie freihändig und in Ihrem beginnenden, eigenen Stil auf ein separates Blatt zu schreiben:

ENGLISCH » DER SCHNELLE BRAUNE FUCHS SPRINGT ÜBER DEN FAULEN HUND

the quick brown fox jumps over the lazy dog

ITALIENISCH » IRGENDEIN SCHLAUMEIER WIRD PLATZ HABEN, UNWÜRDIGERWEISE

avrà spazio qualche furbo, indegnamente

FRANZÖSISCH » TRAGT DIESEN ALTEN WHISKY ZU DEM BLONDEN RICHTER, DER RAUCHT

portez ce vieux whisky au juge blond qui fume

DEUTSCH

„Fix, Schwyz!", quäkt Jürgen blöd vom Paß

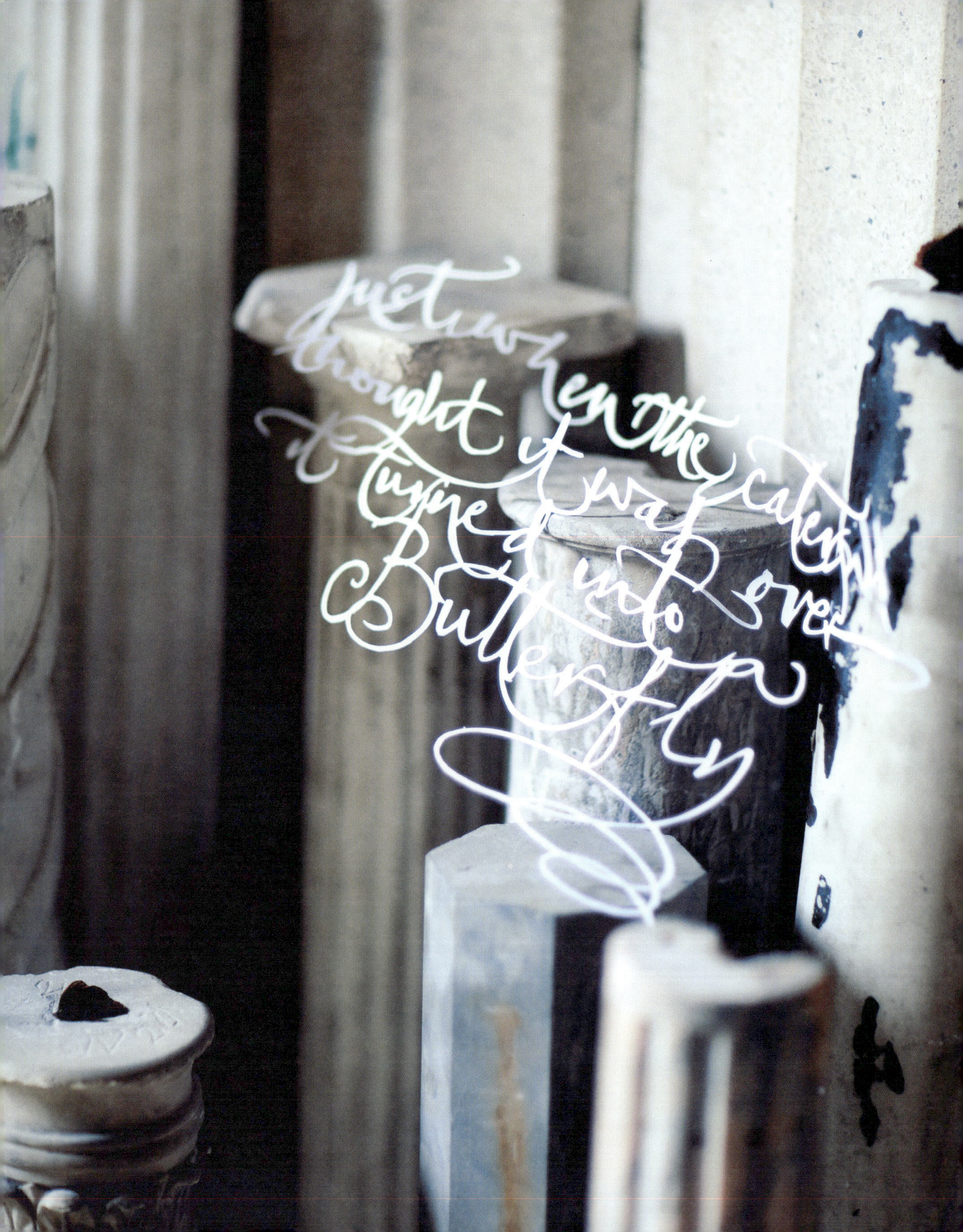
just when the caterpillar thought it was over it turned into a Butterfly

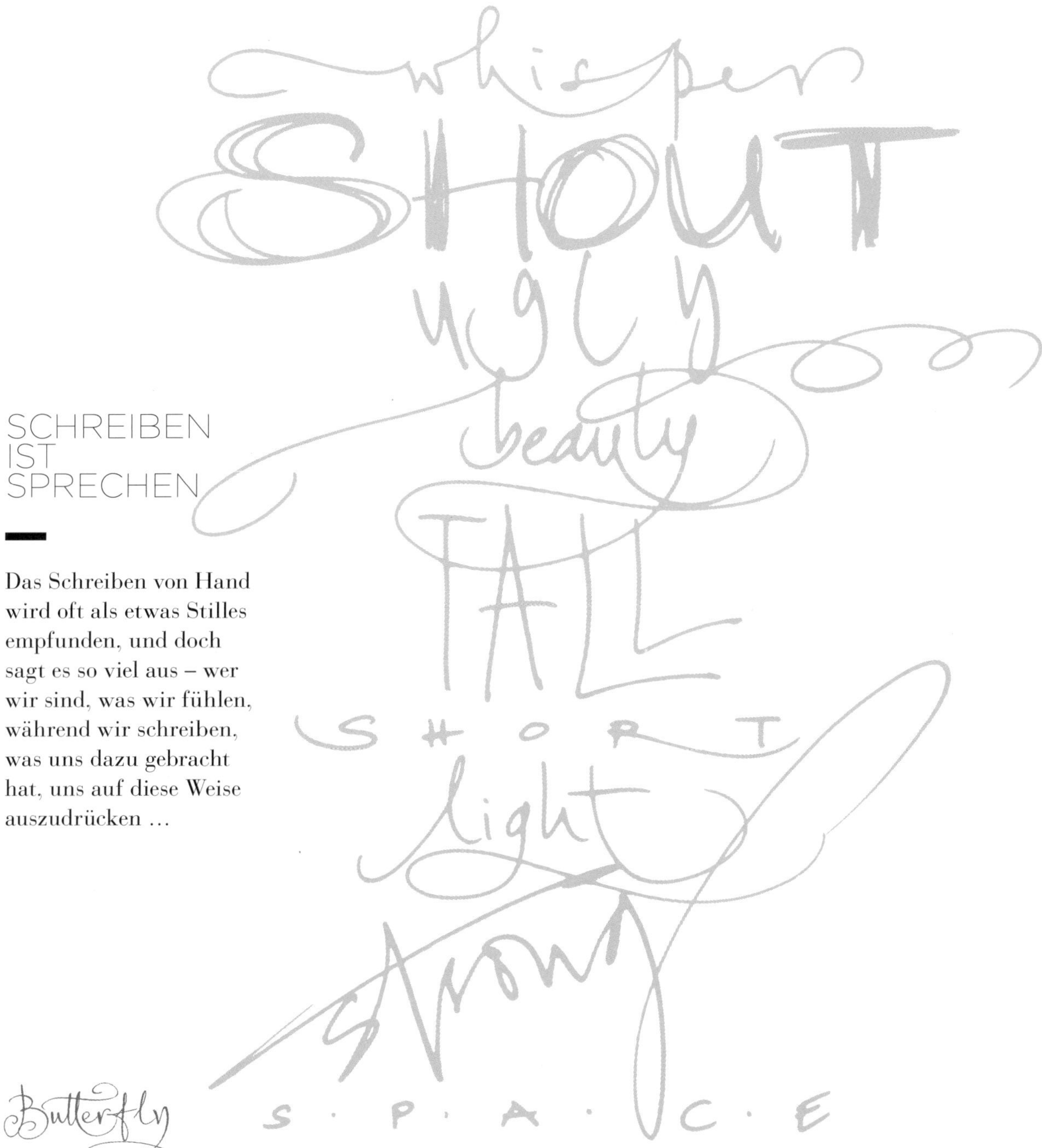

SCHREIBEN IST SPRECHEN

Das Schreiben von Hand wird oft als etwas Stilles empfunden, und doch sagt es so viel aus – wer wir sind, was wir fühlen, während wir schreiben, was uns dazu gebracht hat, uns auf diese Weise auszudrücken …

← Meine Kalligraphie mitsamt Verzierungen, vom talentierten Graffiti- und Schreibkünstler David S. umgesetzt in einen Papierschnitt

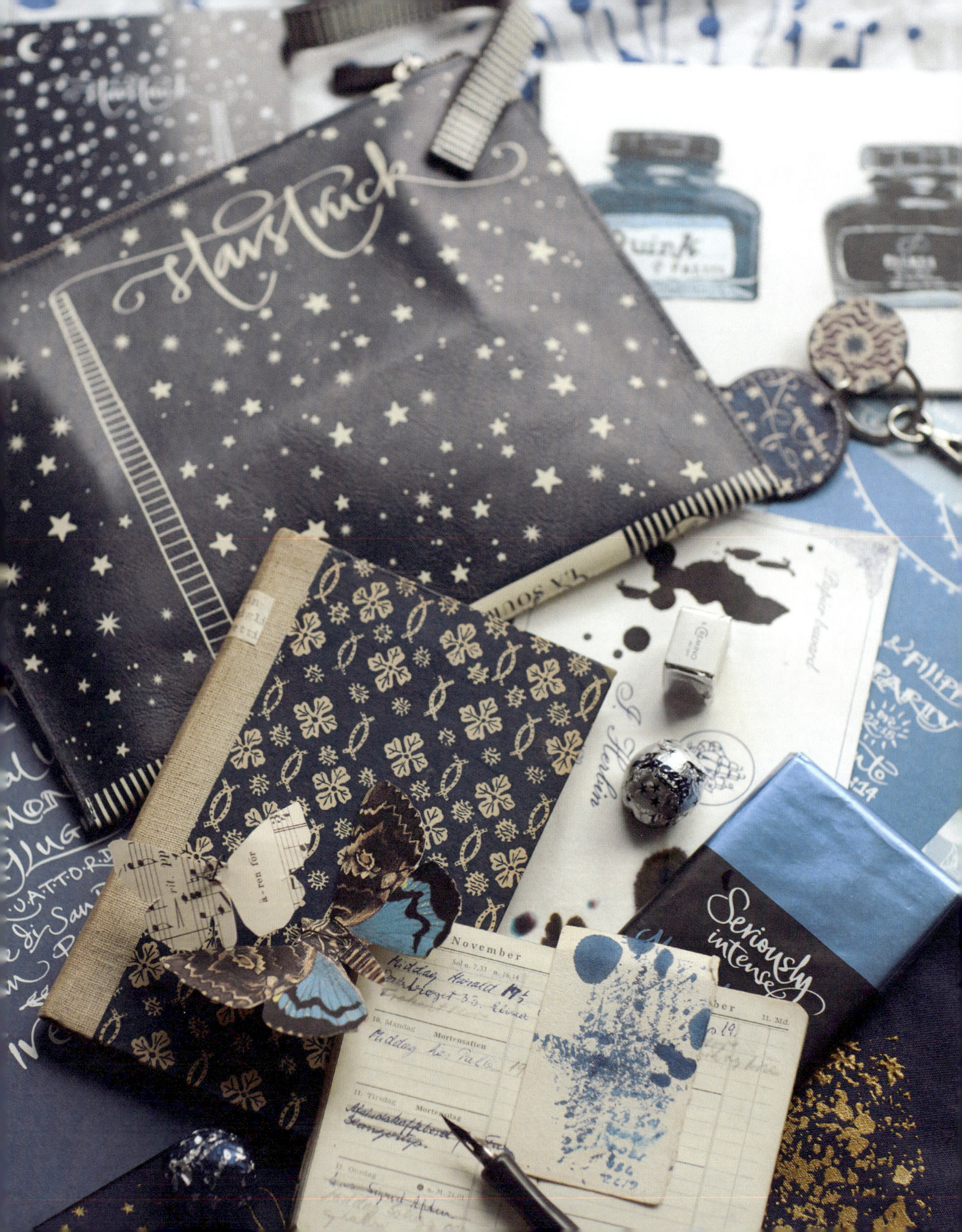

Starstruck
Quink
November
Seriously intense

FRISCH UND FRECH DENKEN

Manchmal stelle ich meine Schreibaktivitäten gerne unter ein Thema, etwa eine Sammlung von Wörtern, die mit Natur zu tun haben wie auf den Seiten 106–107, oder eine Liste meiner Lieblingsdinge.

Versuchen Sie sich an diesem Projekt: Recherchieren Sie die Bezeichnungen der Farbtöne von Künstler-Ölfarben. Einige klingen sehr geheimnisvoll und majestätisch! Wählen Sie Ihre Favoriten aus, und ändern Sie beim Schreiben jedes Farbnamens Ihren Stil. Lassen Sie sich von den kreativen Wortschöpfungen beeinflussen. Hier geht es nicht um Lesbarkeit, sondern nur um Ausdruck.

prussian
ultramarine
cobalt
indanthrene
blue *
turquoise
manganese

*

„FOLGST DU DEINEM STERN, SO WIRST DU DEN HAFEN DES RUHMS NICHT VERFEHLEN.“
(DANTE ALIGHIERI)

Lassen Sie sich inspirieren, probieren Sie Neues und denken Sie anders – für sich selbst! Dies ist eins meiner Lieblingszitate. Schreiben Sie nun eines Ihrer Lieblingszitate und achten Sie sehr bewusst auf Layout und Komposition. Wo berühren sich die Buchstaben, und wo sehen Sie Möglichkeiten, Ihren ganz persönlichen Stil auszudrücken?

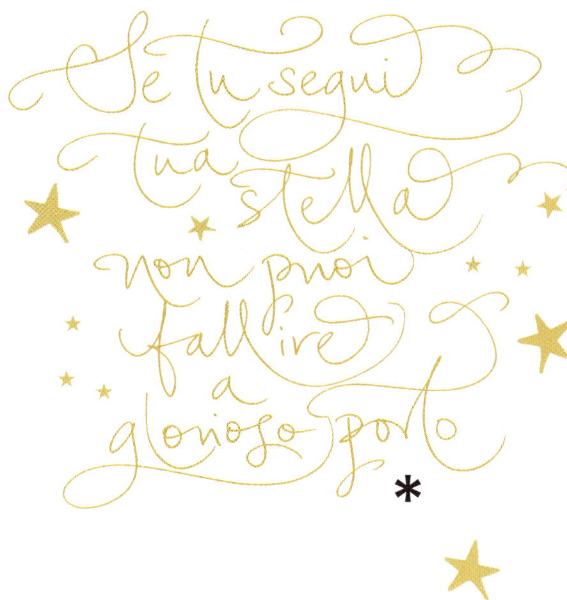

ES LIEGT IN IHRER HAND

Die Graphologie befasst sich mit der Analyse von Handschriften im Hinblick auf Persönlichkeitsmerkmale. Bei der Betrachtung einer Schriftprobe werden sieben Hauptmerkmale berücksichtigt:

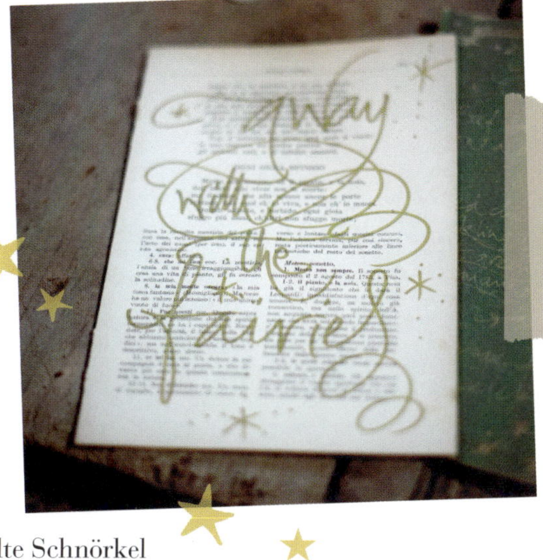

* **NEIGUNG**
* **BUCHSTABENGRÖSSE**
* **GESCHWINDIGKEIT**
* **ORGANISATION**
* **DRUCKSTÄRKE**
* **VERBINDUNGEN**
* **BUCHSTABENFORM**

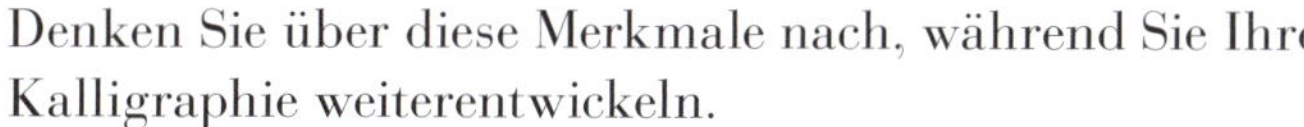

Denken Sie über diese Merkmale nach, während Sie Ihre Kalligraphie weiterentwickeln.

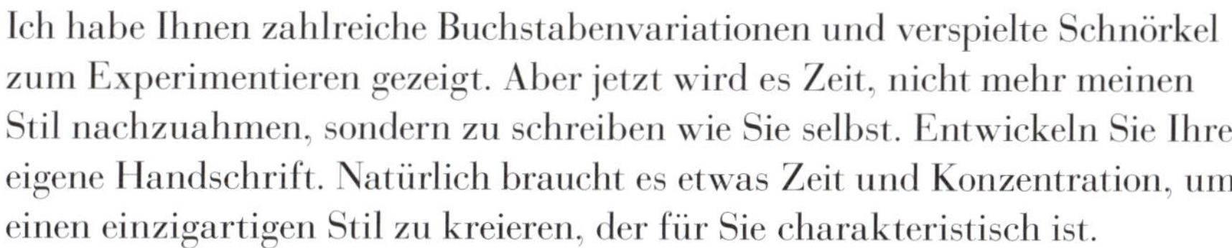

Ich habe Ihnen zahlreiche Buchstabenvariationen und verspielte Schnörkel zum Experimentieren gezeigt. Aber jetzt wird es Zeit, nicht mehr meinen Stil nachzuahmen, sondern zu schreiben wie Sie selbst. Entwickeln Sie Ihre eigene Handschrift. Natürlich braucht es etwas Zeit und Konzentration, um einen einzigartigen Stil zu kreieren, der für Sie charakteristisch ist.

Hier ein paar meiner eigenen Richtlinien für die Kalligraphie (und fürs Leben):

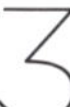

1

SETZEN SIE SCHNELLE, UNVOLLKOMMENE SCHNÖRKEL AN ALLES, WAS SIE SCHREIBEN. DAS VERBREITET FREUDE, SELBST AUF EINEM POST-IT ODER EINER EINKAUFSLISTE!

2

ERLAUBEN SIE SICH, FEHLER ZU MACHEN. JEDER IST EINZIGARTIG FÜR SIE. DARIN LIEGT IHRE KRAFT.

3

„IDEEN ANDERER NEHMEN UND BESSER MACHEN“ – HOLEN SIE SICH ANREGUNGEN UND KREIEREN SIE NEUE BUCHSTABEN, NEUE AUSDRÜCKE, NEUE ARTEN, WORTE ZU VERBINDEN UND ZU TEILEN. SEIEN SIE GROSSZÜGIG DAMIT, WAS, WIE, WO UND WIE VIEL SIE SCHREIBEN. UND: VERBREITEN SIE ES DORT DRAUSSEN.

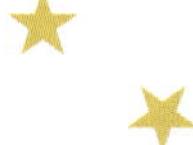

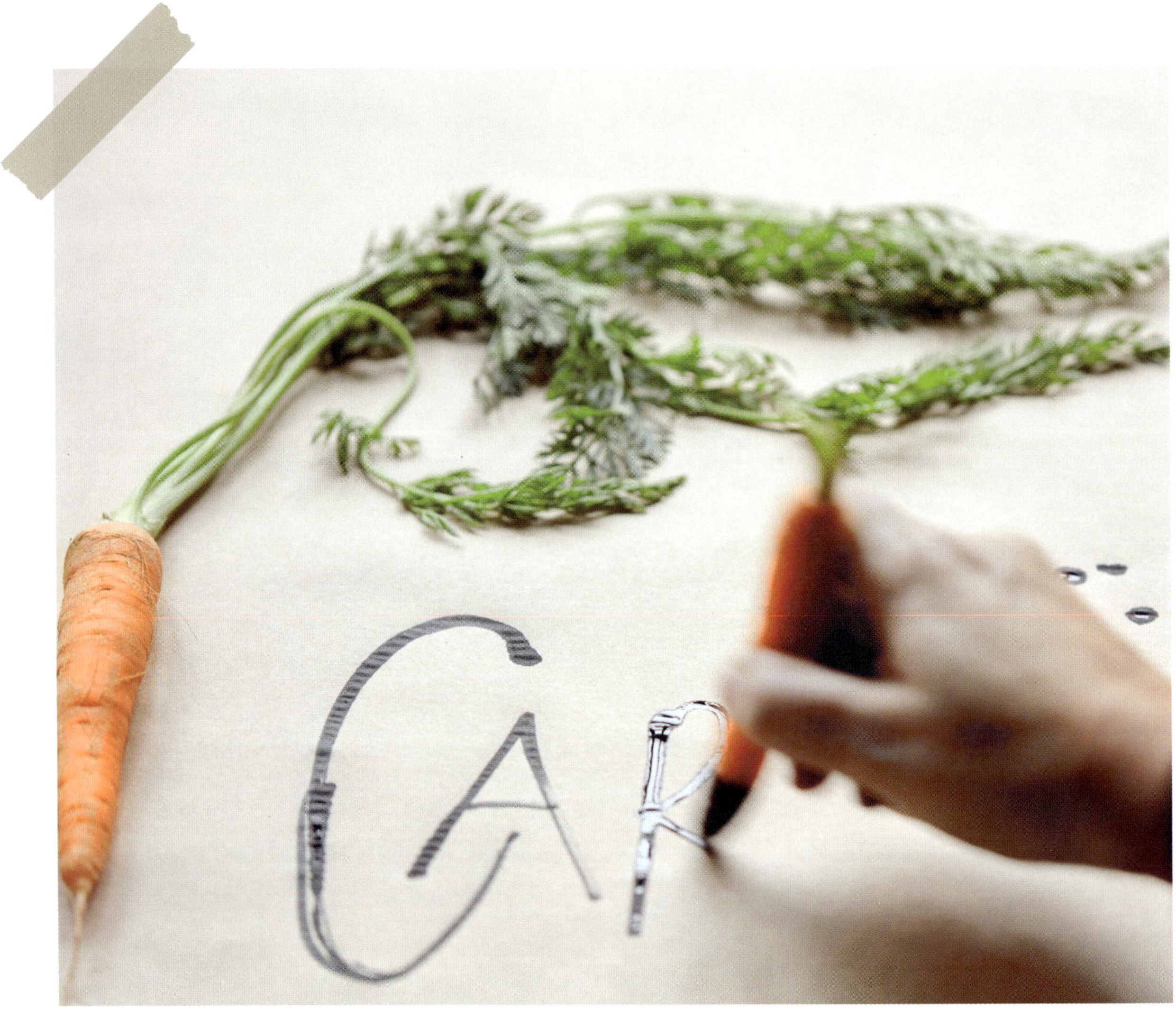

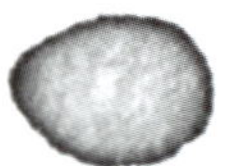

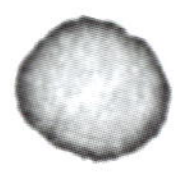

Nun ist es Zeit, einen Blick darauf zu werfen, welchen Effekt es auf Ihren eigenen Stil hat, wenn Sie mit verschiedenen Medien experimentieren. Jedes Schreibgerät – von Marker über Weißstift bis Federspitze – hat eine bestimmte Auswirkung auf Ihre Art zu schreiben. Vor allem aber beeinflusst es Ausdruck und Stimmung des Geschriebenen.

CALLIGRAFUN

Wenn Sie erst einmal anfangen zu suchen, werden Sie feststellen, dass es unzählige kalligraphische Werke gibt. Es ist immer gut, sich diese Beispiele anzusehen und dabei zu überlegen, was für Sie funktioniert und was nicht. Auf Instagram bin ich auf einen sehr spielerischen Ansatz gestoßen: das Schreiben mit Gemüse. Das ist der Beweis, dass man für die Kalligraphie nicht einmal Stifte braucht. Ich wollte sofort loslegen …

Es stimmt, was Einstein sagte:

BEI DIESEM EXPERIMENT WERDEN SIE DAS SCHREIBEN AUS EINEM NEUEN BLICKWINKEL BETRACHTEN:

Besorgen Sie ein Tintenfläschchen, eine große Rolle Kraftpapier und eine Auswahl an Gemüse, auch solches mit merkwürdigen Formen! Eine in schwarze Tinte getauchte Möhre sieht nicht nur fantastisch aus, sondern hat auch eine erstaunlich feine, feste Spitze, mit der sich gut schreiben lässt.

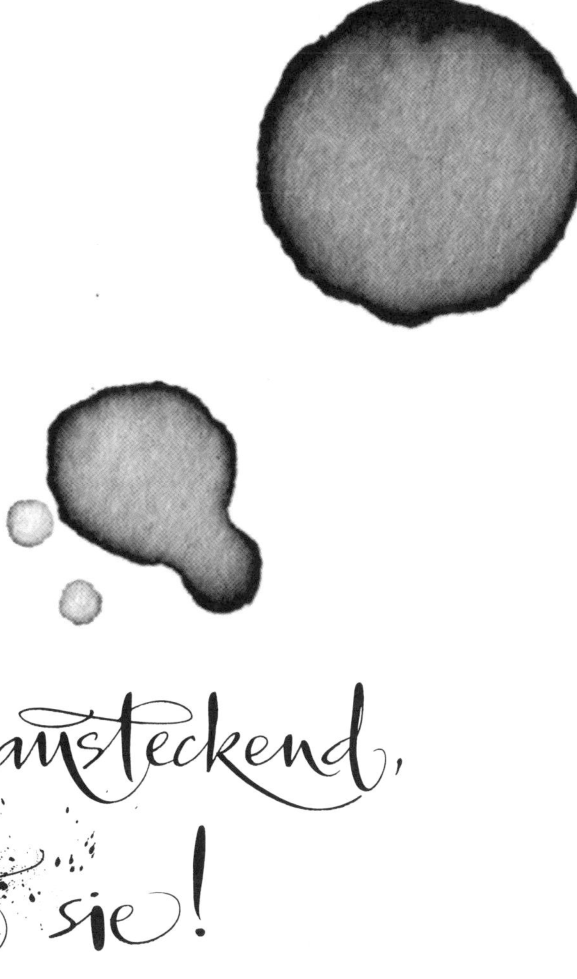

Kreativität ist ansteckend, verbreitet sie!

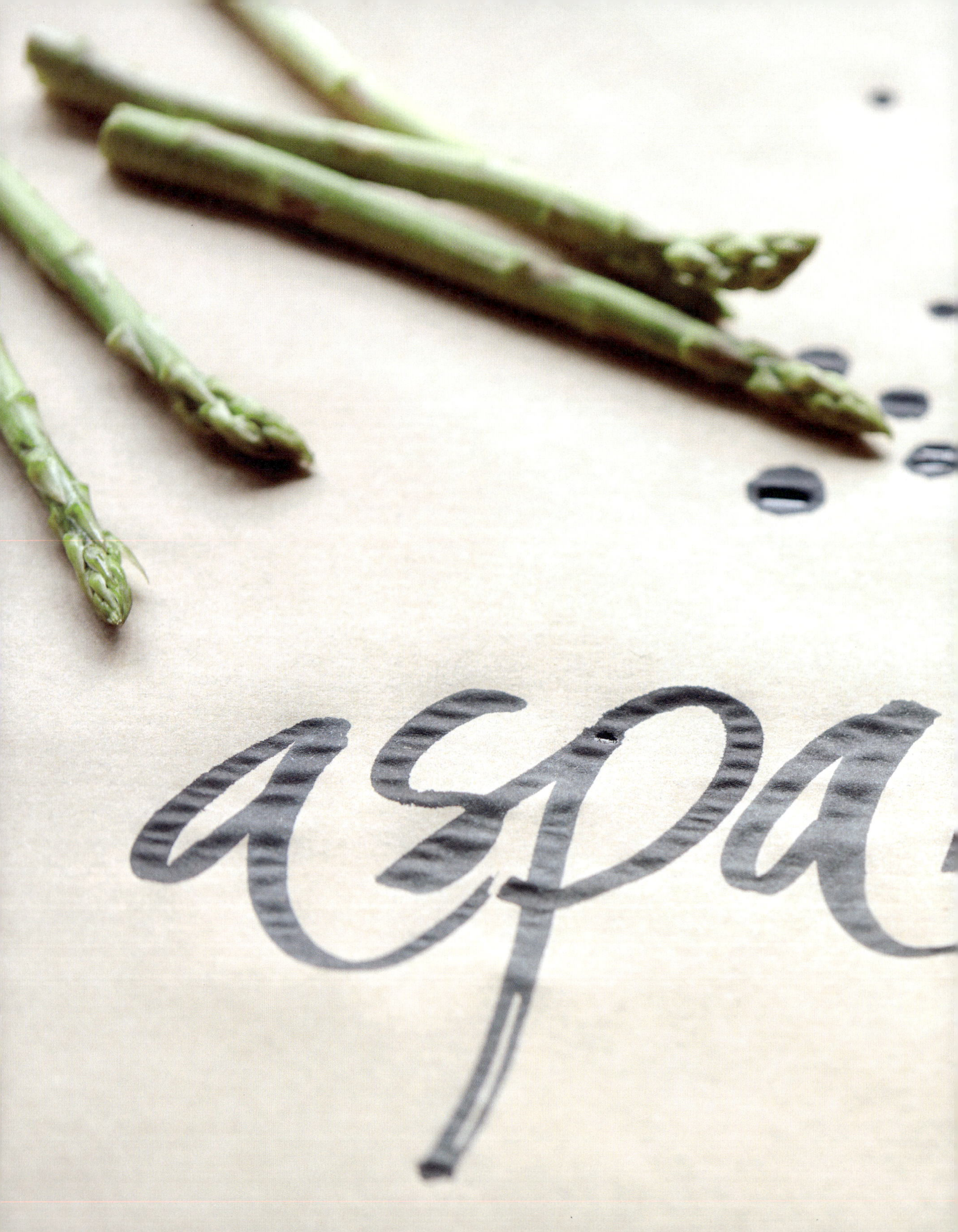

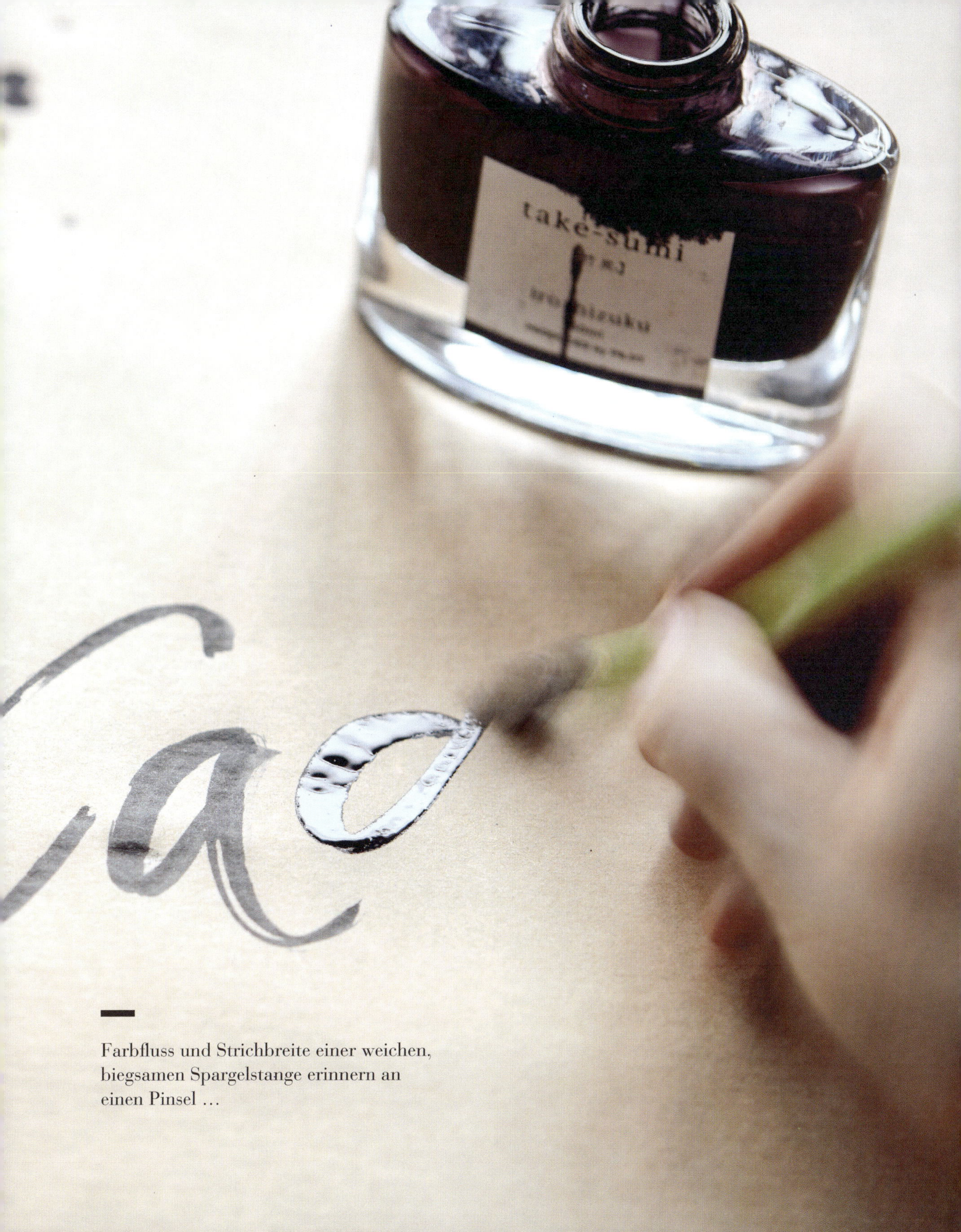

Farbfluss und Strichbreite einer weichen, biegsamen Spargelstange erinnern an einen Pinsel …

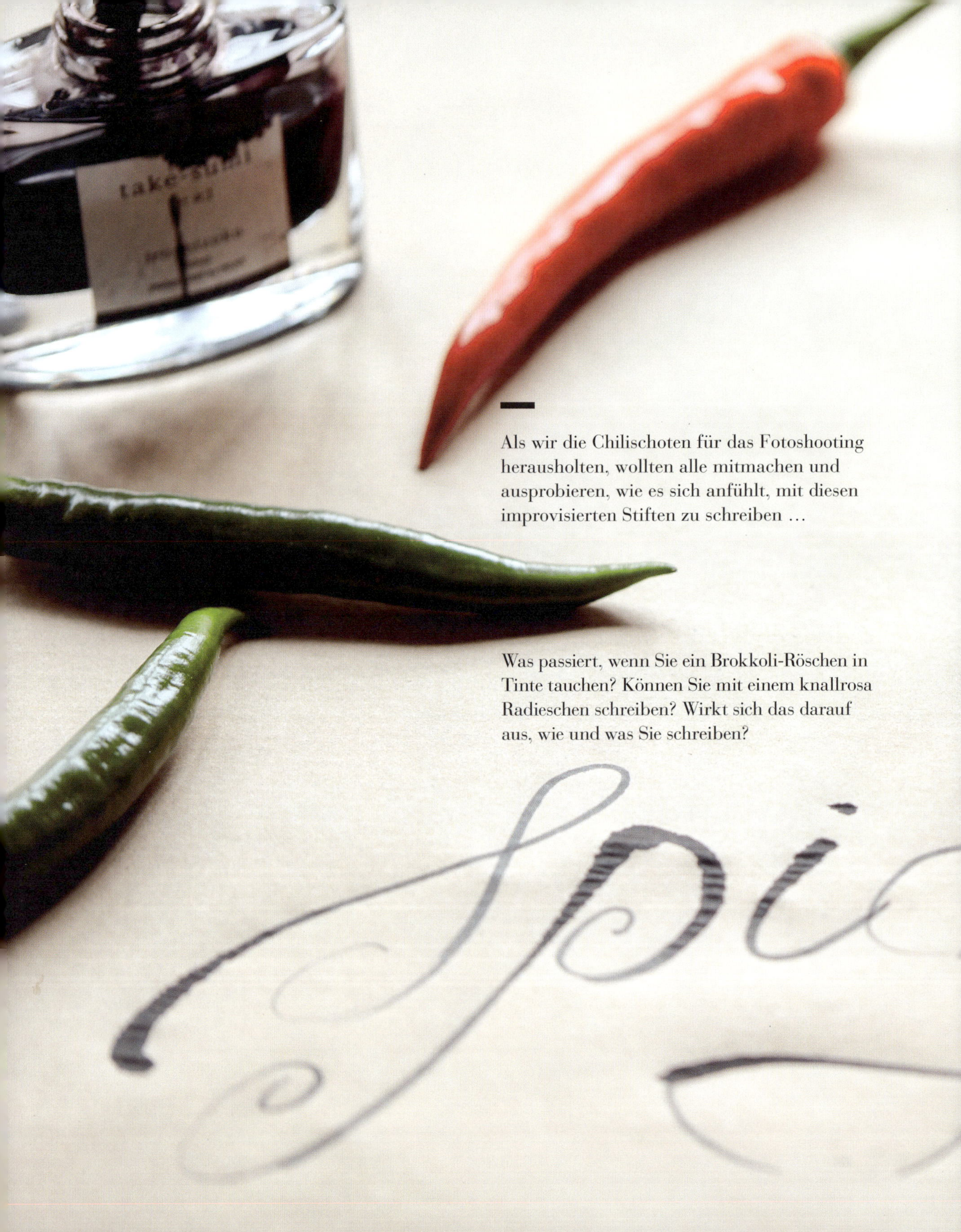

Als wir die Chilischoten für das Fotoshooting herausholten, wollten alle mitmachen und ausprobieren, wie es sich anfühlt, mit diesen improvisierten Stiften zu schreiben …

Was passiert, wenn Sie ein Brokkoli-Röschen in Tinte tauchen? Können Sie mit einem knallrosa Radieschen schreiben? Wirkt sich das darauf aus, wie und was Sie schreiben?

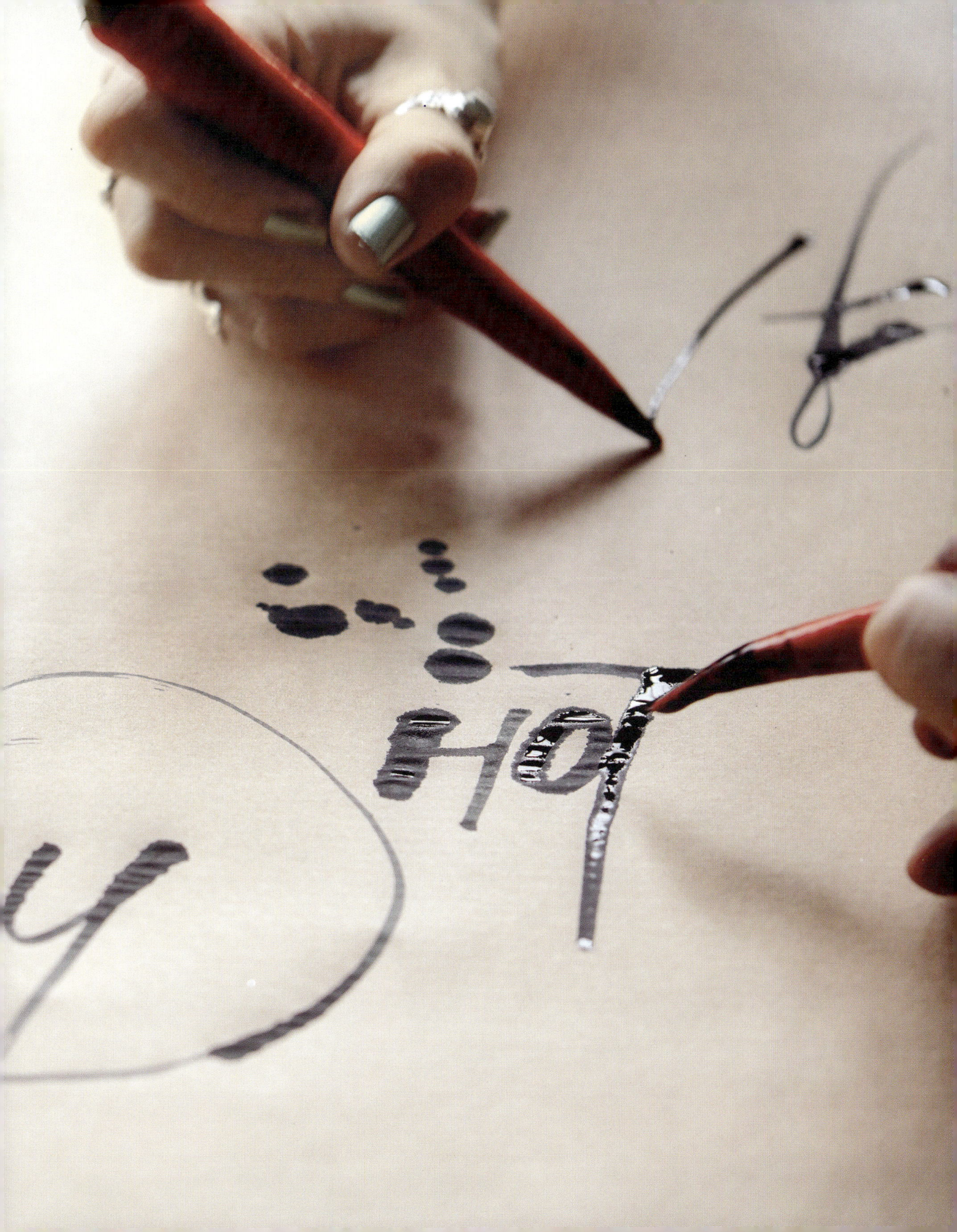
HOT

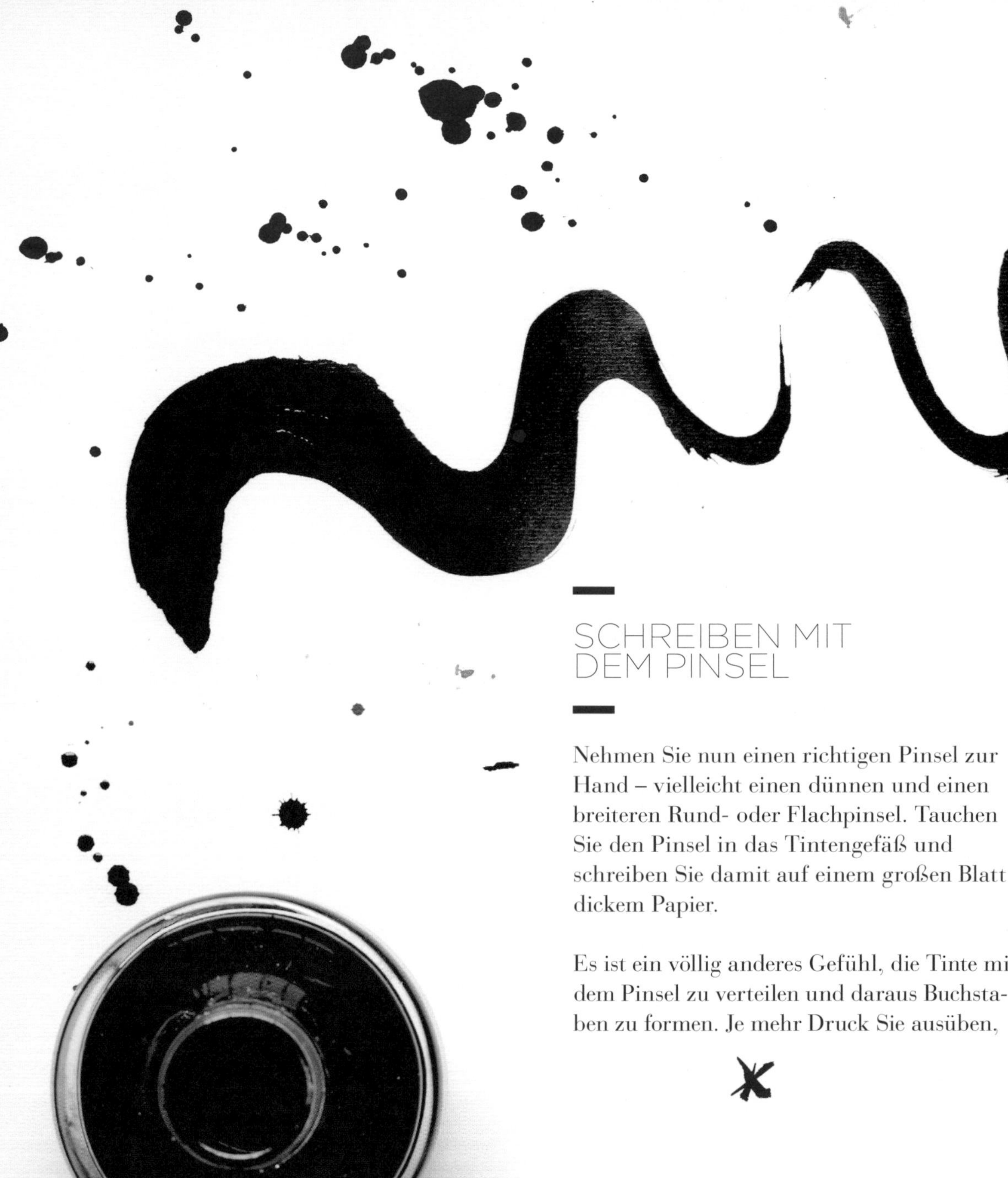

SCHREIBEN MIT DEM PINSEL

Nehmen Sie nun einen richtigen Pinsel zur Hand – vielleicht einen dünnen und einen breiteren Rund- oder Flachpinsel. Tauchen Sie den Pinsel in das Tintengefäß und schreiben Sie damit auf einem großen Blatt dickem Papier.

Es ist ein völlig anderes Gefühl, die Tinte mit dem Pinsel zu verteilen und daraus Buchstaben zu formen. Je mehr Druck Sie ausüben,

magic in the making

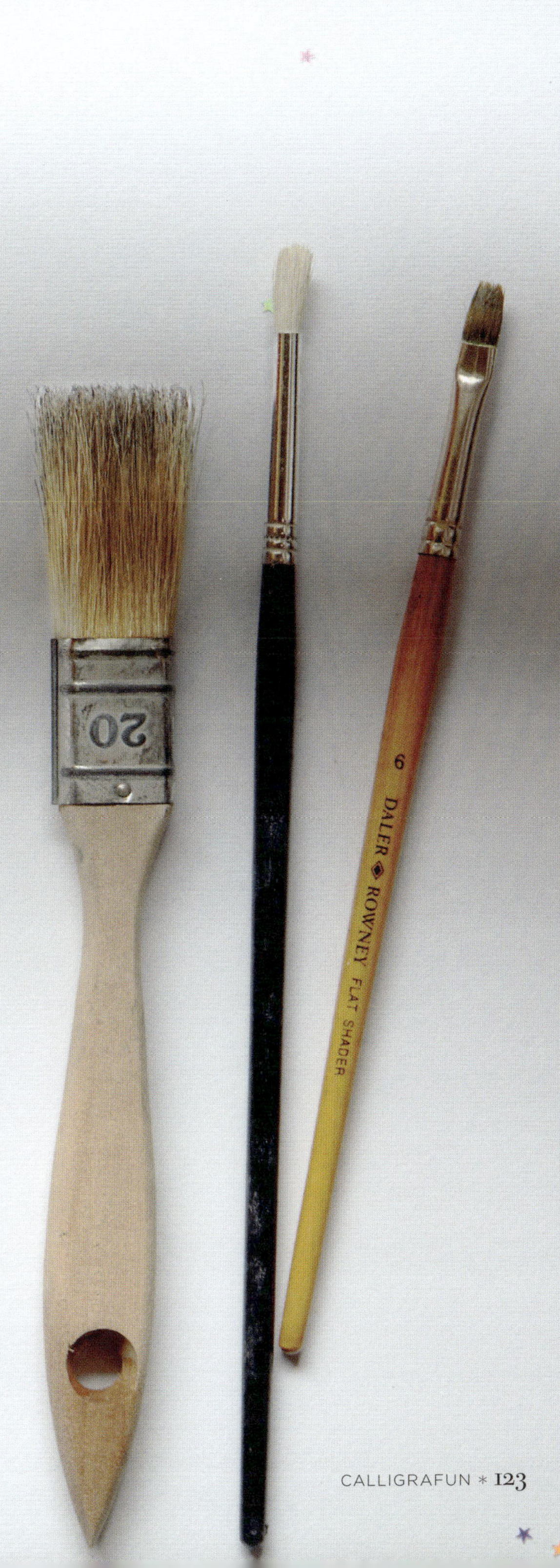

desto mehr spreizen sich die Borsten auf und desto dicker wird die Linie. Mit einer leichten Drehung aus dem Handgelenk erhalten Sie dünnere oder spitz auslaufende Linien.

Mir gefällt beim Schreiben schon immer das Kratzen der Feder auf Papier, aber hier rauscht und tropft es. Und hoffentlich erhalten Sie ein paar wunderbare Tintenkleckse! Wenn Sie die Freiheit genießen, die der Pinsel Ihnen gibt, sollten Sie unbedingt auch einen Pinselstift ausprobieren. Es handelt sich um einen Marker mit einer spitz zulaufenden, pinselartigen Schreibspitze. Das Tolle an diesem Stift ist, dass er aussieht und in der Hand liegt wie ein echter Pinsel. Die Linienstärke lässt sich durch den ausgeübten Druck verändern.

Am besten schreiben Sie damit Ihre kalligraphischen Buchstaben relativ groß, um den Kontrast zwischen dicken und dünnen Linien voll zur Geltung zu bringen.

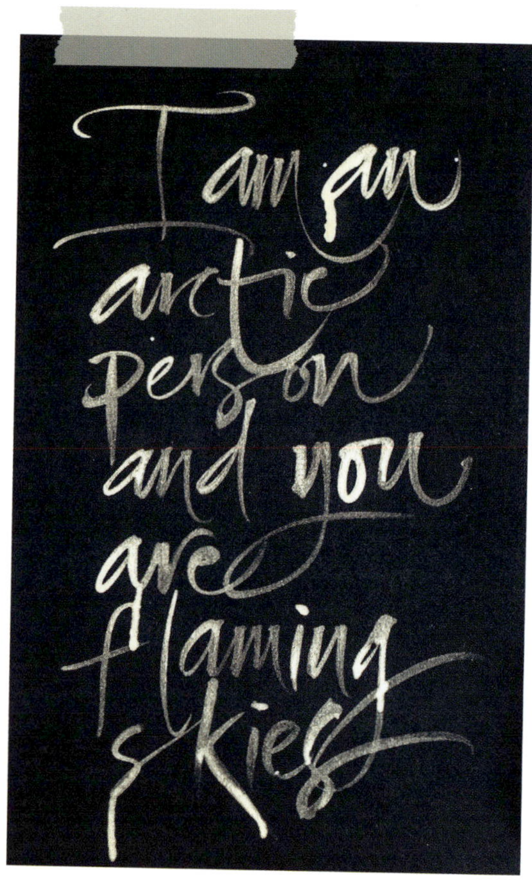

AUSGEBLEICHT

Jetzt spielen Sie hiermit – aber SEIEN SIE VORSICHTIG!

Erstens wegen des Wow-Faktors, und zweitens, weil Sie nun mit Bleichmittel schreiben werden. Hier geht es darum, Farbe verblassen zu lassen. Verwenden Sie unverdünnte Bleiche, oder fügen Sie ein paar Tropfen Wasser dazu, falls sie zu zähflüssig ist. Schreiben Sie auf farbigem Papier und beobachten Sie, was passiert.

Chlorbleiche greift Metall an, tauchen Sie also nicht Ihre Federspitze hinein, aber versuchen Sie es mit einem echten Borstenpinsel. Tragen Sie eine Schürze und achten Sie darauf, dass keine Spritzer in die Nähe Ihrer Augen gelangen.

Ich liebe vor allem den Effekt auf schwarzem Papier – je nach Intensität der Bleiche erhält man eine erstaunliche Leuchtkraft …

Oder experimentieren Sie mit dem Pinsel eines Nagellackfläschchens, er kann ein faszinierendes Schreibgerät sein!

Coffeefy » EIN WORT FINDEN, DAS MAN MIT ALLEN MÖGLICHEN FLÜSSIGKEITEN SCHREIBEN KANN, VOR ALLEM MIT DUFTENDEM ESPRESSO ...

Schon bevor wir uns kennenlernten, habe ich Maras Arbeit in ihrem modernen Kalligraphie-Studio „Neither Snow" online verfolgt. Ich liebe die tanzende Leichtigkeit ihrer schräg geneigten Buchstaben. Umso mehr freute ich mich über die glückliche Fügung, als wir uns in Florenz begegneten. Mara brachte mich zum Schreiben mit der Spitzfeder, wodurch sich mein Blick auf die moderne Kalligraphie erweiterte. Schließlich gaben wir unsere ersten Kalligraphie-Workshops und arbeiteten zusammen an verschiedenen Projekten, bei denen wir uns gegenseitig inspirierten.

SPITZFEDER-KALLIGRAPHIE

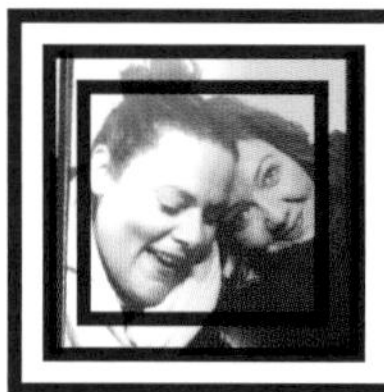

Mara begeisterte mich mit ihren spannenden Erzählungen aus ihrem Studium der modernen Kalligraphie am Reed College, einer kleinen, liberalen Arts School im Nordwesten der USA. Steve Jobs, der Mitbegründer von Apple, hatte eine Zeit lang das Reed College besucht und sprach einmal darüber, wie das Kalligraphie-Studium seine Denkweise beeinflusst hat: „Jedes Plakat, jedes Etikett auf jeder Schublade auf dem Campus war wunderschön von Hand kalligraphiert. Ich lernte etwas über Serifen- und serifenlose Schriften, über die Bedeutung des Abstands zwischen verschiedenen Buchstabenkombinationen – alles, was großartige Typografie so großartig macht. Es war … künstlerisch subtil in einer Weise, die die Wissenschaft nicht erfassen kann, und ich fand es faszinierend … Zehn Jahre später, als wir den ersten Macintosh-Computer entwarfen, kam alles wieder zurück. Und wir ließen alles in das Mac-Design einfließen. Es war der erste Computer mit einer schönen Typografie." Tatsächlich wurde das allererste Macintosh-Logo mit einem Kalligraphie-Pinsel gezeichnet!

Ich habe Mara gebeten, uns auf den nächsten Seiten in die Kalligraphie mit der Spitzfeder einzuführen. Sie werden sehen, dass ihr Schreibstil sich stark von meinem unterscheidet – sehr schräg geneigt, mit starken Kontrasten zwischen dicken und dünnen Strichen, die durch unterschiedlichen Druck auf die Feder entstehen. Ich bewundere die dynamische Energie ihrer Buchstaben. Die Emotionen, von der ihre Kalligraphien durchdrungen sind, sind von ganz besonderer Kraft. Sie hat mich inspiriert, die Kraft des Schreibens einzusetzen, bei allem, was ich tue.

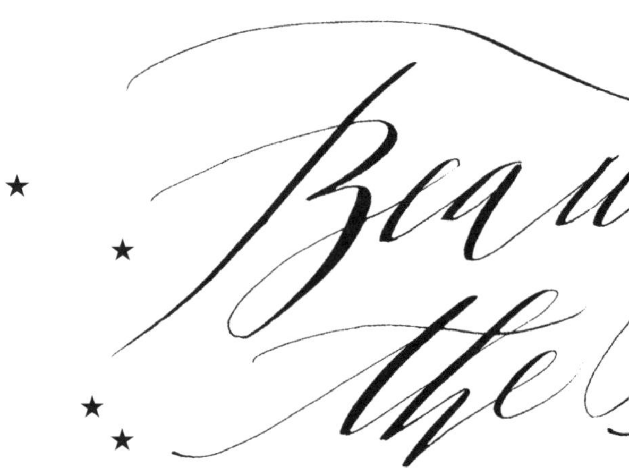

y awakens
soul to act. DANTE

VON MARA ZEPEDA

DIE WUNDER DER SPITZFEDER-KALLIGRAPHIE

Kalligraphie mit der Spitzfeder ist aus vielen Gründen wunderbar. Erstens gleicht die Spitzfeder anderen alltäglichen Schreibgeräten: Bleistift und Kugelschreiber sind letztlich ebenfalls spitze Schreibinstrumente. Selbst Kalligraphie-Neulinge können, sobald sie die Grundlagen beherrschen, sofort eintauchen – buchstäblich mit der Feder in das Tintenfläschchen – und beginnen, die Technik zu erkunden.

Zweitens hilft uns die Spitzfeder, in puncto Neigung, Form, Geschwindigkeit und Abstände unseren eigenen Schreibstil zu finden und dann mit mehr oder weniger Druck auf die Feder zu experimentieren. Während ein leichter, konstanter Druck launische, luftige Worte ins Gedächtnis ruft, kann man mit dramatisch variiertem Druck die verschiedensten Stimmungen hervorrufen: Schwere, Ernsthaftigkeit, Leidenschaft …

Beherrscht man schließlich das Spiel mit dem Druck auf die Spitzfeder, lässt sich auch mit vielen anderen Werkzeugen eine große Ausdrucksvielfalt erreichen. Ein einfacher Filzstift oder weicher Bleistift eröffnet völlig neue Möglichkeiten, wenn Sie erst einmal herausgefunden haben, wie man jedem Buchstaben durch unterschiedlichen Druck sein Gewicht verleiht.

*

„HAST DU DAS FLIEGEN EINMAL ERLEBT, WIRST DU FÜR IMMER MIT DEN AUGEN HIMMELWÄRTS AUF ERDEN WANDELN. DENN DORT BIST DU GEWESEN, UND DORT WIRD ES DICH IMMER WIEDER HINZIEHEN."
(LEONARDO DA VINCI)

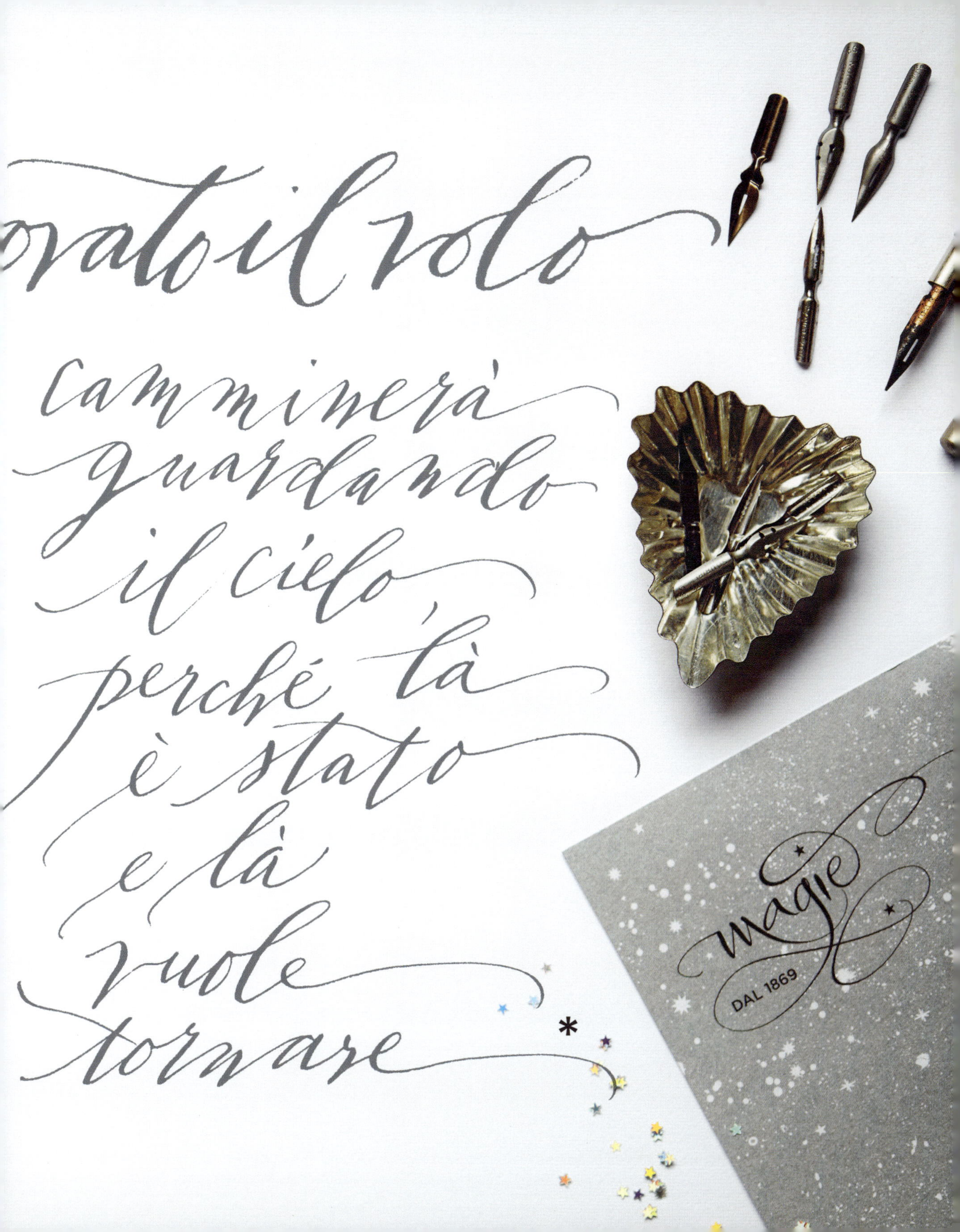

ovato il volo

camminerà
guardando
il cielo,
perché là
è stato
e là
vuole
tornare *

magie
DAL 1869

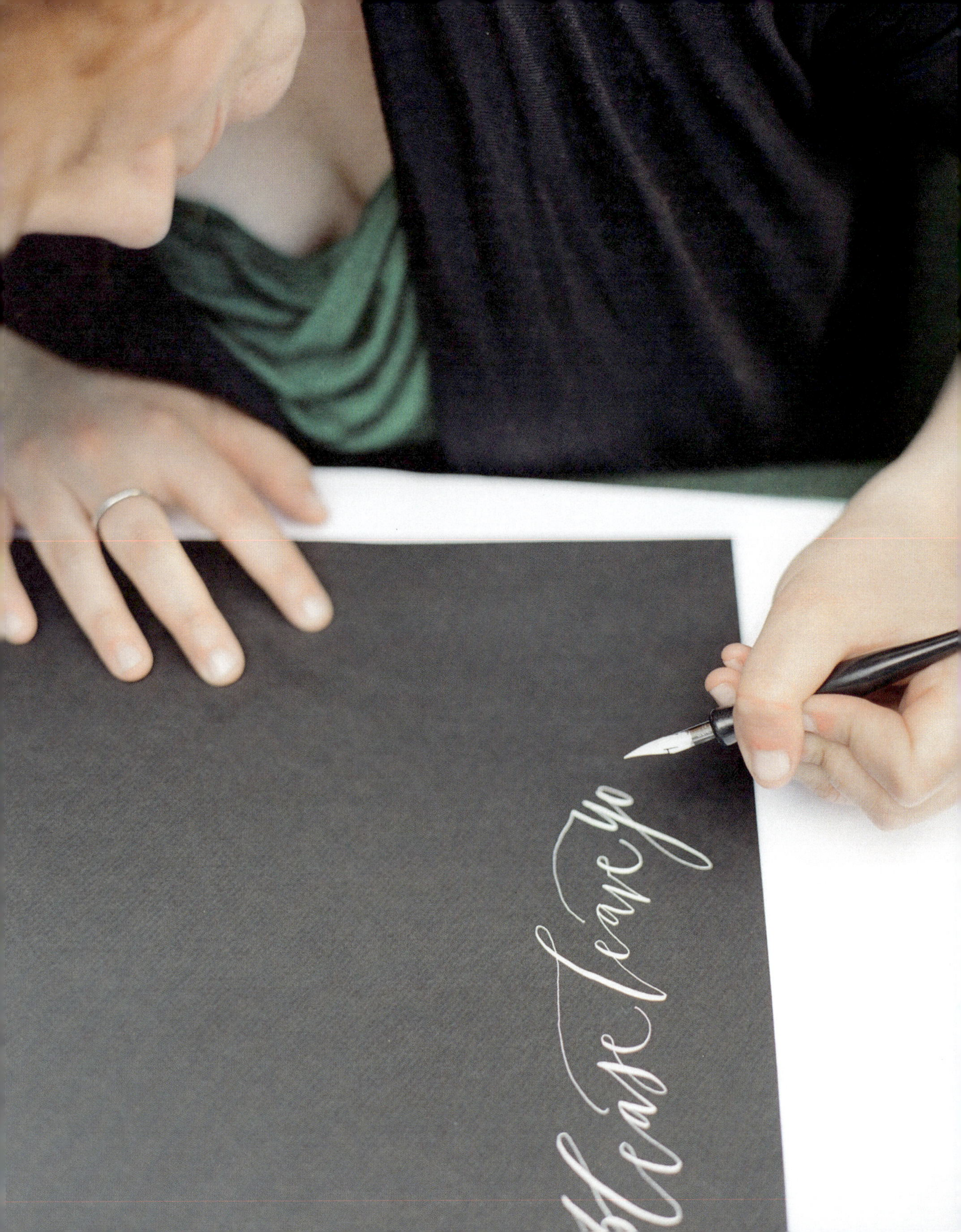

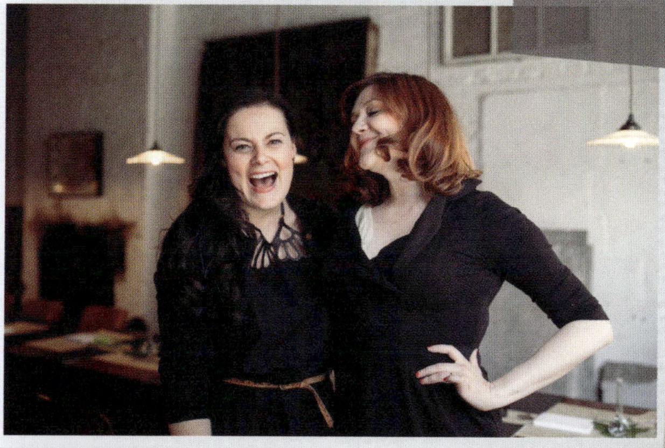

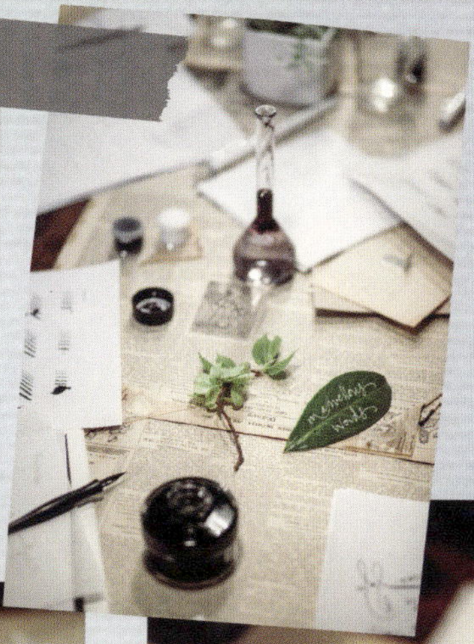

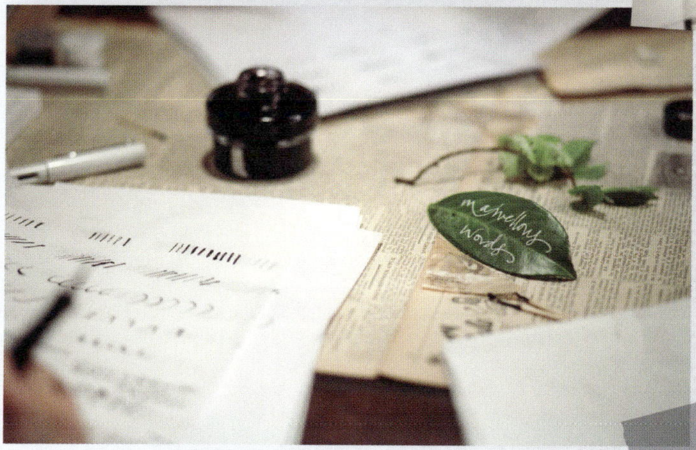

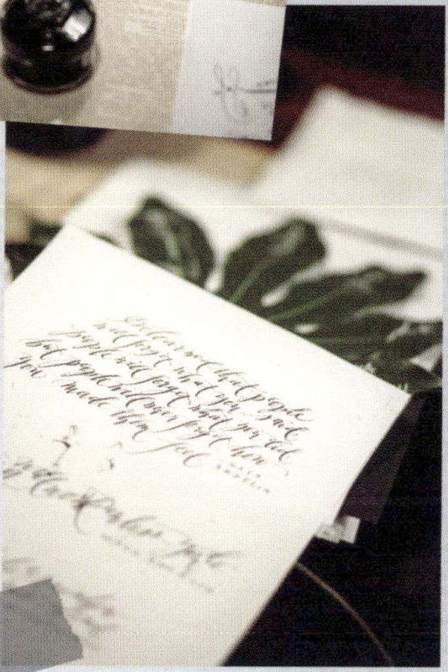

ICH BIN LINKSHÄNDERIN.

Häufig wird behauptet, dass Kalligraphie für Linkshänder schwieriger ist. Das stimmt nicht! Wichtig ist nur, dass Sie einen geraden und keinen abgeschrägten Federhalter verwenden. Für jeden Kalligraphen, aber ganz besonders für Linkshänder, sind die Winkel entscheidend. Einen großen Teil des Unterrichts verwende ich darauf, meinen Schülern zu helfen, den richtigen Winkel für Federspitze, Federhalter, Papier, Handgelenk, Oberkörper oder Sitz zu finden und alles so harmonisch wie möglich anzuordnen. Diese Linien sollten parallel und regelmäßig verlaufen. Achten Sie darauf, ob Sie Ihr Handgelenk verdrehen, die Beine übereinanderschlagen oder die Finger zusammendrücken.

← Linkshänder müssen das Papier oft so drehen, dass es fast schon im rechten Winkel zur Hand liegt.

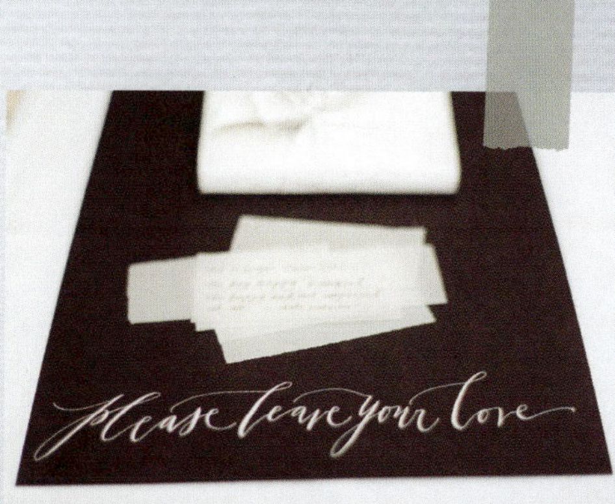

★ **IHRE KÖRPERHALTUNG SOLLTE OFFEN, BEQUEM UND AUSGERICHTET SEIN.**

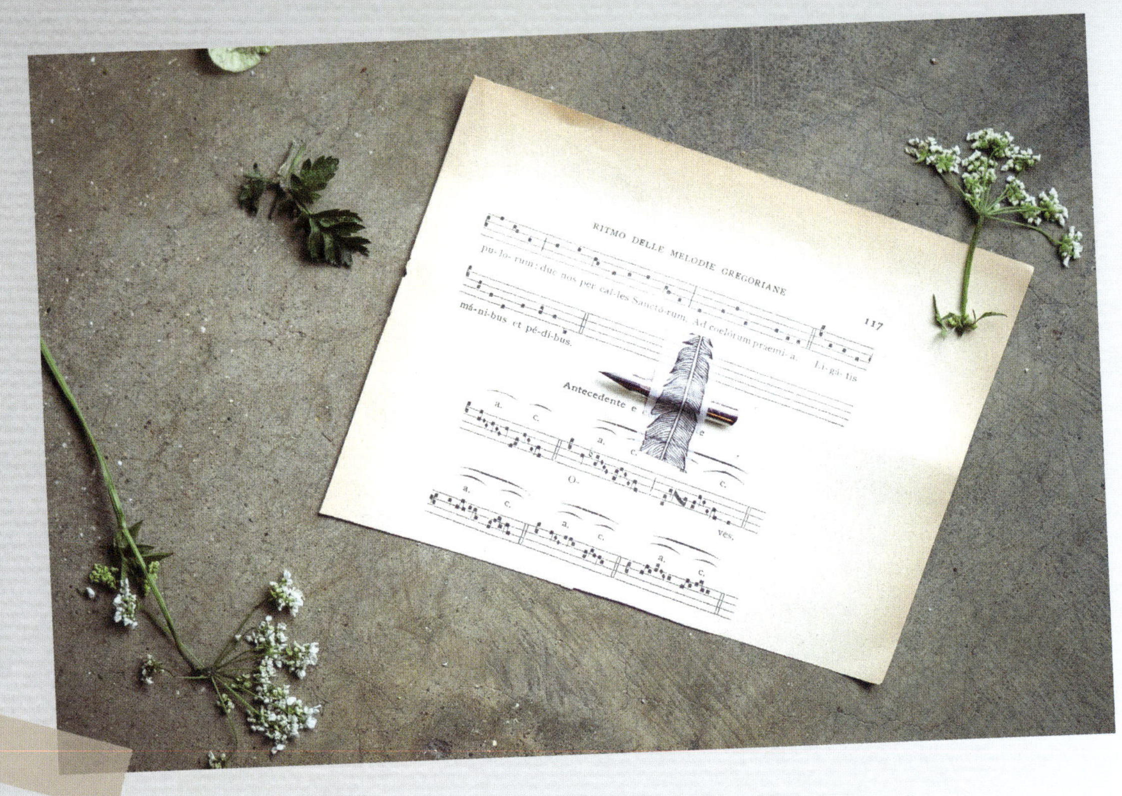

Die Kalligraphie hat in den letzten Jahren stark an Beliebtheit gewonnen, und die sozialen Medien sind entsprechend voll mit Bildern und Inspirationen. Oft höre ich meine Workshop-Teilnehmer sagen: „Meine Arbeit sollen genauso aussehen wie das hier“, oder „Ich kann das nicht. Meins sieht schrecklich aus!“ Das bricht mir das Herz, denn es bedeutet, dass sie versuchen, jemand anders zu sein als sie selbst. Ich sehe oft Menschen, die Kalligraphie nur als rein ästhetisches Hobby praktizieren. Daran ist nichts verkehrt, aber es bleibt doch an der Oberfläche. Betty und ich sind überzeugt, dass die Kalligraphie ein Ausdruck und eine Erfahrung unseres wahren Selbst ist und sich ständig weiterentwickelt. Ich staune oft, wie sehr sich mein Stil im Laufe der Zeit verändert hat. Er ist ein Indikator für mein eigenes Wachstum und meine Entwicklung. Und genau das ist es, was das Schreiben jedem geben kann, der sich mit Neugier und Offenheit daran wagt.

its already

DIE FEDERSPITZE

Für die Spitzfeder-Kalligraphie verwendet man meist eine Tauchfeder. Sie besteht aus einer Federspitze aus Metall, die in einen Federhalter eingesetzt wird.

Tauchfedern haben keine Tintenpatronen; stattdessen wird die Federspitze während des Schreibens immer wieder in Tinte oder Tusche getaucht. Da sich die Federspitze beim Aufsetzen auf das Papier vorne aufspreizt, erhält man abhängig vom ausgeübten Druck eine große Bandbreite an Linienvariationen. Das Spiel mit diesem Druck stellt unendlich viele Möglichkeiten zur Verfügung, Emotionen auszudrücken. Wichtig ist, ein Papier zu verwenden, auf dem die Tinte nicht verläuft, denn die Federspitze nimmt viel Tinte auf. Wenn sie sich auf zu rauem Papier verhakt, kann das zu Spritzern führen.

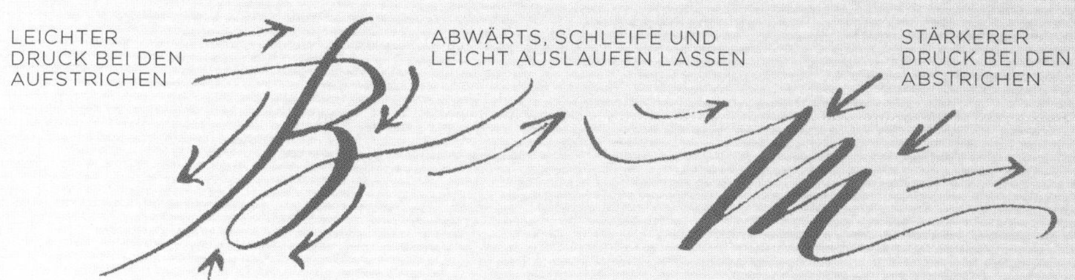

Jetzt, wo Sie die Verbindung zum Schreiben wieder aufgenommen und mit Formvarianten der Buchstaben gespielt haben, können Sie all diese neuen Erfahrungen anwenden. Genießen Sie die wundervolle Verbindung zwischen dem Atem und dem Schreiben – einatmen beim Aufwärtsstrich, ausatmen beim Abwärtsstrich …

your hands

UNTER DRUCK

Ein Gefühl für den ausgeübten Druck und die Biegsamkeit der Feder zu entwickeln, macht großen Spaß. Die beiden Enden der Federspitze sind recht biegsam. Üben Sie überhaupt keinen Druck aus, entsteht eine dünne, leichte Linie. Je mehr Druck, desto dicker wird die Linie.

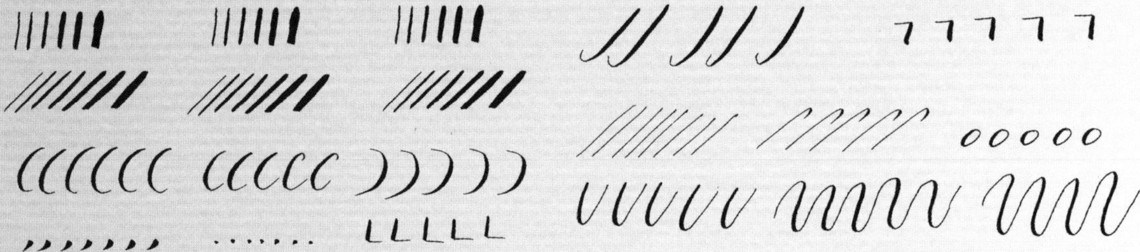

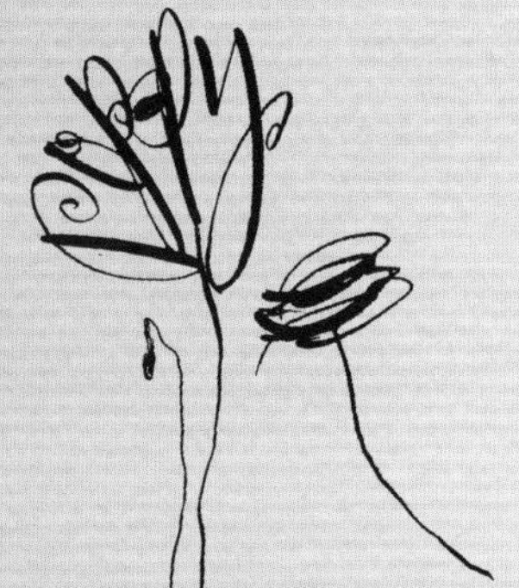

Stellen Sie sich nun jede Linie als den Stiel einer wachsenden Pflanze vor, etwa einer zarten Mohnblume. Sie beginnt leicht, dünn und zerbrechlich, und wird dann immer kräftiger und dicker.

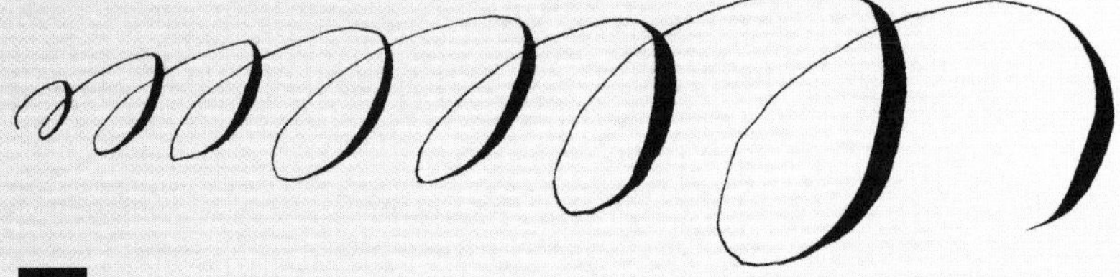

Experimentieren Sie, indem Sie immer mehr Druck auf die Feder ausüben. So entdecken Sie die Variationsmöglichkeiten bei den Linienstärken.

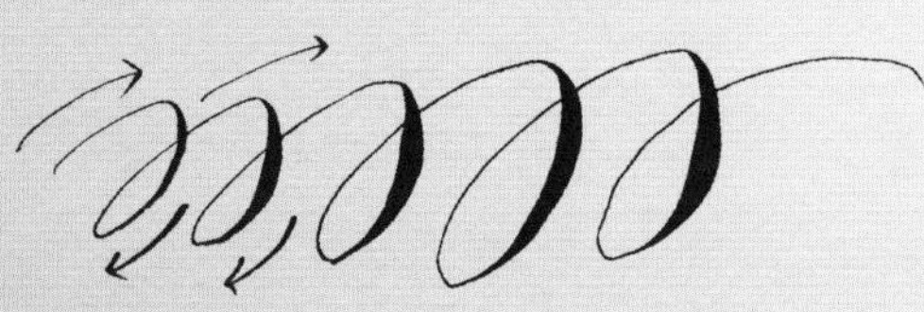

”VON MARA ZEPEDA“

↓ WORT-VARIATIONEN

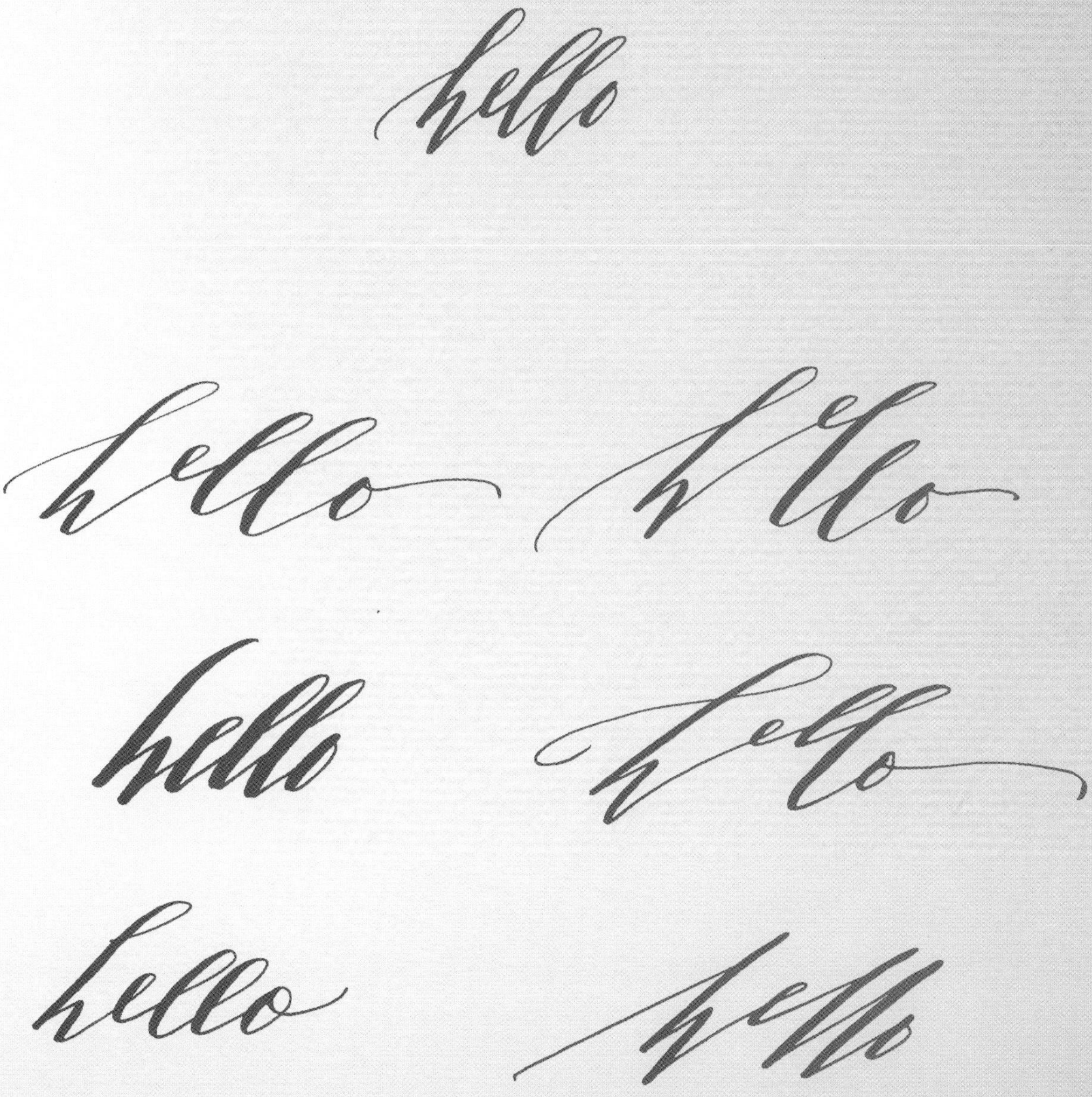

hello

hello

hello

hello

hello

hello

hello

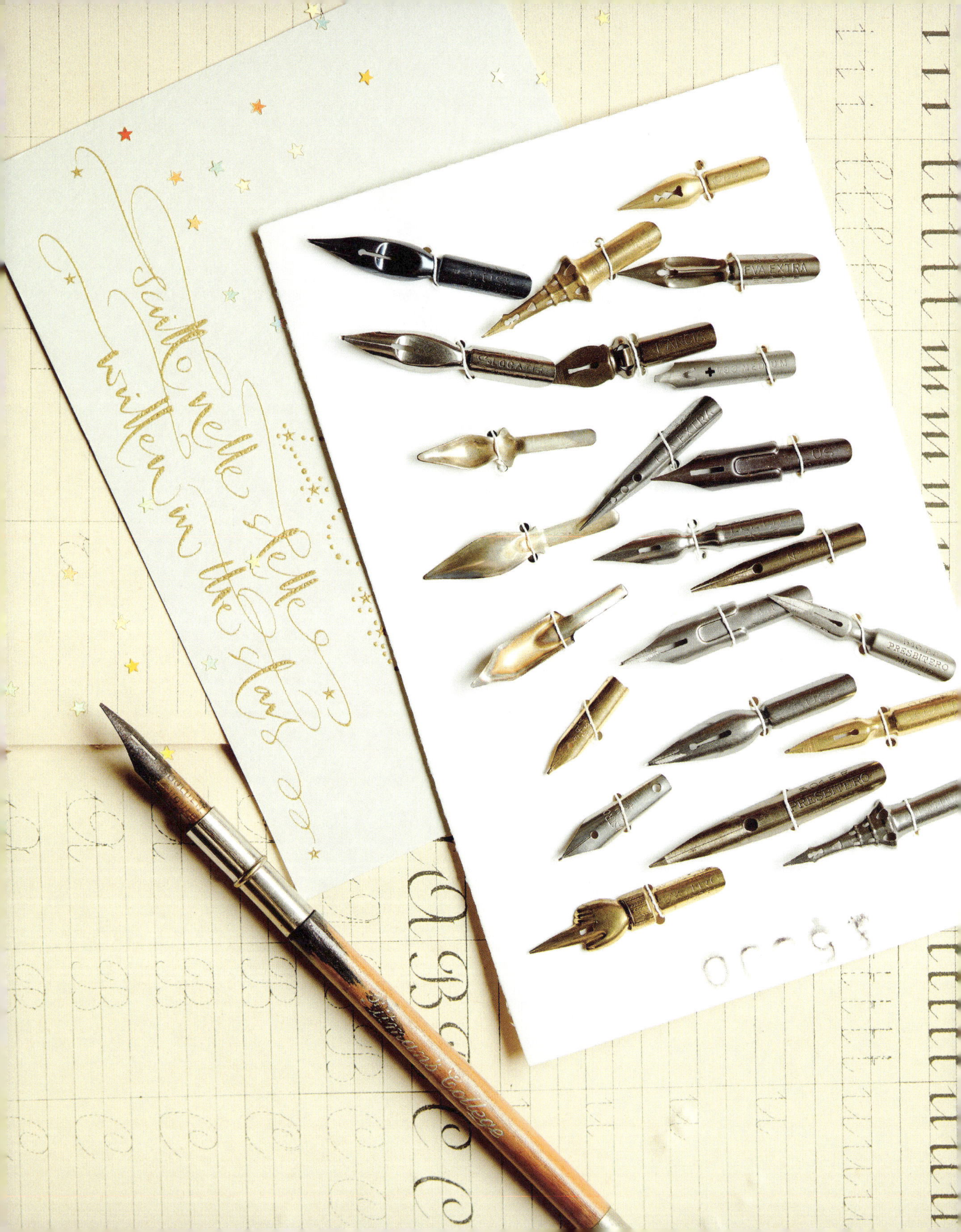
Scritto nelle stelle
written in the stars
EVA EXTRA
PRESBITERO
Pitman's College

ANMUT UNTER DRUCK

Jede Zeile in diesem Zitat – „Mut ist Anmut unter Druck“ – hat ein anderes Gewicht, von leichten, dünnen Linien in der ersten hin zu dicken, kräftigen Linien in der letzten Zeile. Schreiben Sie nun eines Ihrer Lieblingszitate und spielen Sie dabei mit der Gewichtung der Buchstaben.

courage
is grace
under
pressure.
ernest hemingway

E-MOTION!

Mit der Linienstärke lassen sich auch Emotionen ausdrücken, von leicht und spielerisch bis stark und selbstsicher. Lassen Sie Ihre Emotionen auf ein Blatt Papier fließen und machen Sie diese durch Ausrichtung, Linienstärke und Abstand der Buchstaben sichtbar.

La vita è una
combinazione
di magia e pasta *
FEDERICO FELLINI

* „DAS LEBEN IST EINE KOMBINATION AUS MAGIE UND PASTA.“ (FEDERICO FELLINI)

VON MARA ZEPEDA

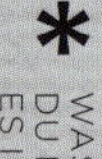

„OB FRIEDE, WIE EIN FLUSS, MEINEN WEG BEGLEITET,
OB DIE SORGEN WIE MEERESWELLEN IN MIR BRANDEN,
WAS AUCH IMMER MEIN LOS SEIN MAG,
DU HAST MICH GELEHRT, STETS ZU SAGEN:
ES IST GUT SO FÜR DICH, MEINE SEELE."
(HORATIO SPAFFORD)

UNTER DIE HAUT

Dieses Buch zeigt, wie Betty ihre Kalligraphie auf unterschiedliche, kreative Weise vom Papier löst, etwa indem sie auf Wände schreibt oder Lebensmittel dekoriert. Das Design von Kalligraphie-Tattoos gehört mit zu den interessantesten Erfahrungen meines Lebens. In Zusammenarbeit mit den Kunden gestalte ich eine Kalligraphie, die ihnen etwas bedeutet. Dann gehen sie damit zu einem Tattoo-Künstler und lassen es sich unter die Haut stechen. Es ist ein ganz besonderes Gefühl, meine Arbeiten auf diese so persönliche, dauerhafte Weise verewigt zu sehen – eine von vielen Möglichkeiten, Kalligraphie zum Leben zu erwecken.

**'WHEN PEACE LIKE A RIVER ATTENDETH MY WAY,
WHEN SORROWS LIKE SEA BILLOWS ROLL,
WHATEVER MY LOT, THOU HAST TAUGHT ME TO SAY
IT IS WELL, IT IS WELL WITH MY SOUL.'
– HORATIO SPAFFORD** *

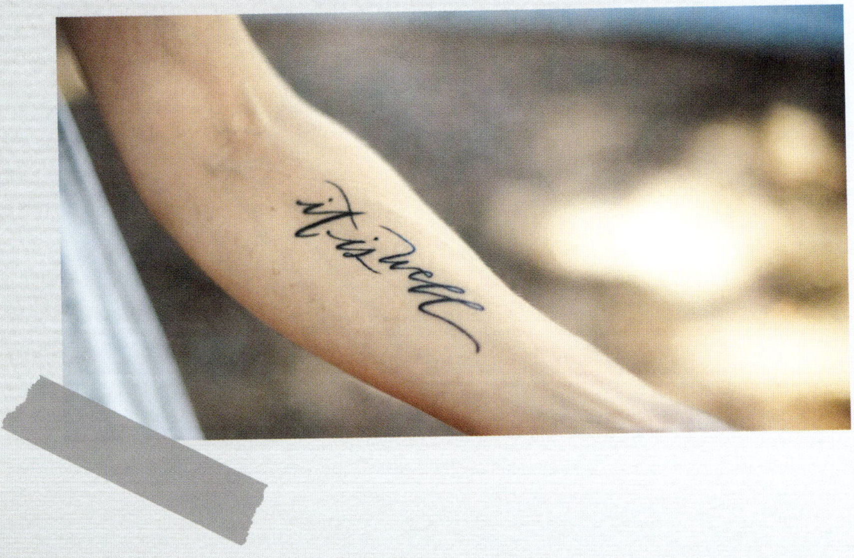

trois

i love her

i love him

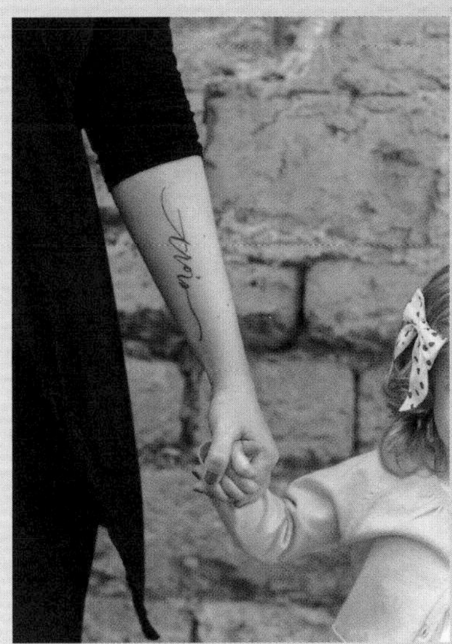

„GENIESSEN SIE ES, DIE SPITZFEDER-KALLIGRAPHIE ZU ERKUNDEN.
NUN GEBE ICH WIEDER ZURÜCK AN BETTY, DIE IHNEN NEUE WEGE ZEIGEN WIRD, AUF WORTE ZU BLICKEN.“

Mara

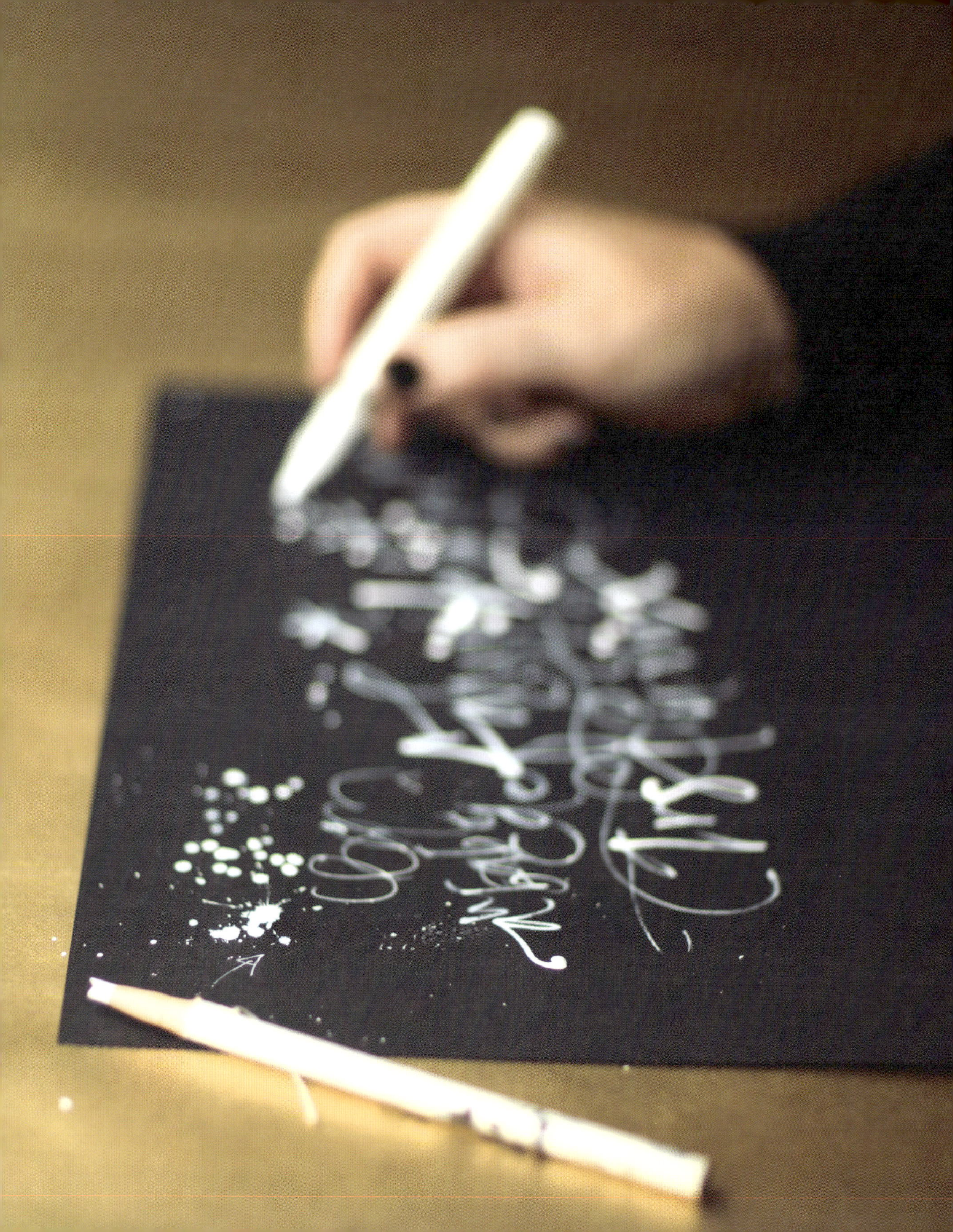

WORT-SACHEN

Das Material oder Medium kann sich erheblich darauf auswirken, wie Sie die geschriebenen Worte erleben. Am schnellsten entwickeln Sie Ihre eigene kalligraphische Stimme, indem Sie frei mit Weiß auf Schwarz üben und nicht mehr länger meine Buchstabenformen nachfahren oder kopieren. Lassen Sie sich fallen in die Schwärze der folgenden Seite und lernen Sie fliegen – in Ihrem eigenen Stil. Und freuen Sie sich über jeden Tintenstern, dem Sie dabei begegnen …

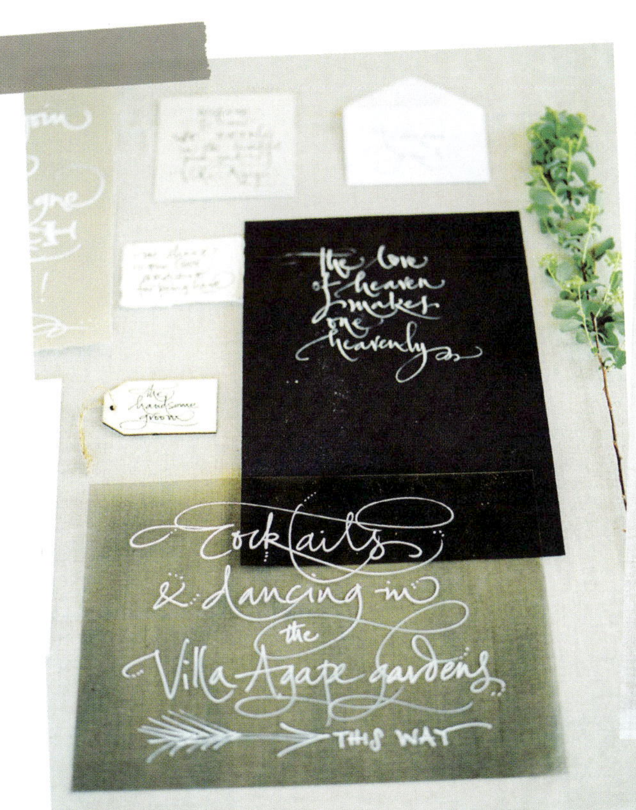

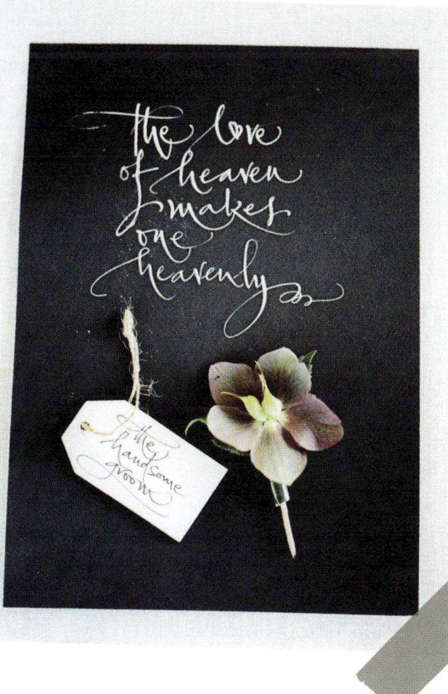

SCHREIBEN IN WEISS

Beschriften Sie diese Seite mit einem weißen Markerstift, beispielsweise einem Edding oder einem Uni Posca. Alternativ können Sie auch einen Porzellan-Pinselstift oder sogar Kreide verwenden. Beobachten Sie, wie Ihre Worte wie Sterne an einem schwarzen Himmel erscheinen …

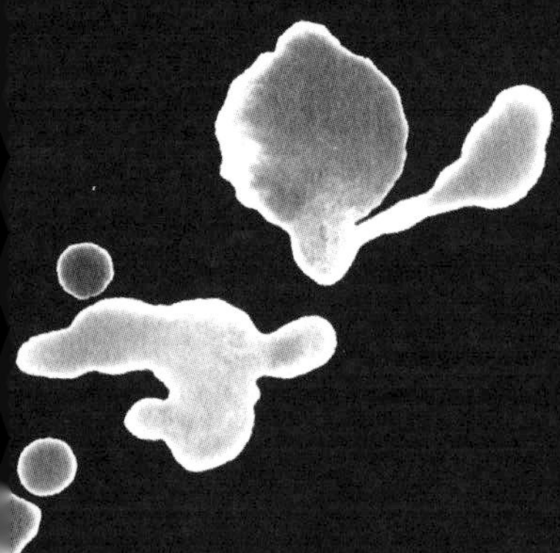

Are the stars just pinholes in the curtain of night?

DIE SCHERENSCHNITT-KÖNIGINNEN

An dieser Stelle möchte ich zwei Frauen erwähnen, die zu den faszinierendsten Persönlichkeiten gehören, denen ich auf meinem tintenreichen Pfad begegnet bin. Es sind die Schwestern Simone und Helene, die ein neues und erstaunliches Kapitel in meinem Papierkosmos geöffnet haben.

DOPPELTE DOSIS SCHEREN-POWER: DIE ZWILLINGE VON EDITION POSHETTE HABEN REINE POESIE IN DEN HÄNDEN.

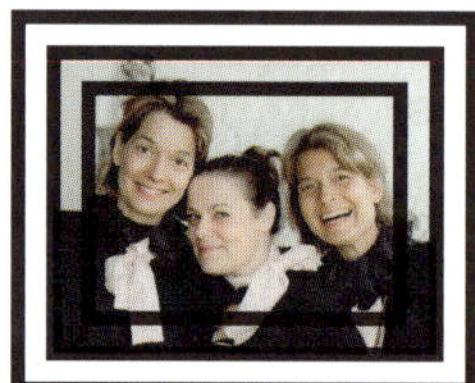

Die beiden sind unglaublich talentierte Scherenschnitt-Künstlerinnen und stellen in beeindruckender Geschwindigkeit die erstaunlichsten Papierkreationen her.

Meine Kalligraphie erhielt eine neue Dimension, als die Schwestern begannen, meine Schriftzüge in Federn, Blumen, Vögel und Bouquets zu verwandeln.

All die wunderschönen Papierdesigns, die Sie auf diesen Seiten sehen, wurden von ihnen ausgeschnitten, gefaltet und geformt.

In unserer Kooperation gab es so viele wunderbare, kreative Momente – angefangen bei unseren bedruckten Leder-Accessoires bis hin zum außergewöhnlichen Design des „Papierraums" in einem unserer Hotels. Aus dem Bett blickt man dort auf die illuminierte, aus Papier ausgeschnittene Skyline von Florenz und kann sich mit gefalteten Büchern über dem Kopf süßen, mit klugen Worten gefüllten Träumen hingeben.

Die Kombination aus meiner Tintenbegeisterung, ihrem Talent und ihrer großen Lebensfreude entfachte den Funken für dieses Buchprojekt.

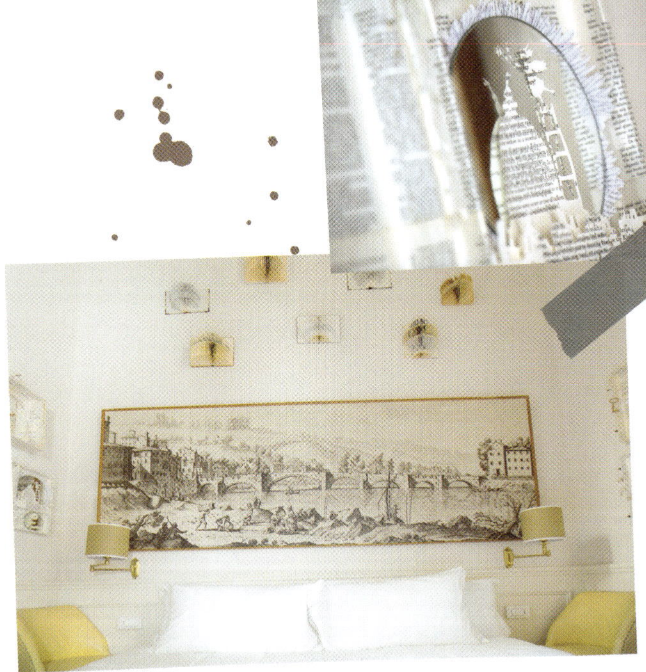

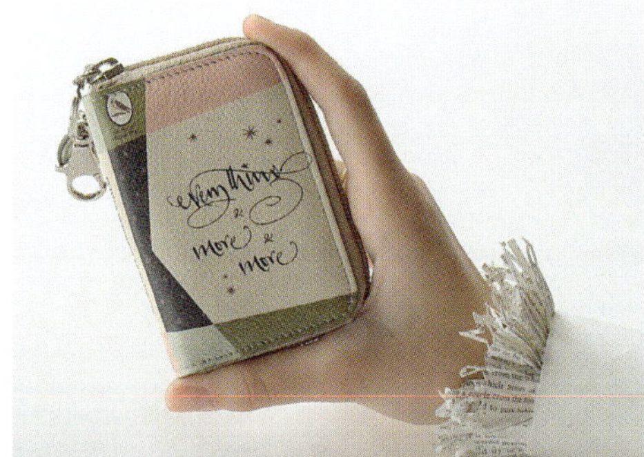

↗ Von den Zwillingen gestaltete Papier-Deko aus dem Zimmer im Hotel SoprArno in Florenz.

→ Eines unserer bedruckten Leder-Accessoires, entstanden in kreativer Kooperation für Edition Poshette.

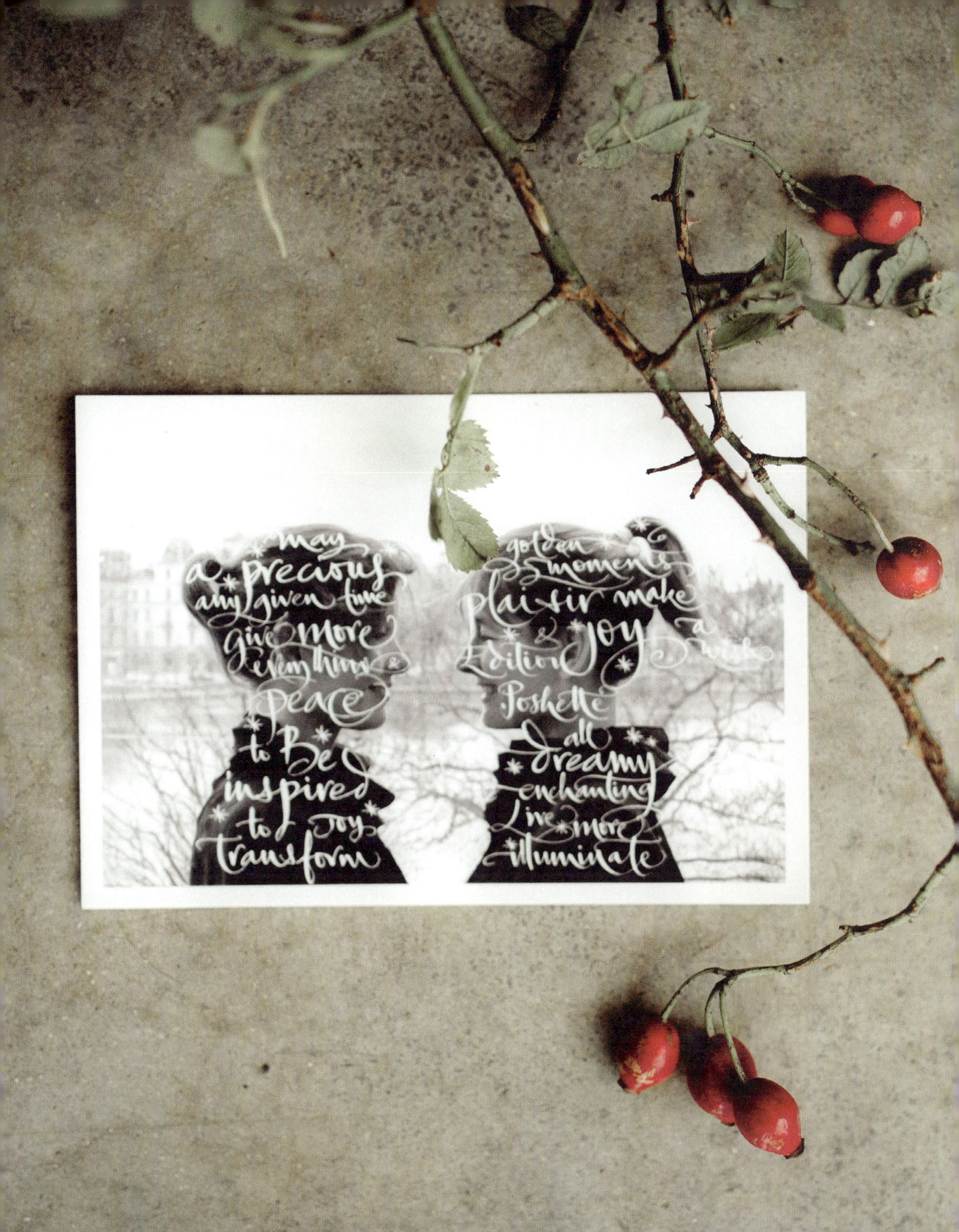
May
a precious
any given time
give more
peace
to Be
inspired
to joy
transform
golden
moments
Plaisir make
& joy
a wish
Edition
Poshette
all
dreamy
enchanting
Live more
illuminate

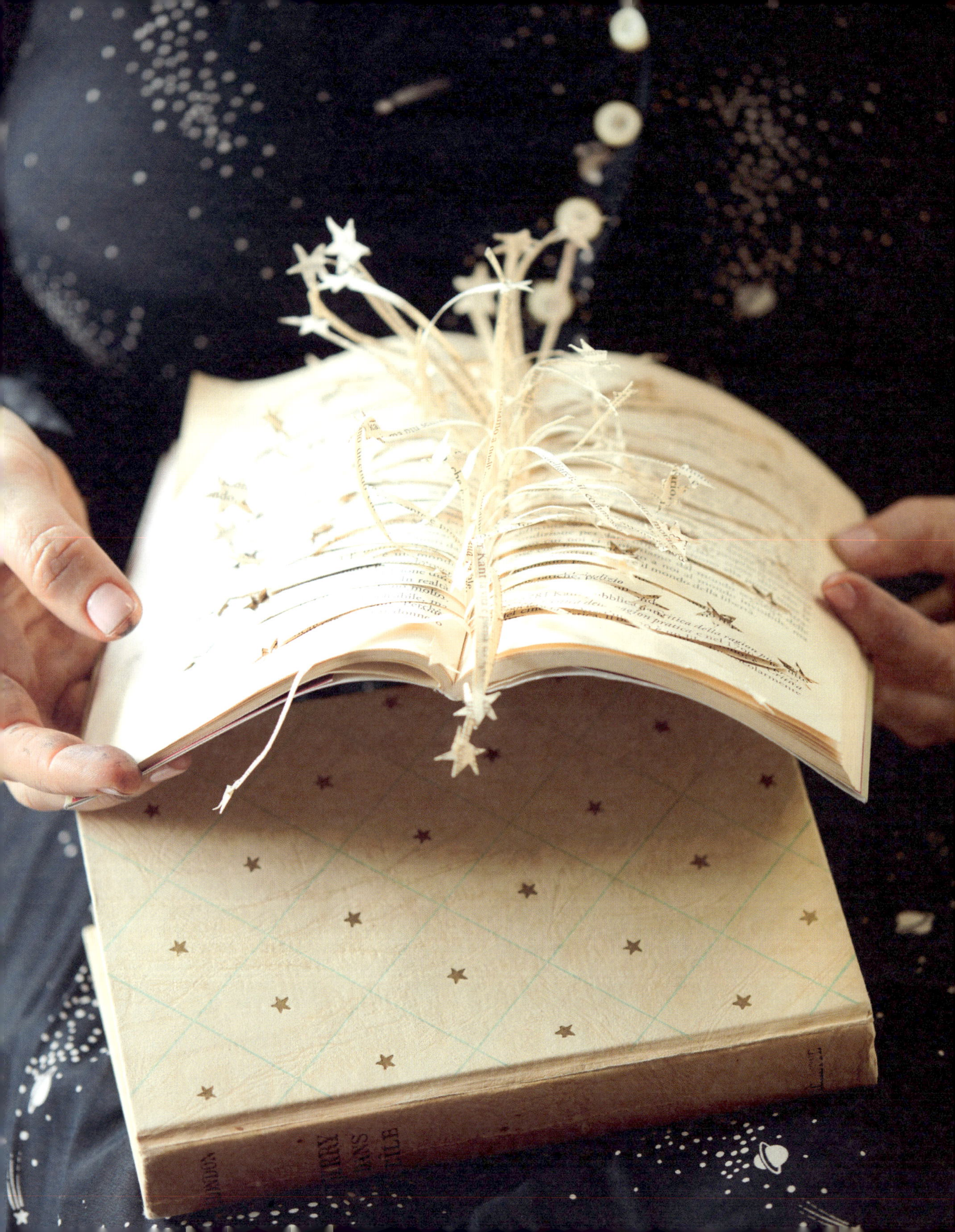

… it doesn't matter how the paint is put on, as long as something is said …*

(JACKSON POLLOCK)

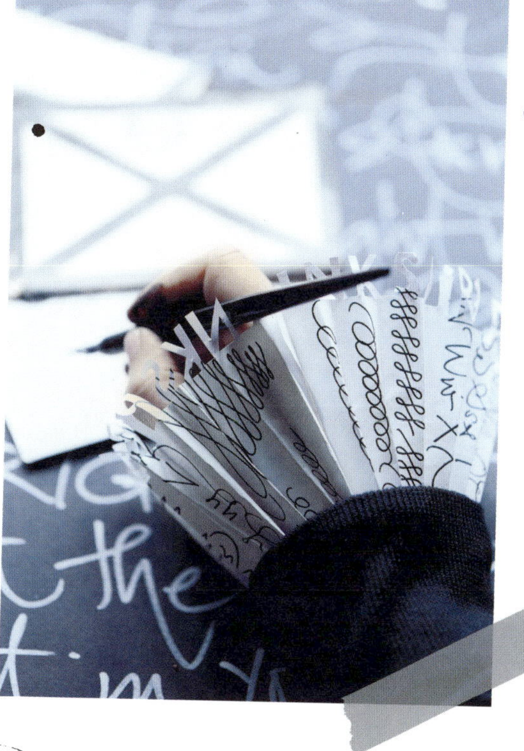

↗ *Papiermanschette aus einer meiner Handschriften, mit der Schere von Hand ausgeschnitten für Edition Poshette.*

← **ALLES STEHT IN DEN STERNEN**
Eine meiner Lieblings-Scherenschnitt-Kreationen von Edition Poshette: ein Sternen-Buch, das Magie und Poesie verströmt …

Ich hoffe, dass die Scherenschnitt-Magie von Edition Poshette Ihnen als Anregung dient, wie Sie Ihre Kalligraphie auf unterschiedliche Weise zum Leben erwecken können. Schon ein paar Schnitte mit der Schere genügen, um Ihre Worte vom Papier zu lösen und lebendig werden zu lassen.

* „ES SPIELT KEINE ROLLE, WIE DIE FARBE AUFGETRAGEN WIRD, SOLANGE SIE ETWAS AUSSAGT." (JACKSON POLLOCK)

Lassen Sie uns geschriebene Worte zum Leben erwecken und mit unseren Lieben teilen.

KALLIGRAPHIE ZUM LEBEN ERWECKEN

Wenn Sie Ihren eigenen Stil entwickeln, bringen Sie je nach Anlass verschiedene Stimmungen ein, probieren Sie verschiedene Oberflächen und Schreibgeräte aus und finden Sie heraus, was Ihnen besonders gefällt. Schreiben Sie nicht einfach nur auf Papier oder einer Karte – lassen Sie Ihre Wörter auch ganz überraschend dort auftauchen, wo andere sie nicht erwarten. Es kommt auf die Ideen an und weniger auf das Werkzeug, das Sie verwenden. Selbst aus der simpelsten Idee entsteht Wertvolles, wenn Sie etwas Persönliches daraus machen …

DURCH DIE BLUME

Schreiben Sie Ihre Botschaft statt auf eine Karte auf ein großes Stück Papier, das Sie anschließend um Ihren Blumenstrauß wickeln. Auf dieselbe Weise entsteht auch individuelles Geschenkpapier.

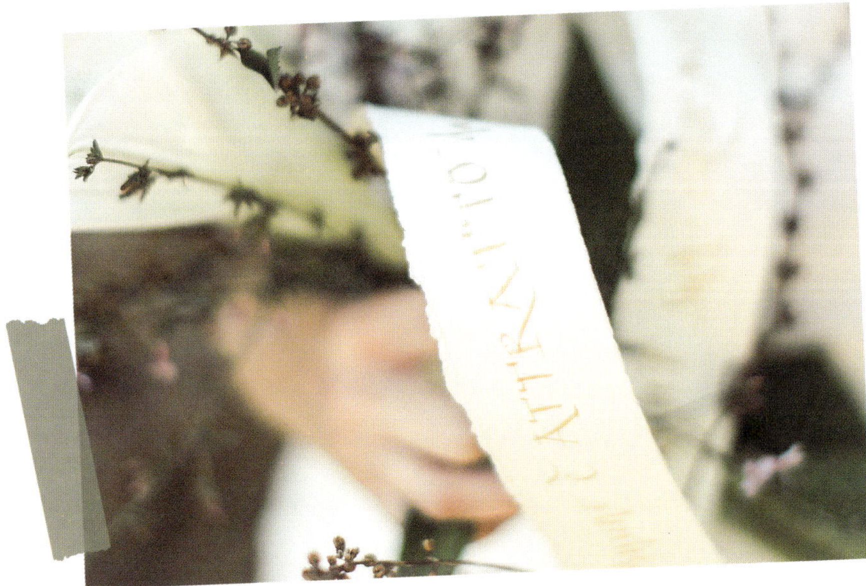

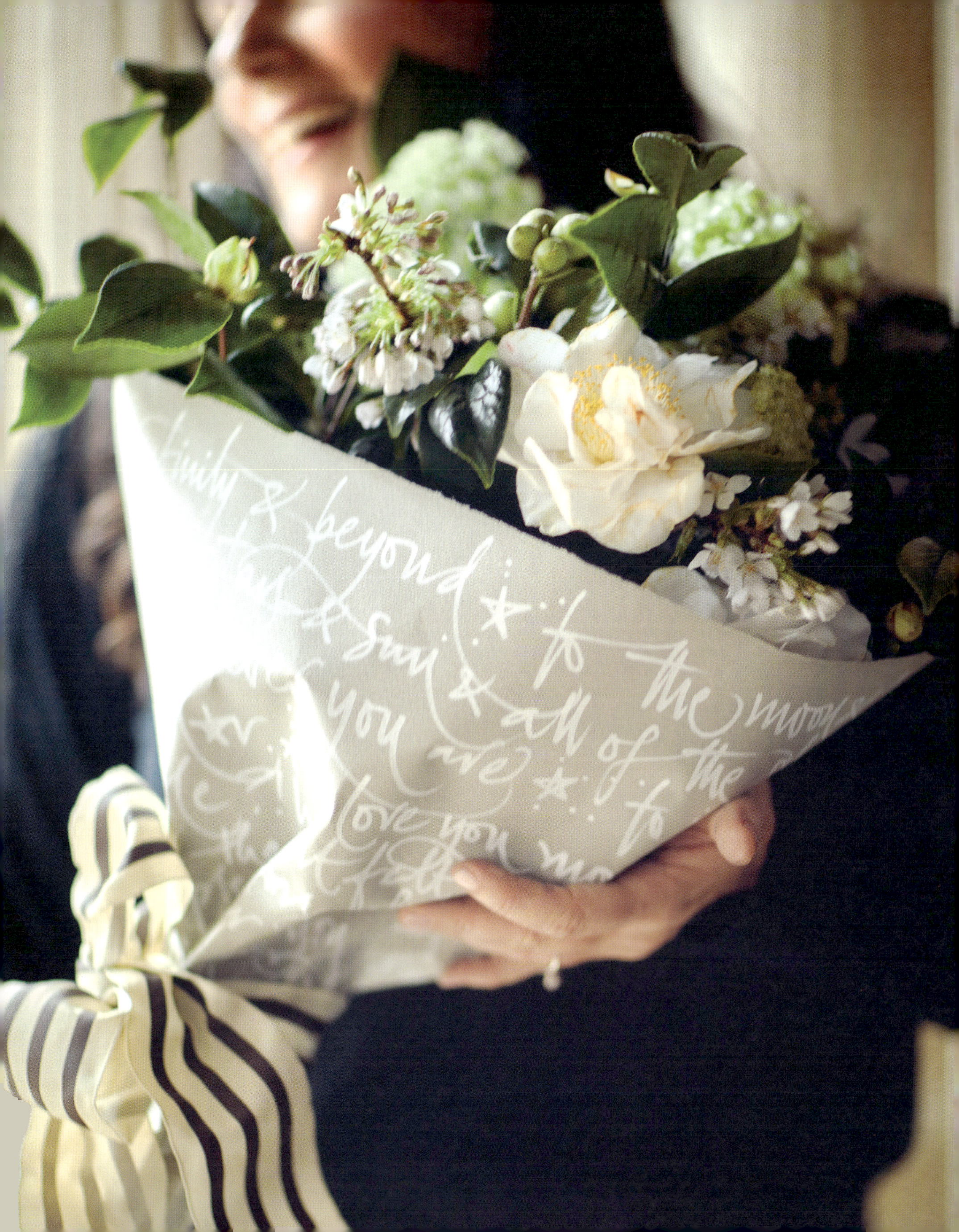

& beyond
to the moon
you are
all of the
love you

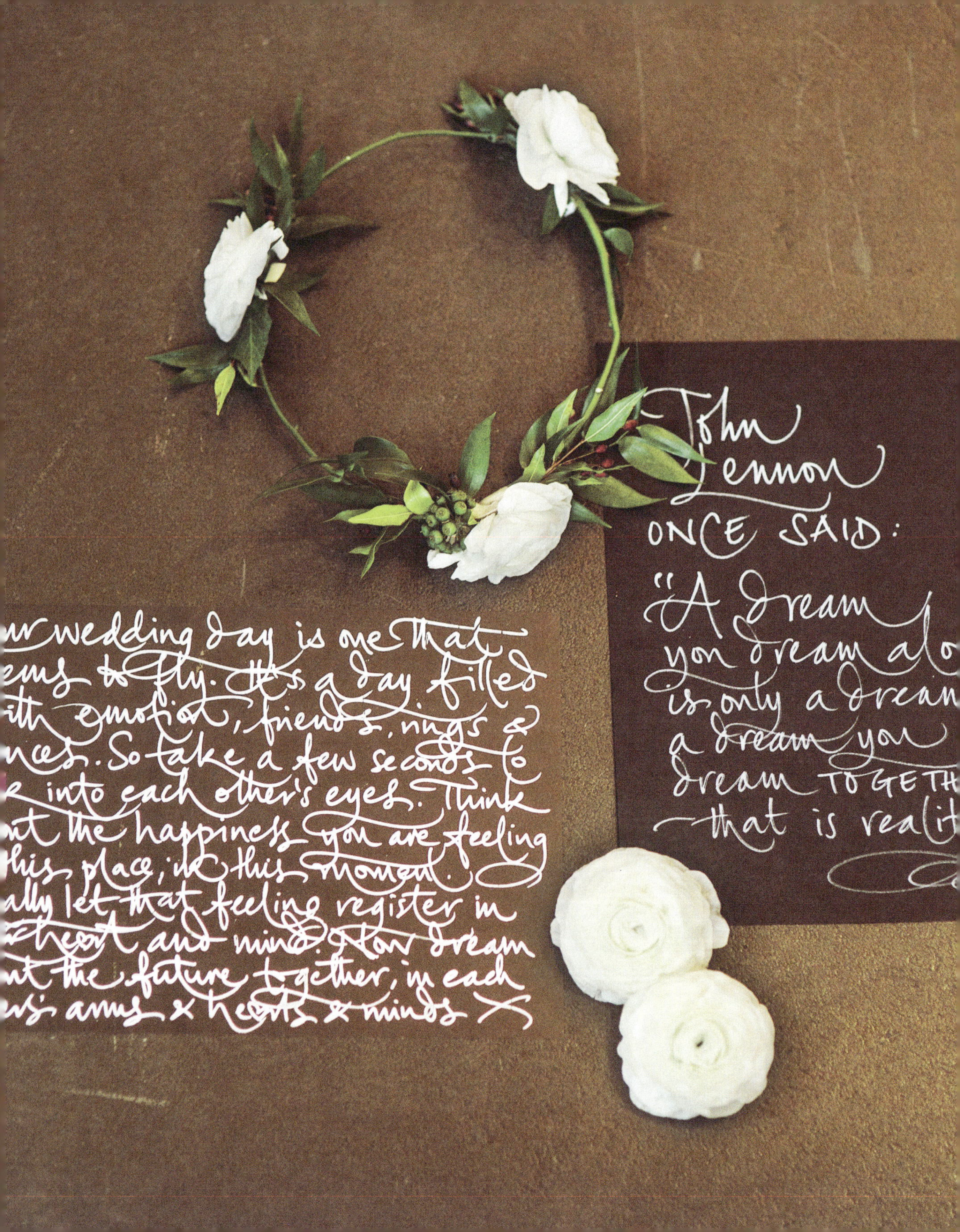

ur wedding day is one that
ems to fly. It's a day filled
ith emotion, friends, rings &
nces. So take a few seconds to
e into each other's eyes. Think
ut the happiness you are feeling
his place, in this moment.
ally let that feeling register in
r heart and mind. Now dream
ut the future together, in each
r's arms & hearts & minds X

John
Lennon
ONCE SAID:

"A dream
you dream alo
is only a dream
a dream you
dream TOGETH
— that is realit

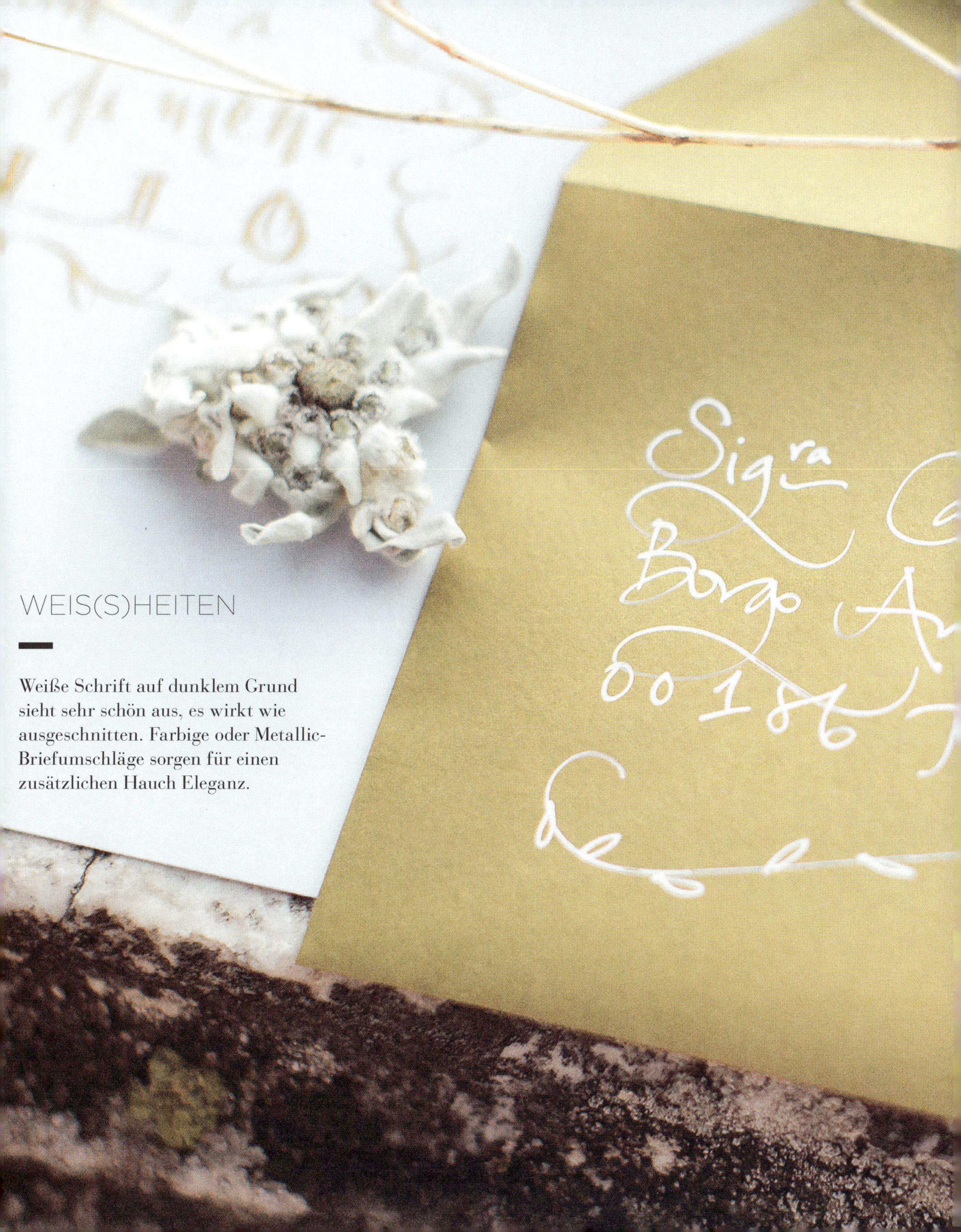

WEIS(S)HEITEN

Weiße Schrift auf dunklem Grund sieht sehr schön aus, es wirkt wie ausgeschnitten. Farbige oder Metallic-Briefumschläge sorgen für einen zusätzlichen Hauch Eleganz.

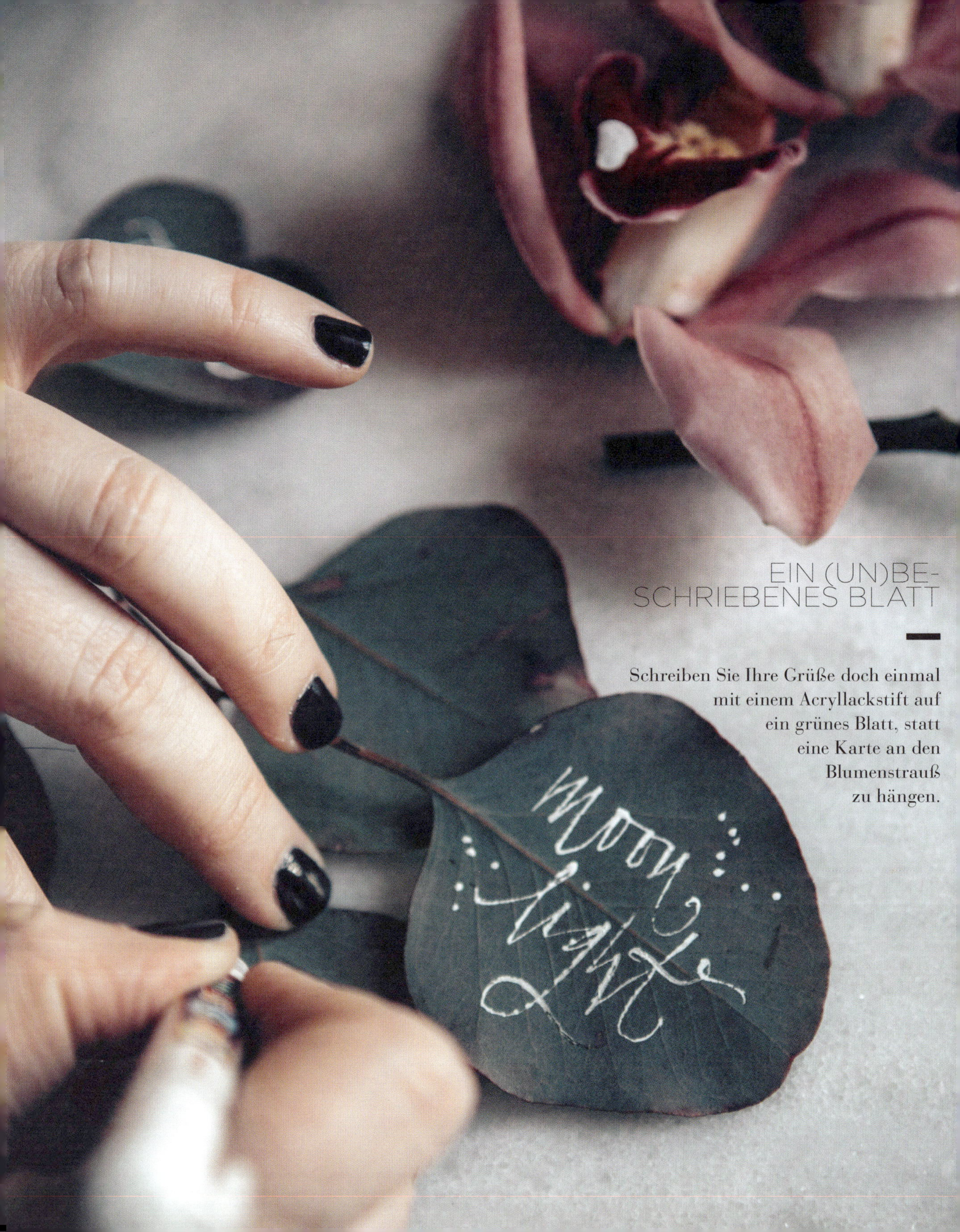

EIN (UN)BESCHRIEBENES BLATT

Schreiben Sie Ihre Grüße doch einmal mit einem Acryllackstift auf ein grünes Blatt, statt eine Karte an den Blumenstrauß zu hängen.

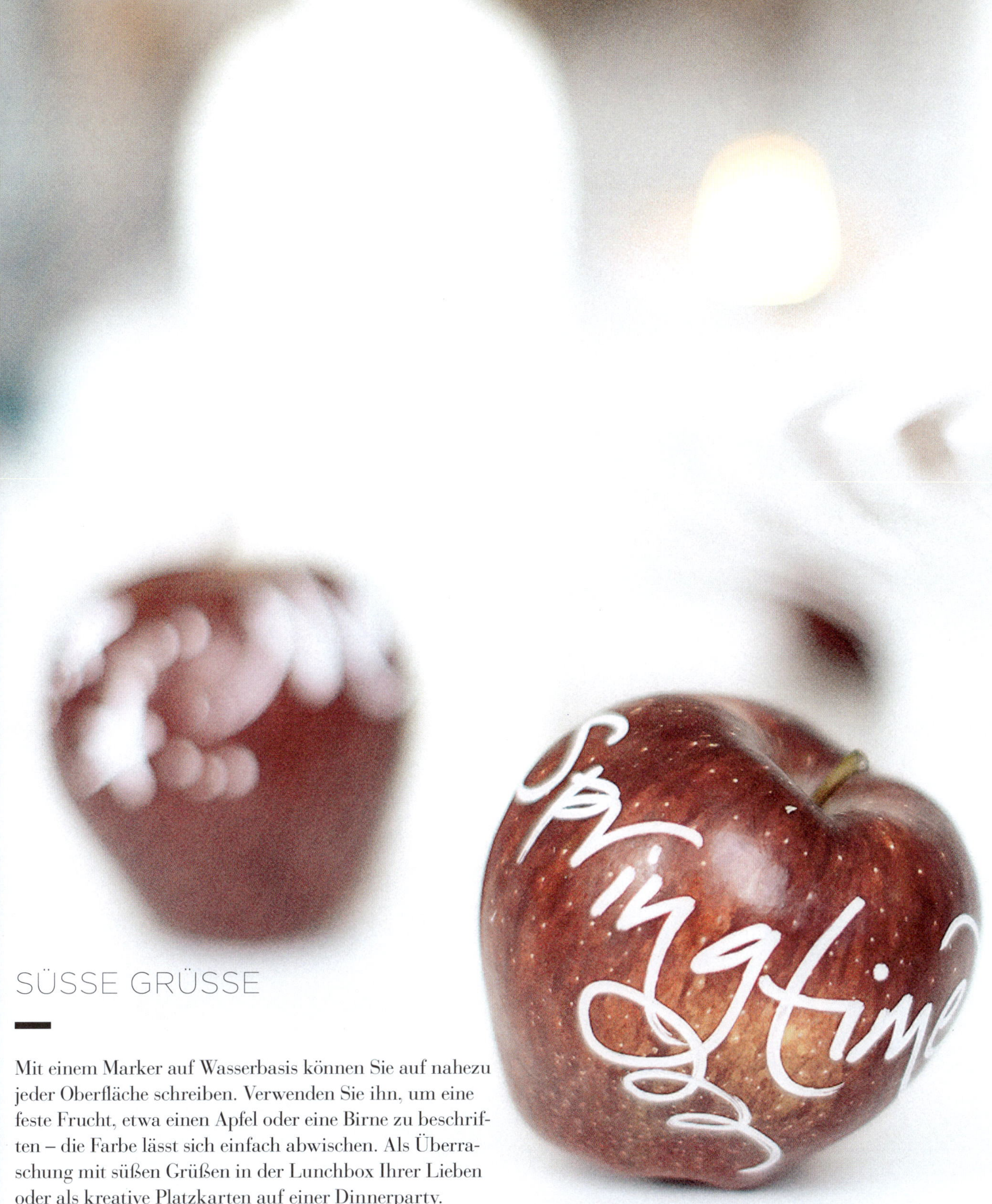

SÜSSE GRÜSSE

Mit einem Marker auf Wasserbasis können Sie auf nahezu jeder Oberfläche schreiben. Verwenden Sie ihn, um eine feste Frucht, etwa einen Apfel oder eine Birne zu beschriften – die Farbe lässt sich einfach abwischen. Als Überraschung mit süßen Grüßen in der Lunchbox Ihrer Lieben oder als kreative Platzkarten auf einer Dinnerparty.

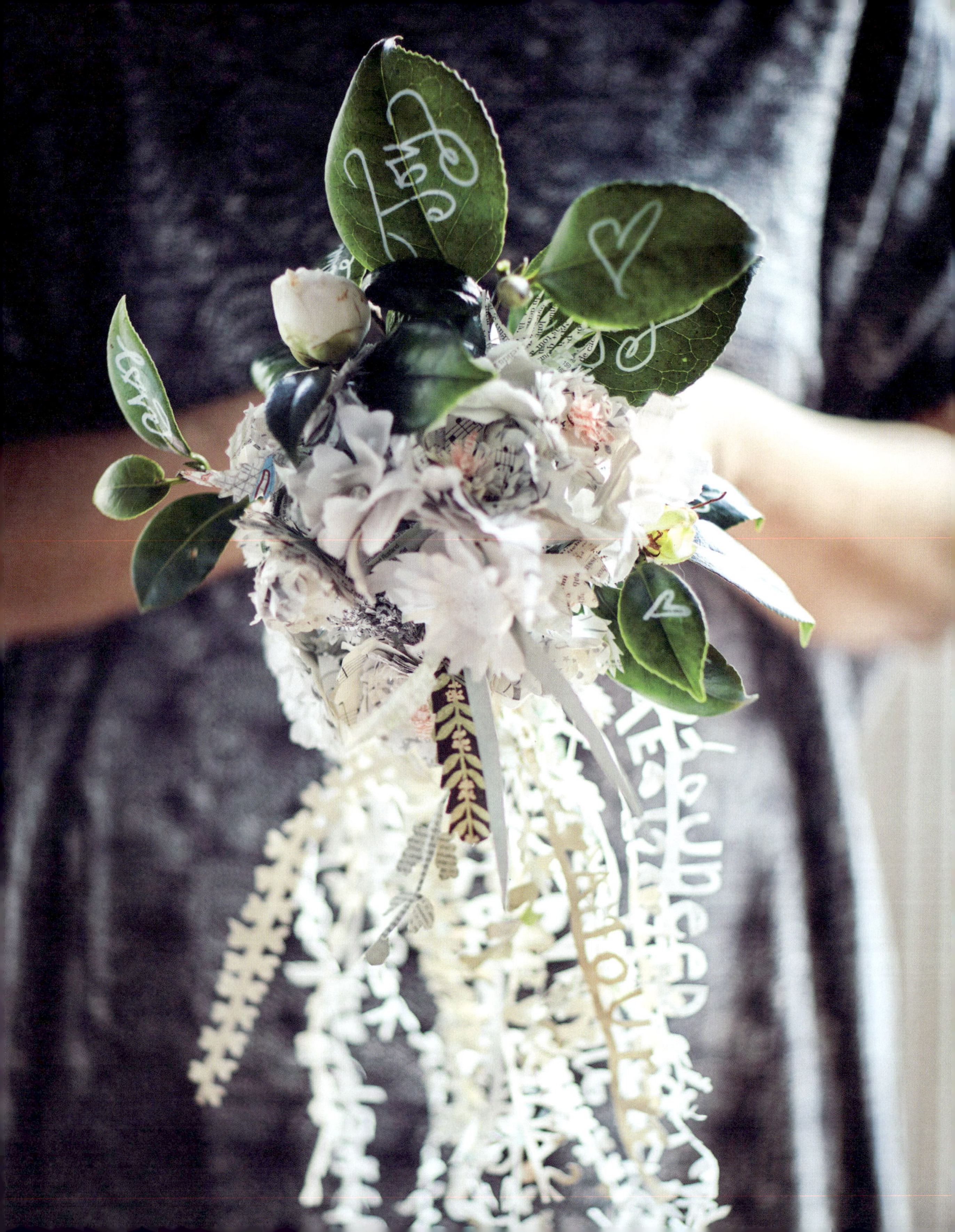

PAPIER-ZAUBER

Auch wenn die Vergänglichkeit von Blumen und Blättern etwas sehr Schönes hat, so wünschen wir uns doch bisweilen, dass besondere Momente von Dauer sind. Mit selbst ausgeschnittenen Karten aus Papier oder getrockneten Blättern haben Sie etwas, das bleiben wird.

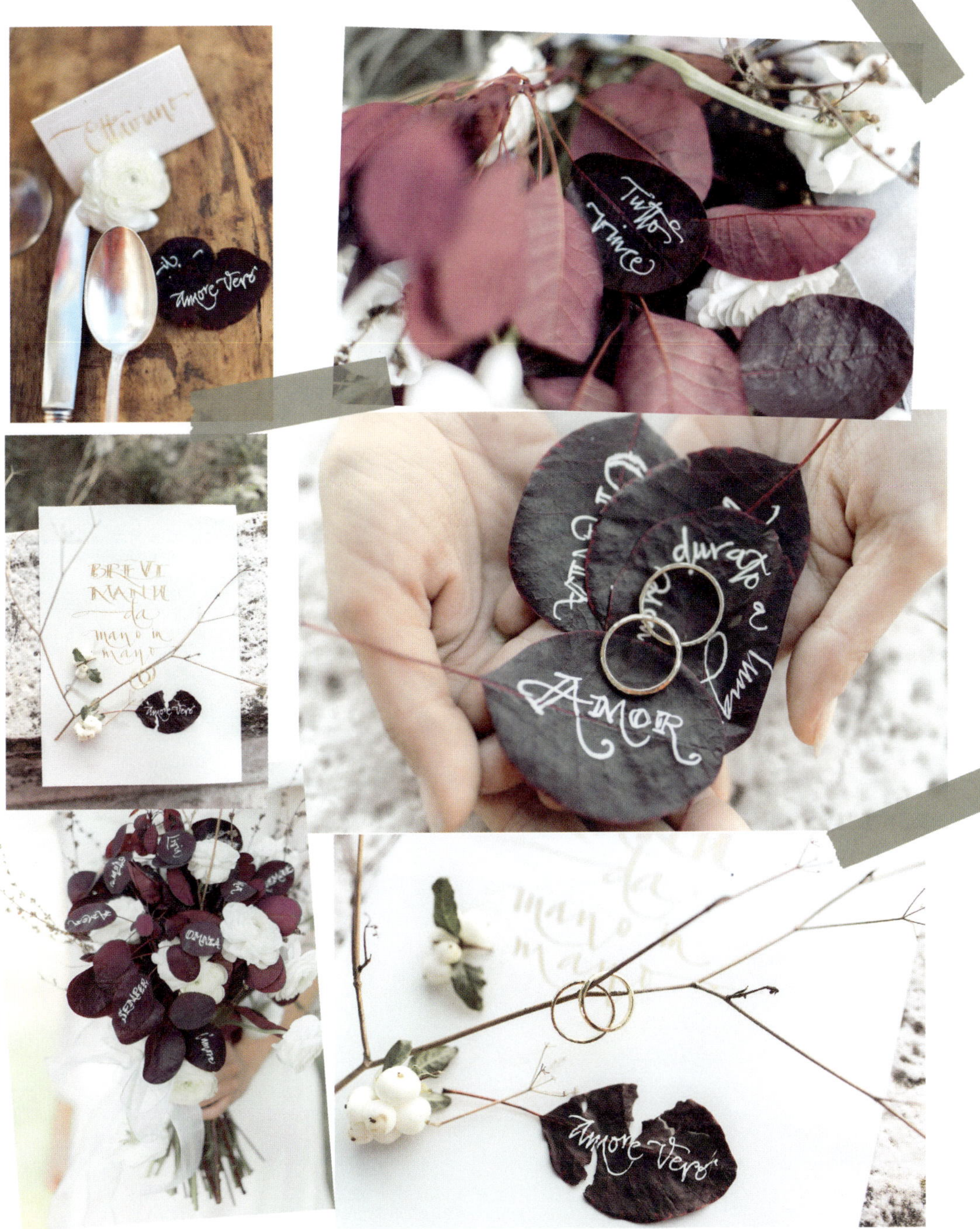

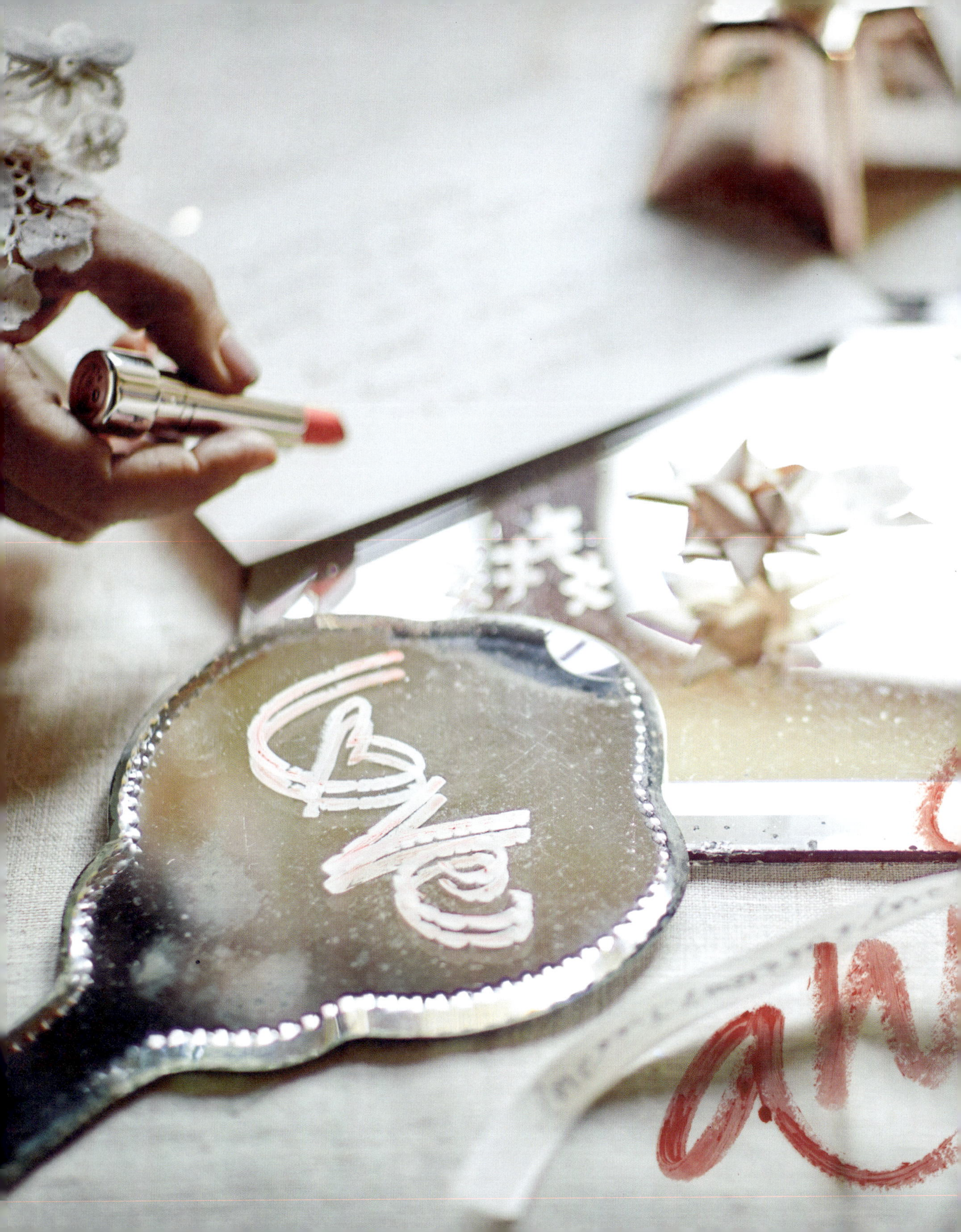
Love

VALENTINS-BOTSCHAFTEN

Es gibt wohl kaum etwas Romantischeres als eine mit Lippenstift geschriebene Nachricht. Schreiben Sie auf einen Spiegel – der Lippenstift gleitet sanft über die glatte Fläche und hinterlässt eine wunderschön strukturierte, farbige Liebesbotschaft.

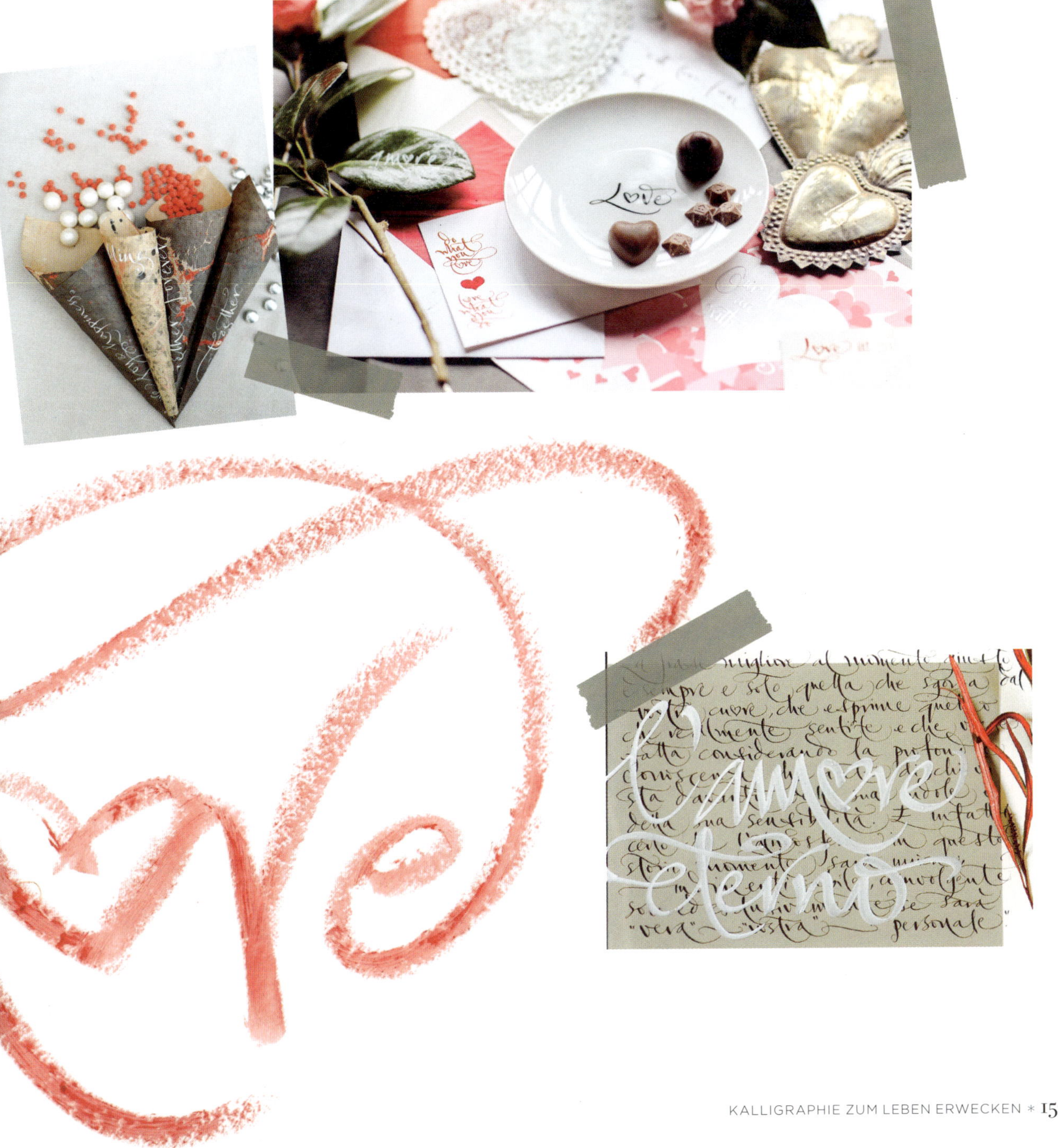

Love
love

HOCHZEITSGLOCKEN

Oft werde ich von meinen Kunden gebeten, Hochzeitseinladungen zu gestalten. Und in der Tat gibt es so viele Möglichkeiten, der Zeremonie mit Tinte Schönheit zu verleihen … Ob Speisekarten, Grußkarten, Tischtücher oder Geschenke – wenn Sie sich die Zeit nehmen, exquisite persönliche Botschaften zu verfassen, wird das Ereignis noch außergewöhnlicher.

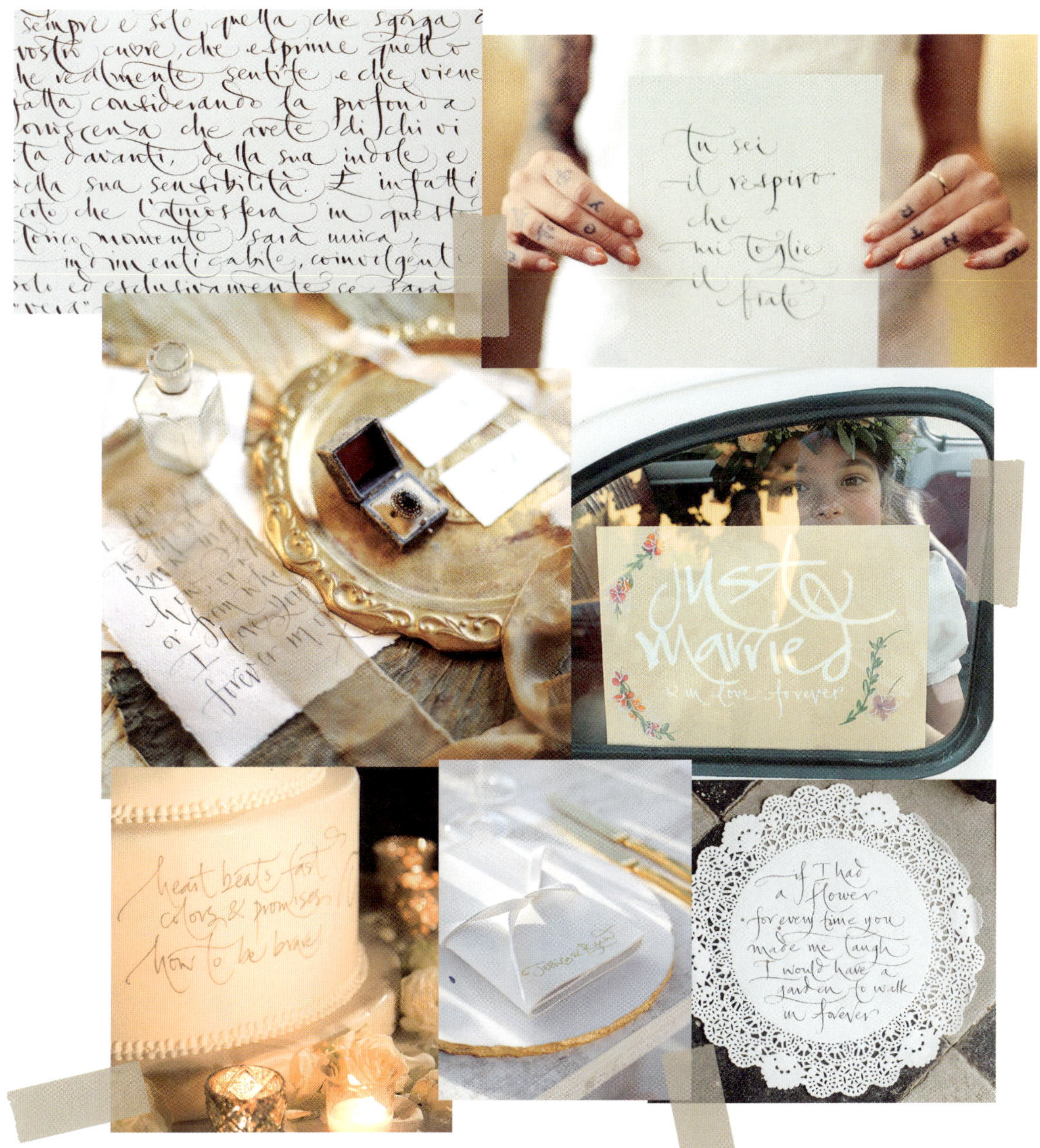

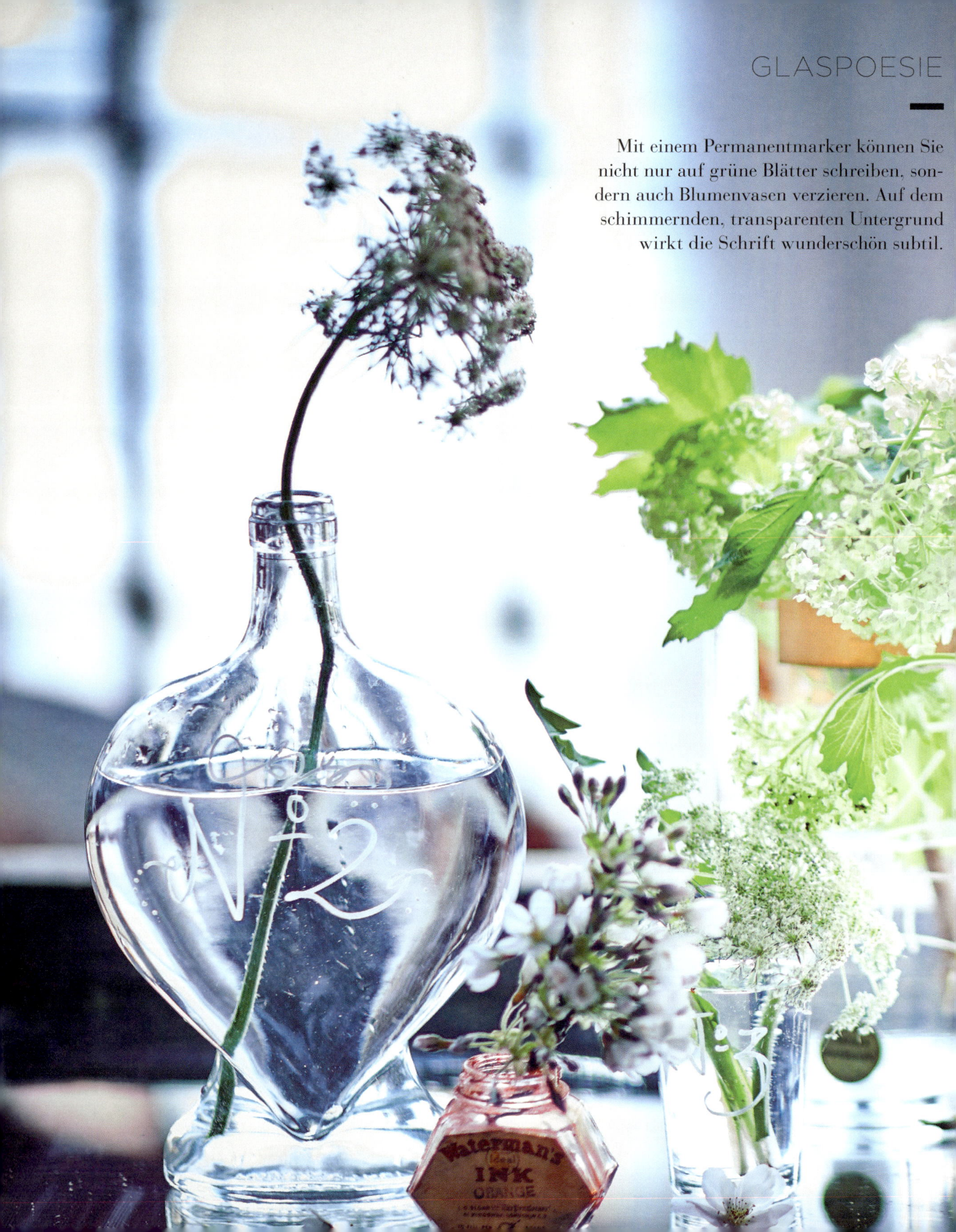

GLASPOESIE

Mit einem Permanentmarker können Sie nicht nur auf grüne Blätter schreiben, sondern auch Blumenvasen verzieren. Auf dem schimmernden, transparenten Untergrund wirkt die Schrift wunderschön subtil.

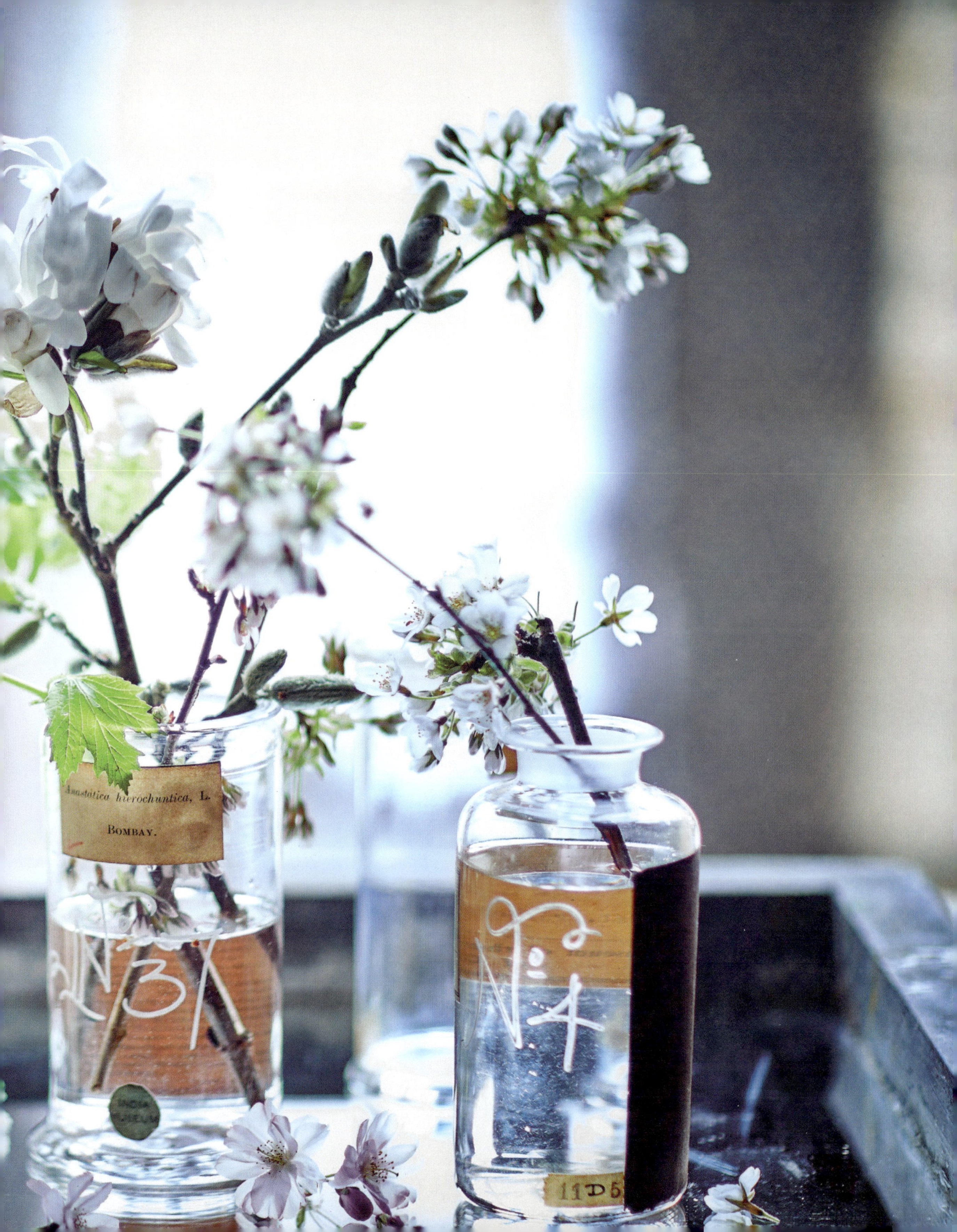
Anastatica hierochuntica, L.
BOMBAY.
N° 4
11D5

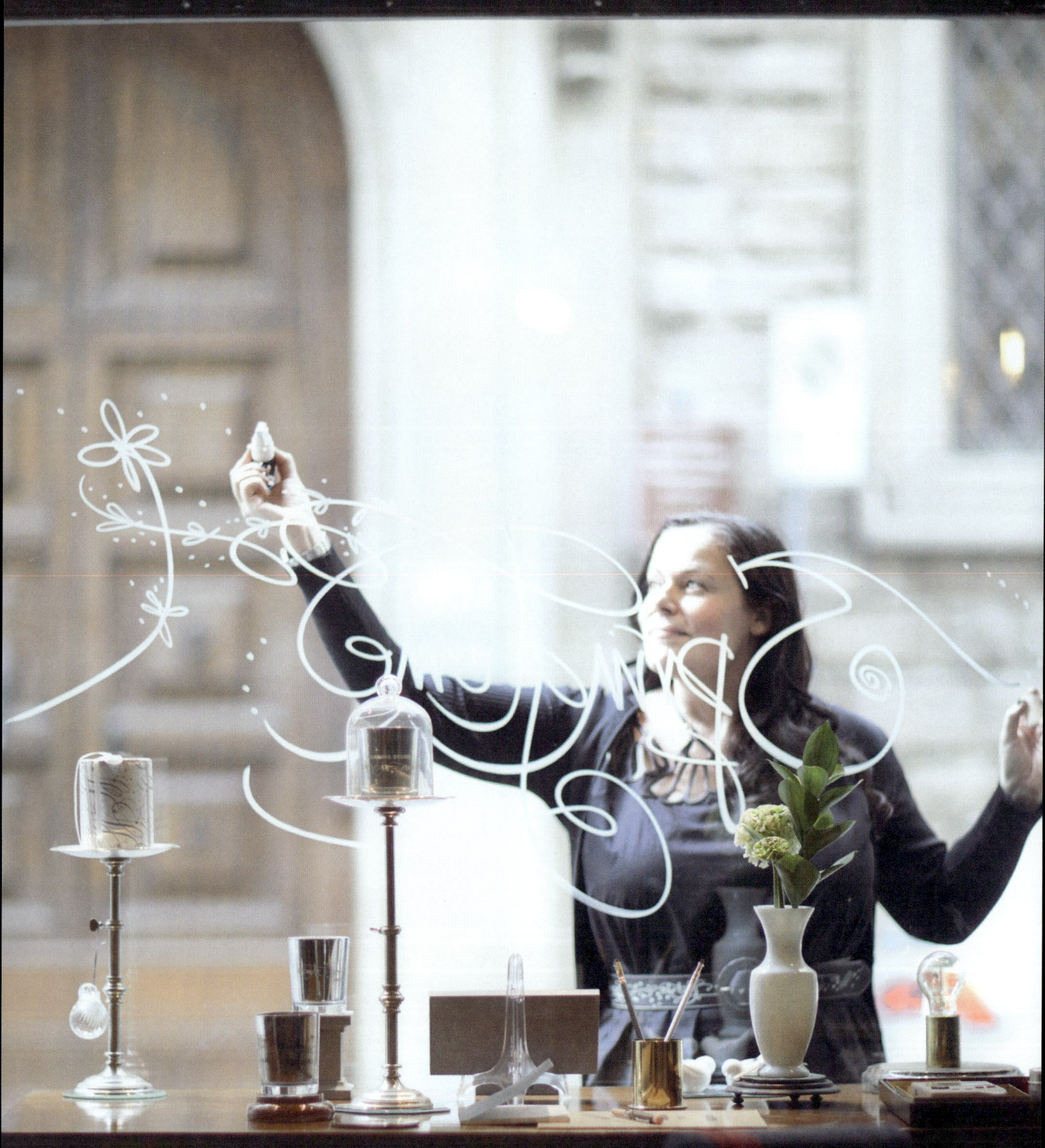

FENSTER ZUR WELT

Beschränken Sie sich nicht nur auf kleine Gegenstände. Trauen Sie sich! Nehmen Sie einen großen Marker auf Wasserbasis zur Hand, wie etwa den Uni-Posca-Marker, und kreieren Sie Ihr kalligraphisches Statement für die Welt da draußen auf Ihrem Fenster.

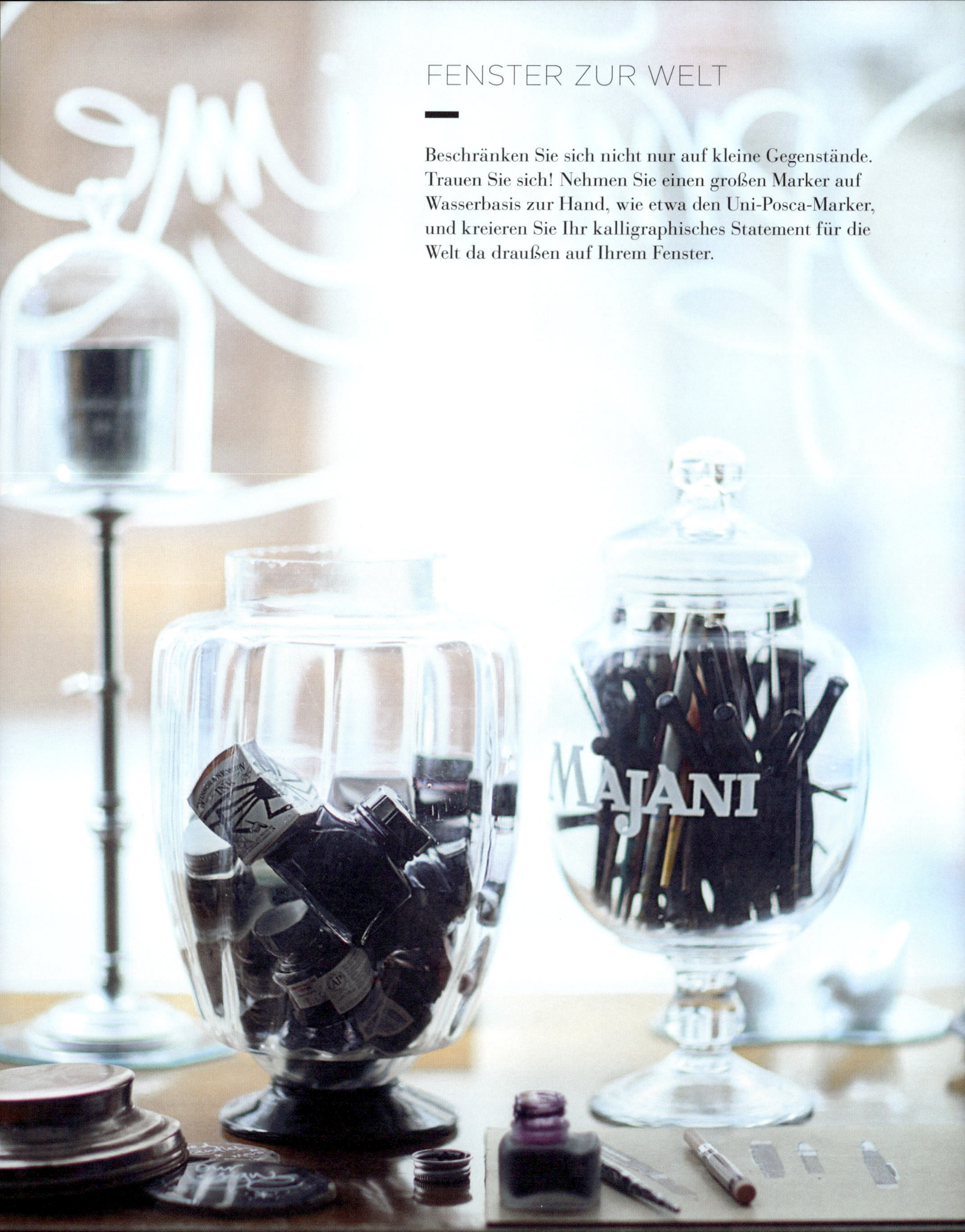

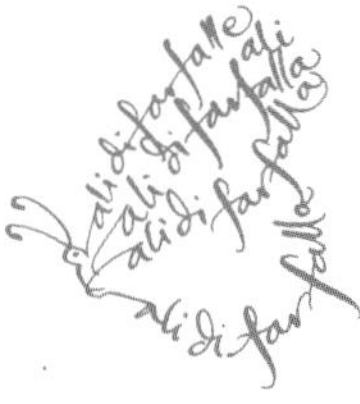

Eine geschriebene Botschaft auf einem Spiegel ist eine schöne Methode, jemanden zum Lächeln zu bringen. Auch gläserne Fotorahmen lassen sich so verzieren. Verwenden Sie hierfür einen Non-Permanent-Marker, so können Sie Ihre Worte einfach wieder wegflattern lassen.

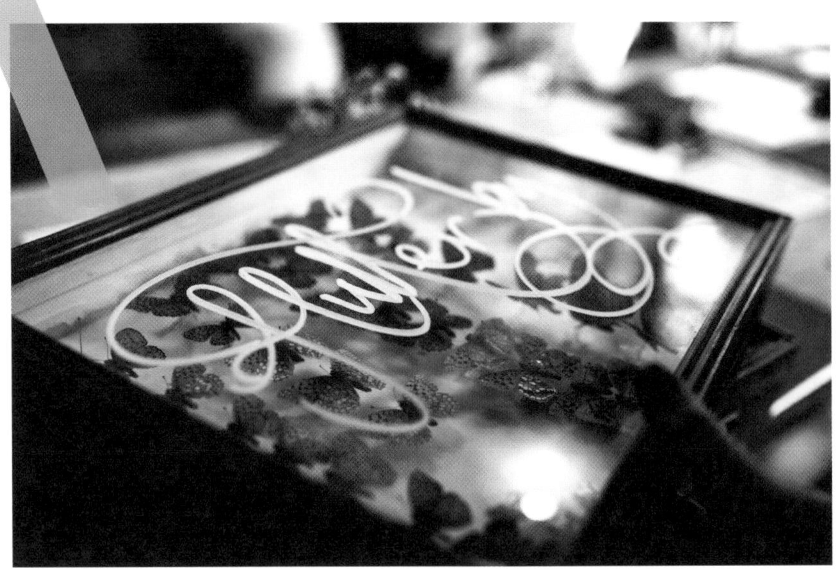

The beauty you see in me is a reflection of you

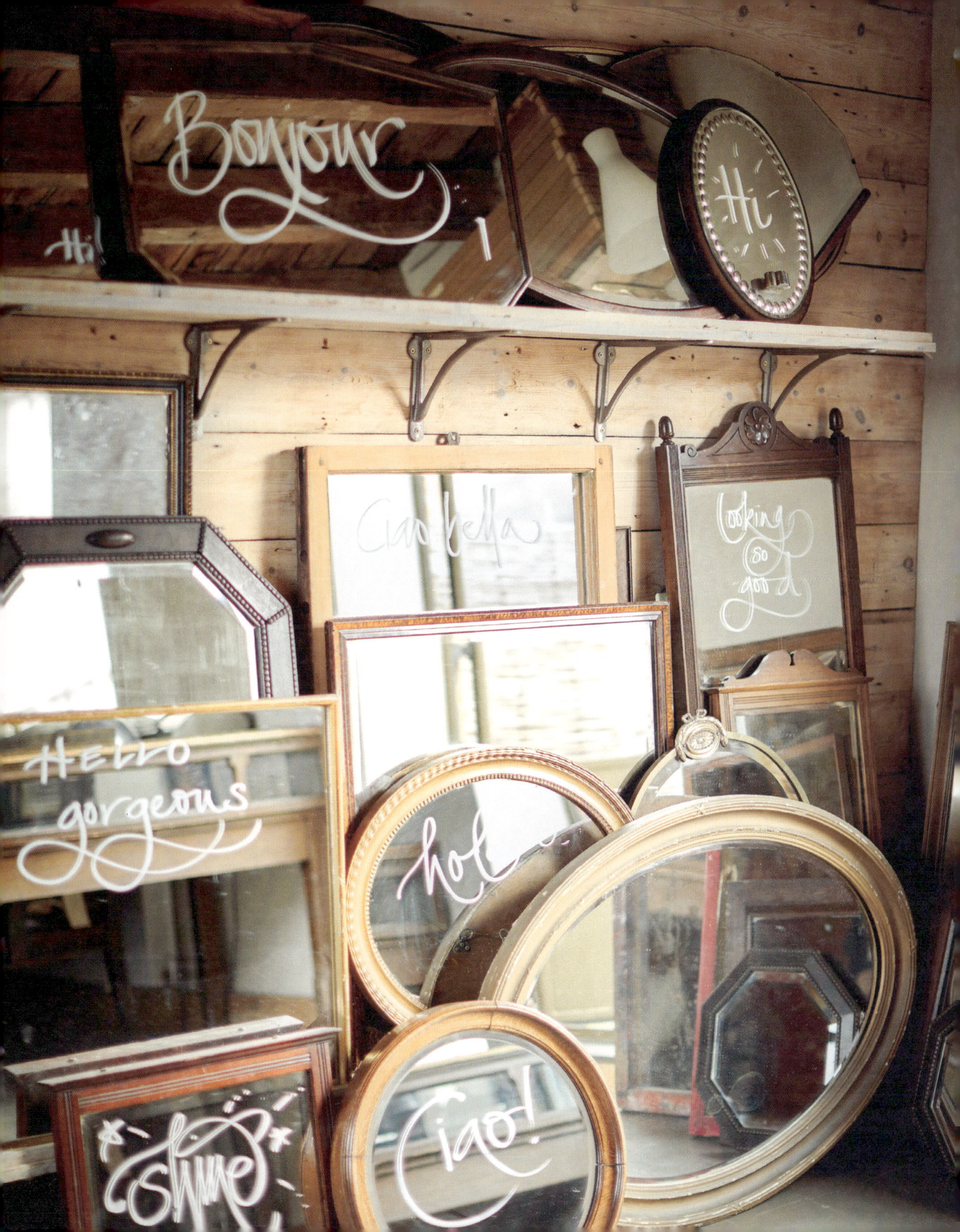
Bonjour
Hi
Ciao bella
looking so good
Hello gorgeous
Ciao!
shine

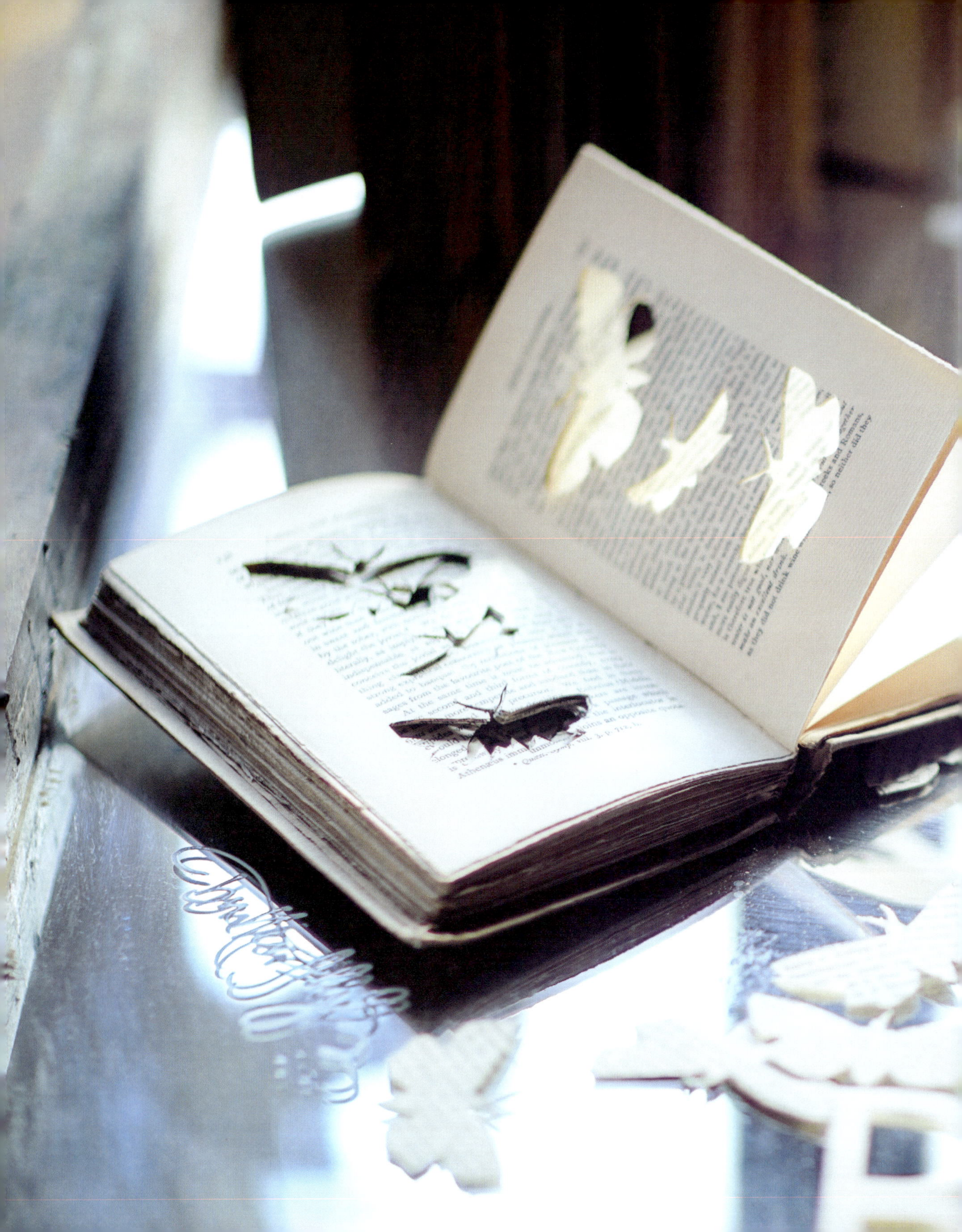

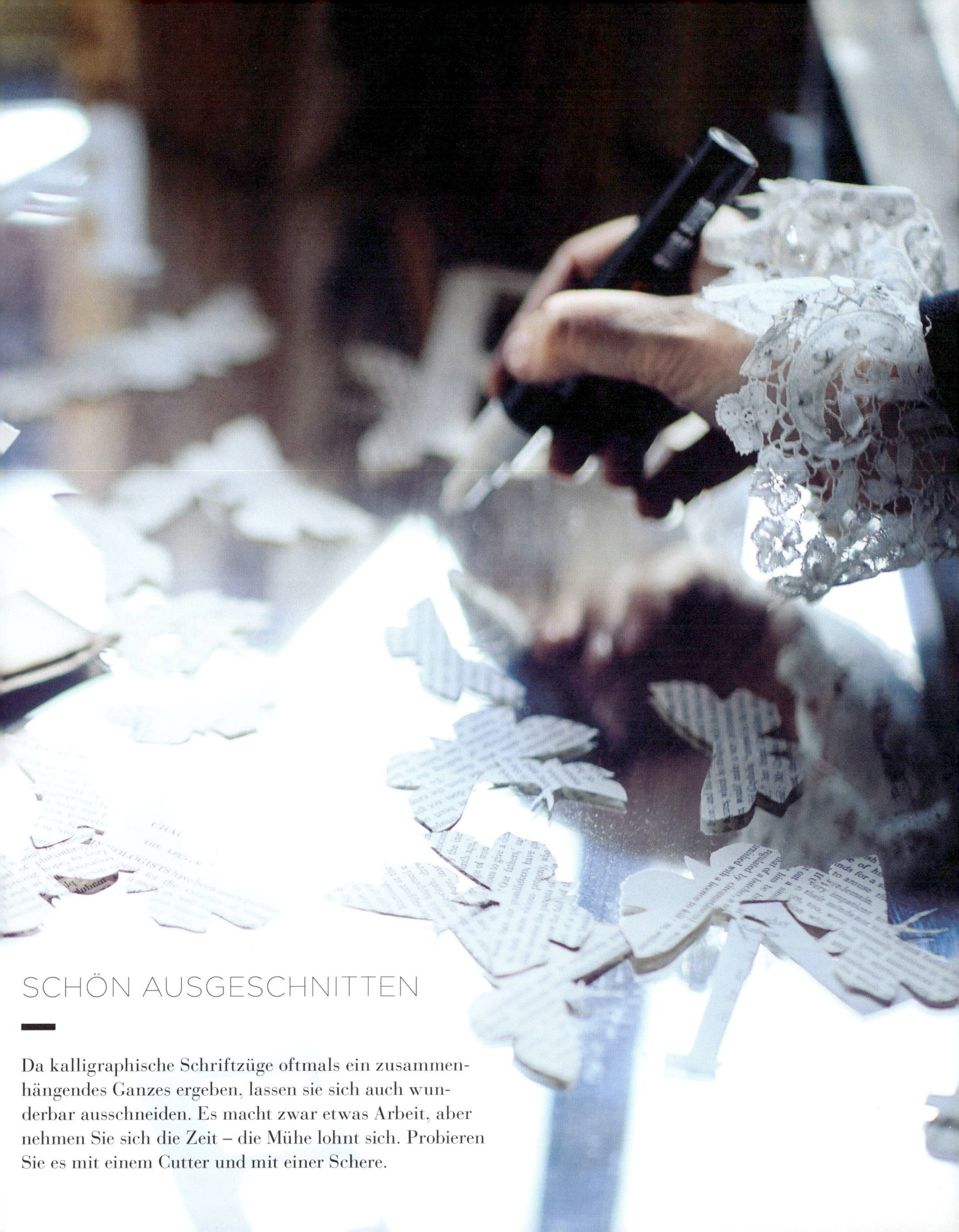

SCHÖN AUSGESCHNITTEN

Da kalligraphische Schriftzüge oftmals ein zusammenhängendes Ganzes ergeben, lassen sie sich auch wunderbar ausschneiden. Es macht zwar etwas Arbeit, aber nehmen Sie sich die Zeit – die Mühe lohnt sich. Probieren Sie es mit einem Cutter und mit einer Schere.

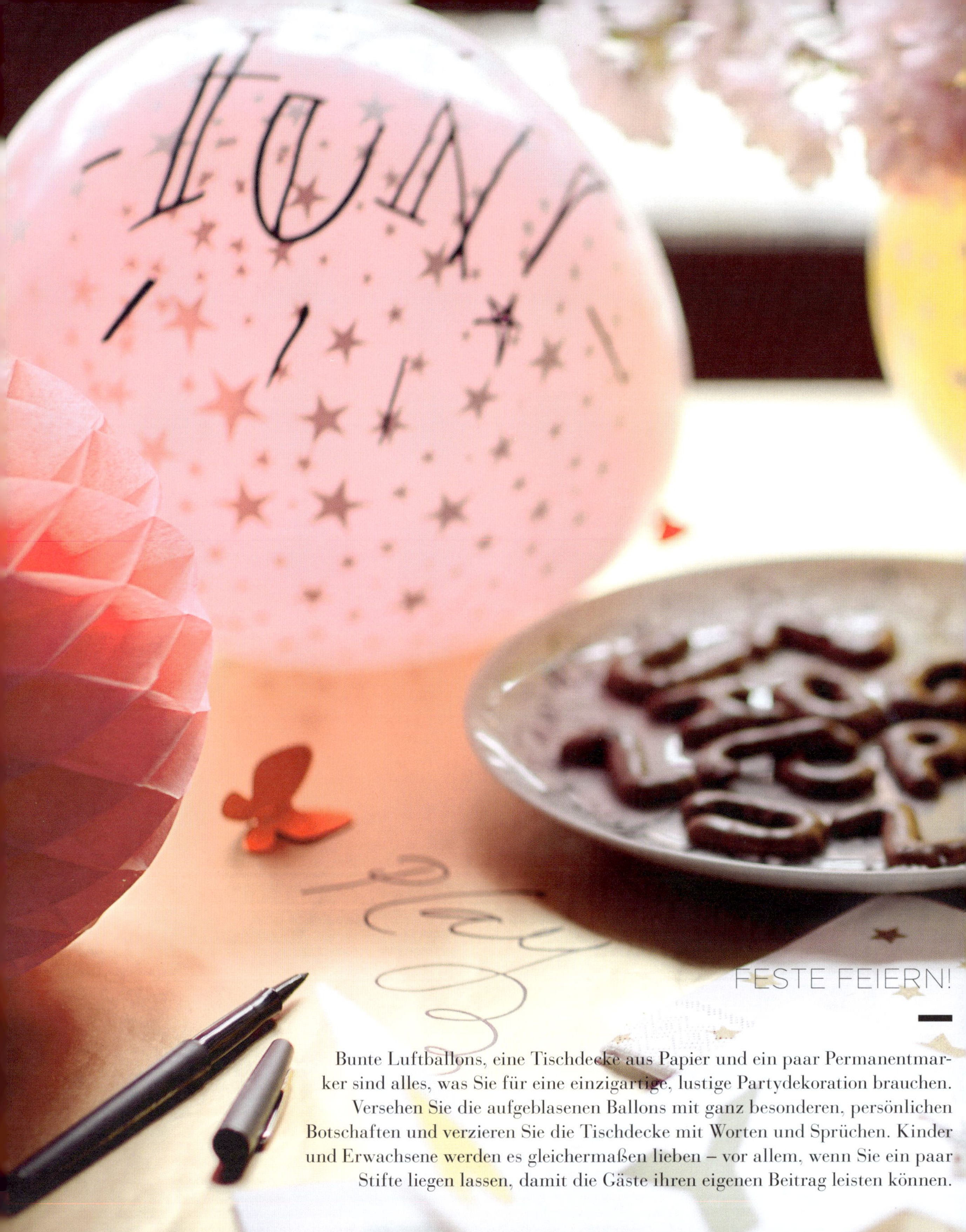

FESTE FEIERN!

Bunte Luftballons, eine Tischdecke aus Papier und ein paar Permanentmarker sind alles, was Sie für eine einzigartige, lustige Partydekoration brauchen. Versehen Sie die aufgeblasenen Ballons mit ganz besonderen, persönlichen Botschaften und verzieren Sie die Tischdecke mit Worten und Sprüchen. Kinder und Erwachsene werden es gleichermaßen lieben – vor allem, wenn Sie ein paar Stifte liegen lassen, damit die Gäste ihren eigenen Beitrag leisten können.

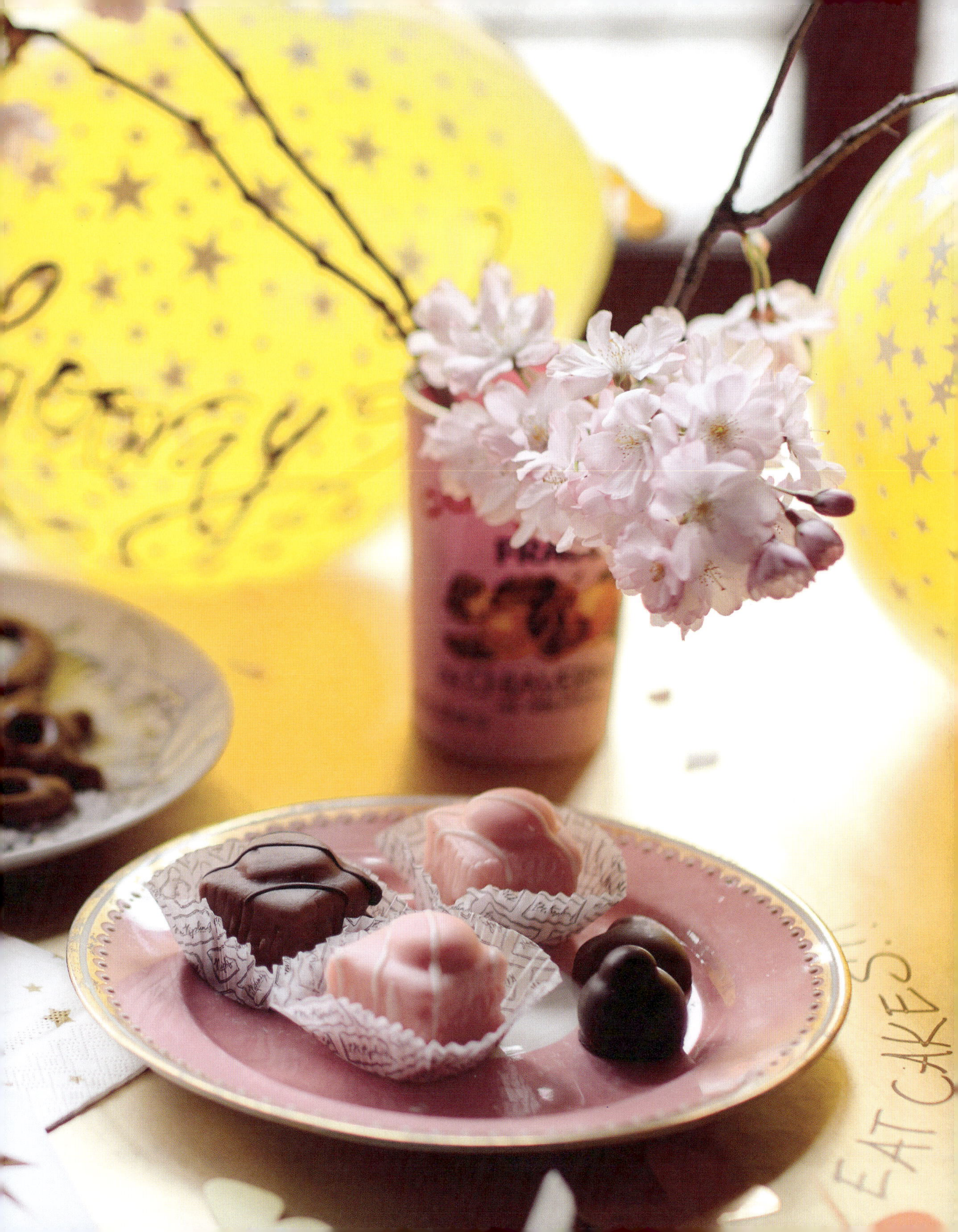
EAT CAKES

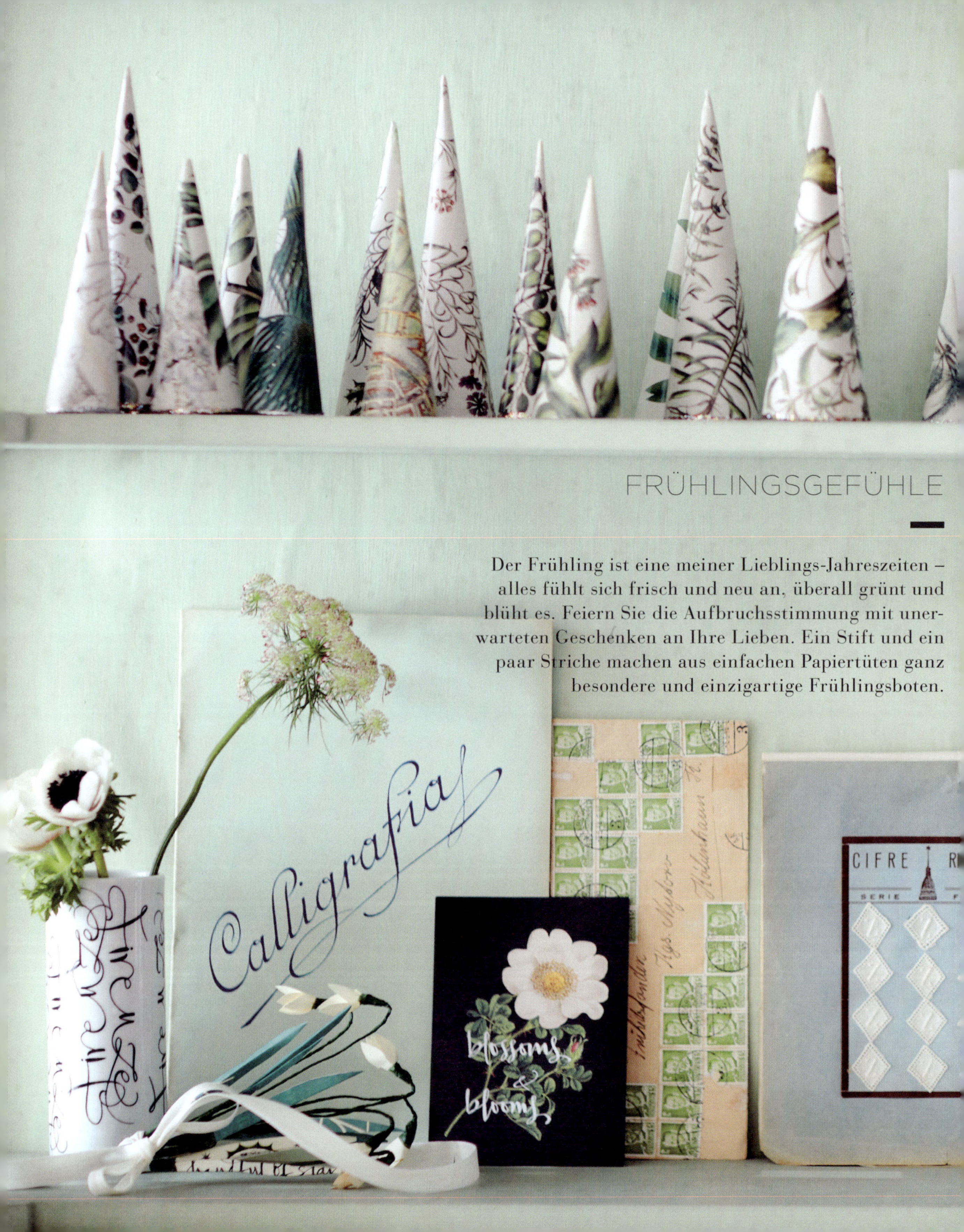

FRÜHLINGSGEFÜHLE

Der Frühling ist eine meiner Lieblings-Jahreszeiten – alles fühlt sich frisch und neu an, überall grünt und blüht es. Feiern Sie die Aufbruchsstimmung mit unerwarteten Geschenken an Ihre Lieben. Ein Stift und ein paar Striche machen aus einfachen Papiertüten ganz besondere und einzigartige Frühlingsboten.

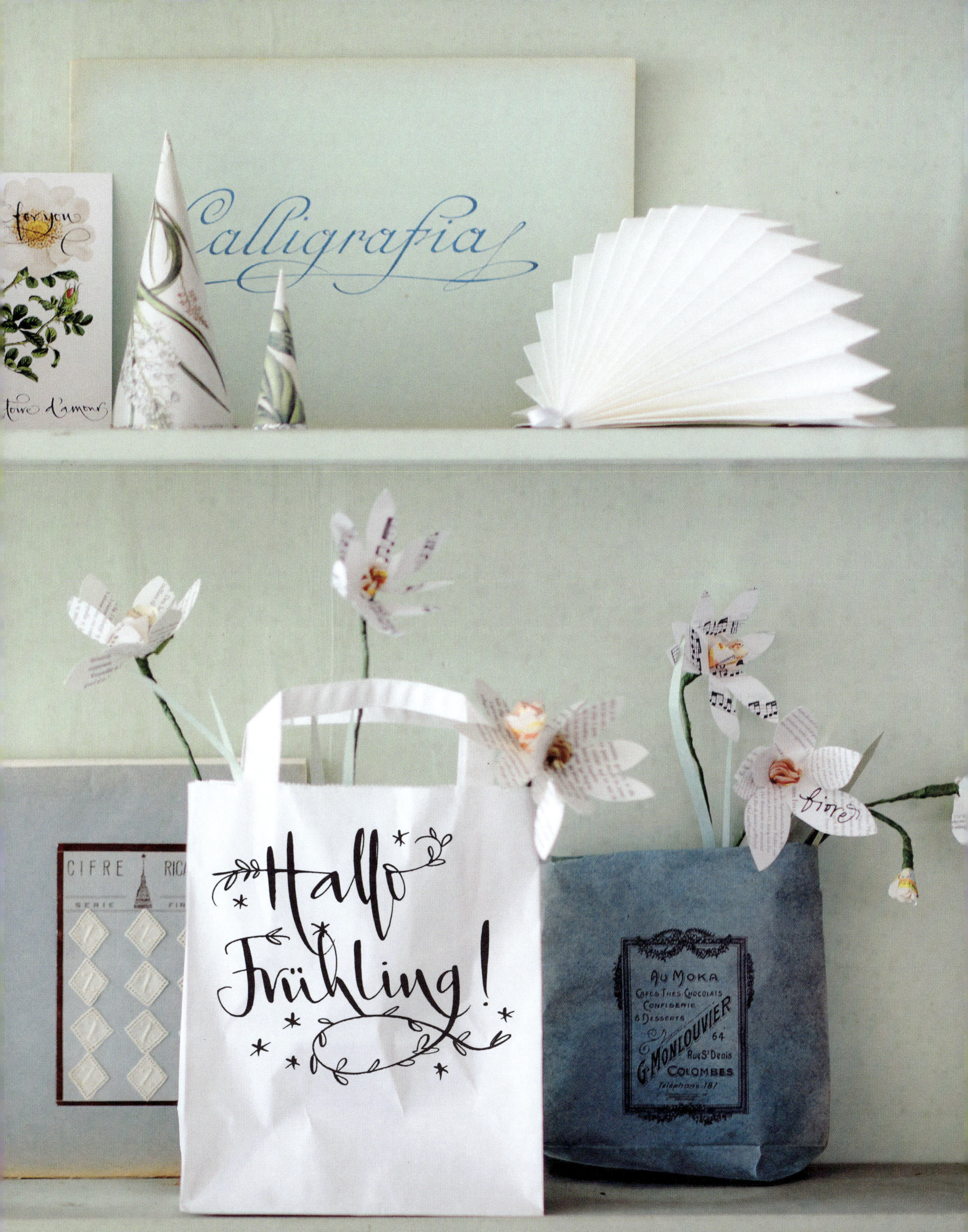
for you
Calligrafia
Hallo Frühling!
fiore
CIFRE
SERIE
AU MOKA
CAFES THES CHOCOLATS
CONFISERIE
& DESSERTS
G. MONLOUVIER
64
RUE ST DENIS
COLOMBES

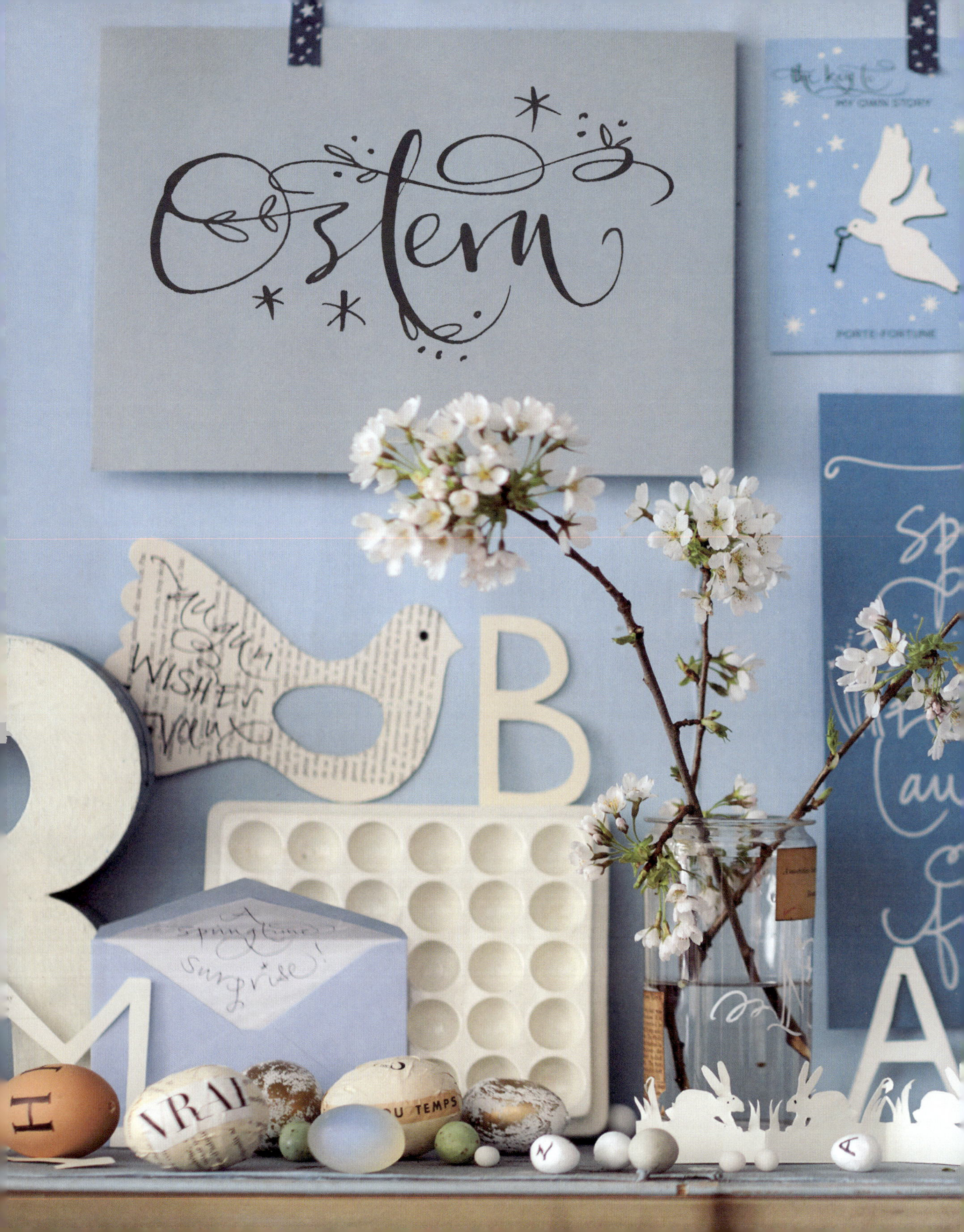
Ostern
MY OWN STORY
PORTE-FORTUNE
WISHES
springtime surprise!
VRAI
TEMPS

GUTE WÜNSCHE

Beschriften Sie saisonale Deko-Objekte mit Ihren Träumen, Wünschen und Sehnsüchten und kreieren Sie das ganze Jahr über festliche Dekorationen.

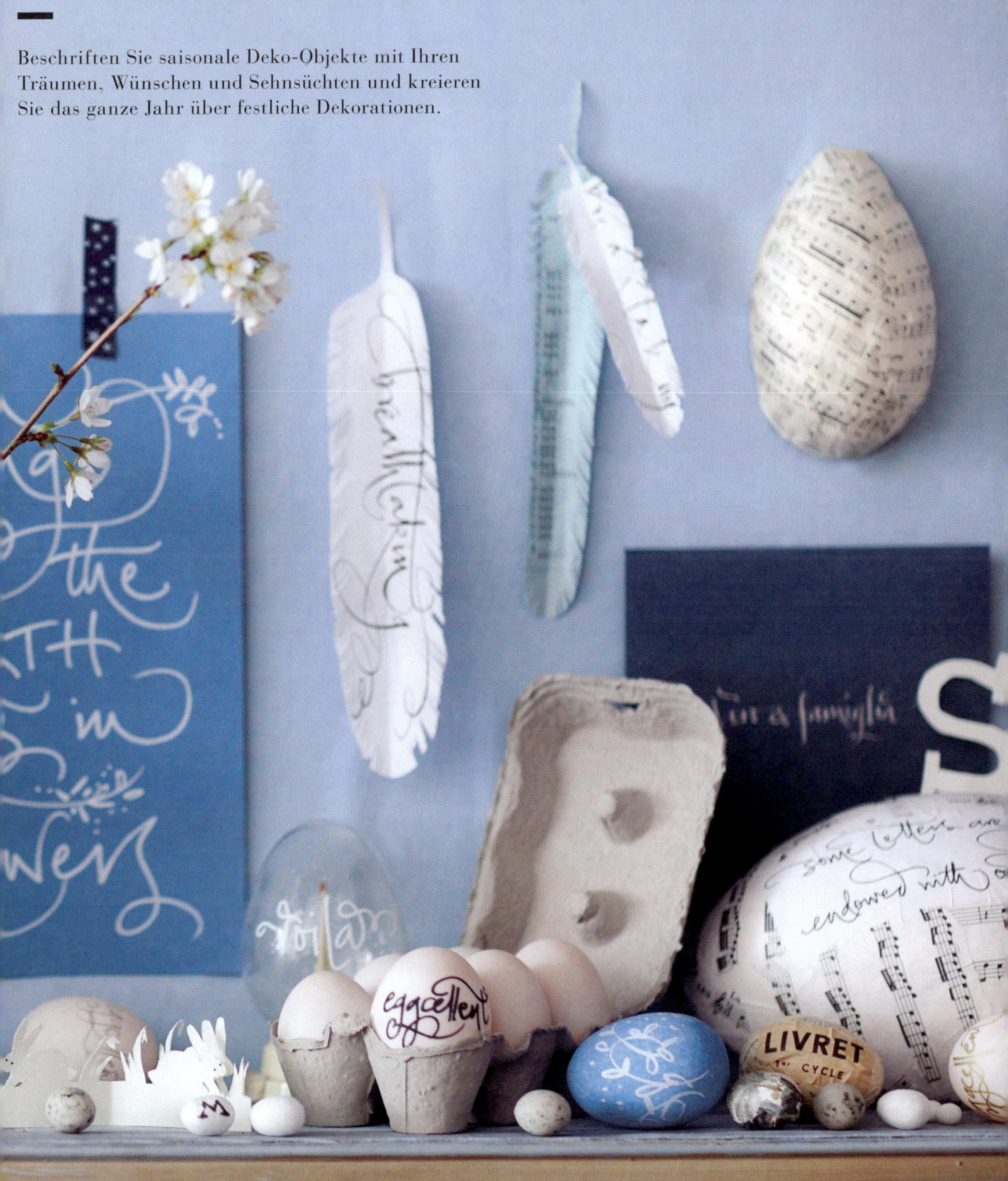

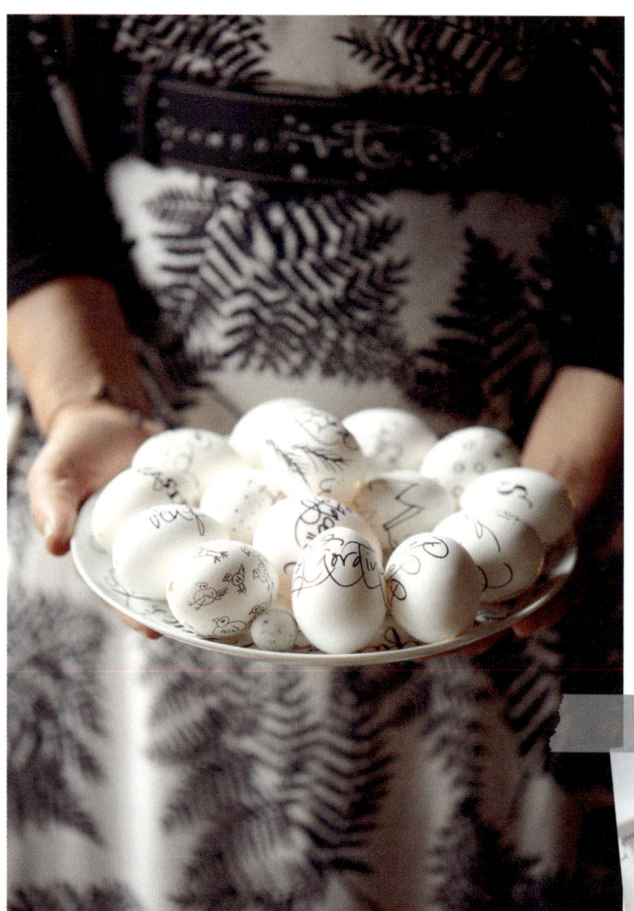

OSTER-IDEEN

Natürlich lieben wir alle Schokoladeneier, aber auch aus dem Original lassen sich wunderschöne Oster-Arrangements zaubern. Stechen Sie die Eier mit einer Nadel an und blasen Sie sie aus, oder verwenden Sie hartgekochte Eier. Verziert werden sie mit fröhlichen Osterbotschaften, Spritzern, Zeichnungen und Mustern. Am besten eignen sich dafür Permanentmarker. Eine reduzierte Farbpalette ist stylisch, aber Kinder haben großen Spaß, wenn sie sich mit Farbstiften austoben können.

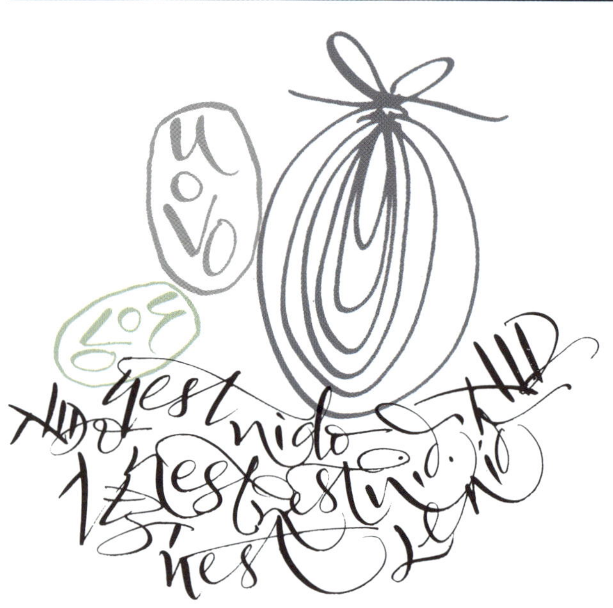

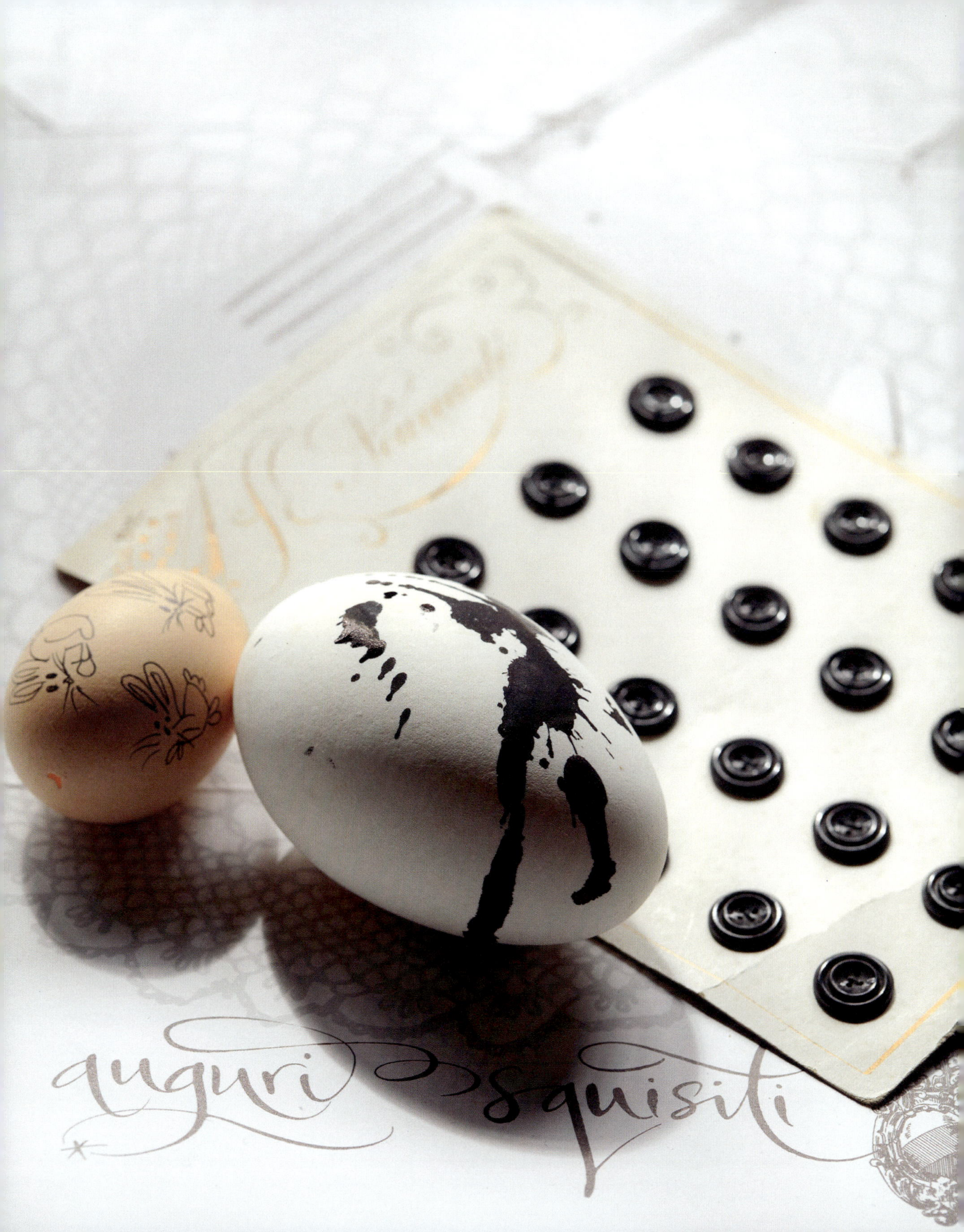
auguri squisiti

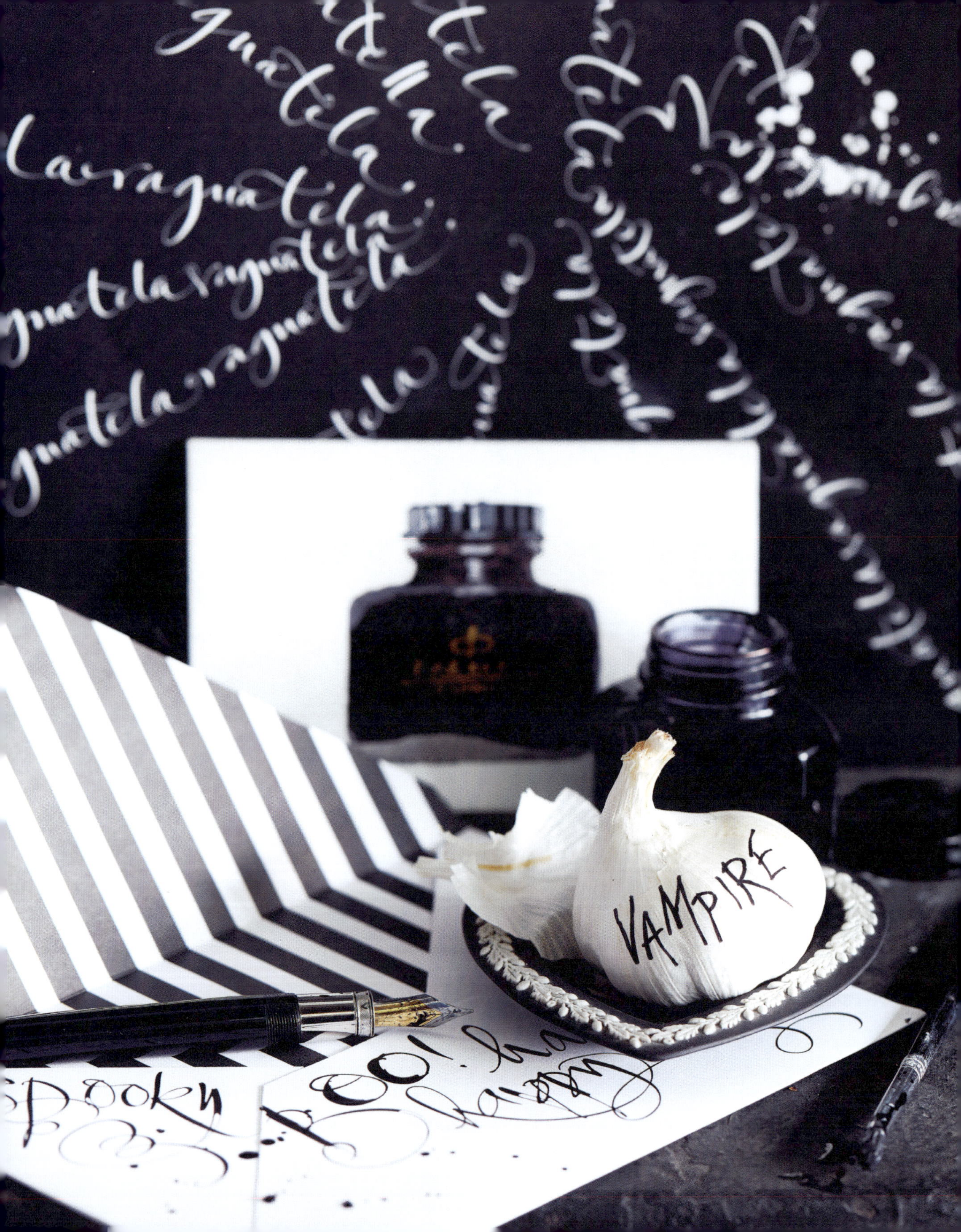
VAMPIRE
spooky

SÜSSES ODER SAURES

Verfassen Sie gruselige Halloween-Botschaften mit schwarzer Tinte und spitzer Schrift, oder kreieren Sie ein Buchstaben-Kunstwerk in Form eines Spinnennetzes. Ein mit dem Pinsel oder Marker beschriebener Kürbis ist eine stilvolle, moderne Alternative zur ausgehöhlten und geschnitzten Kürbislaterne. Denken Sie auch an die Knoblauchknolle, um die Vampire fernzuhalten …

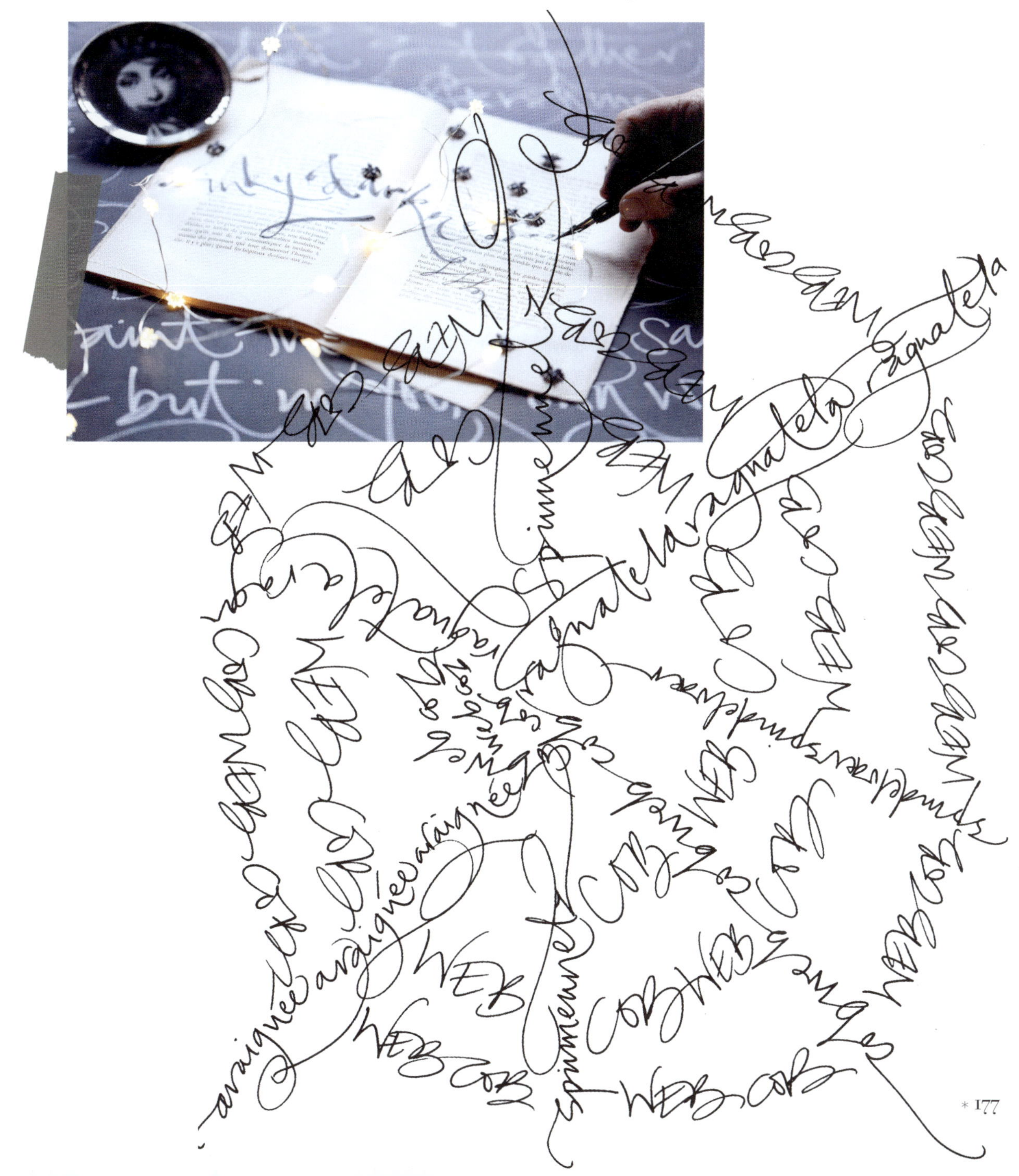

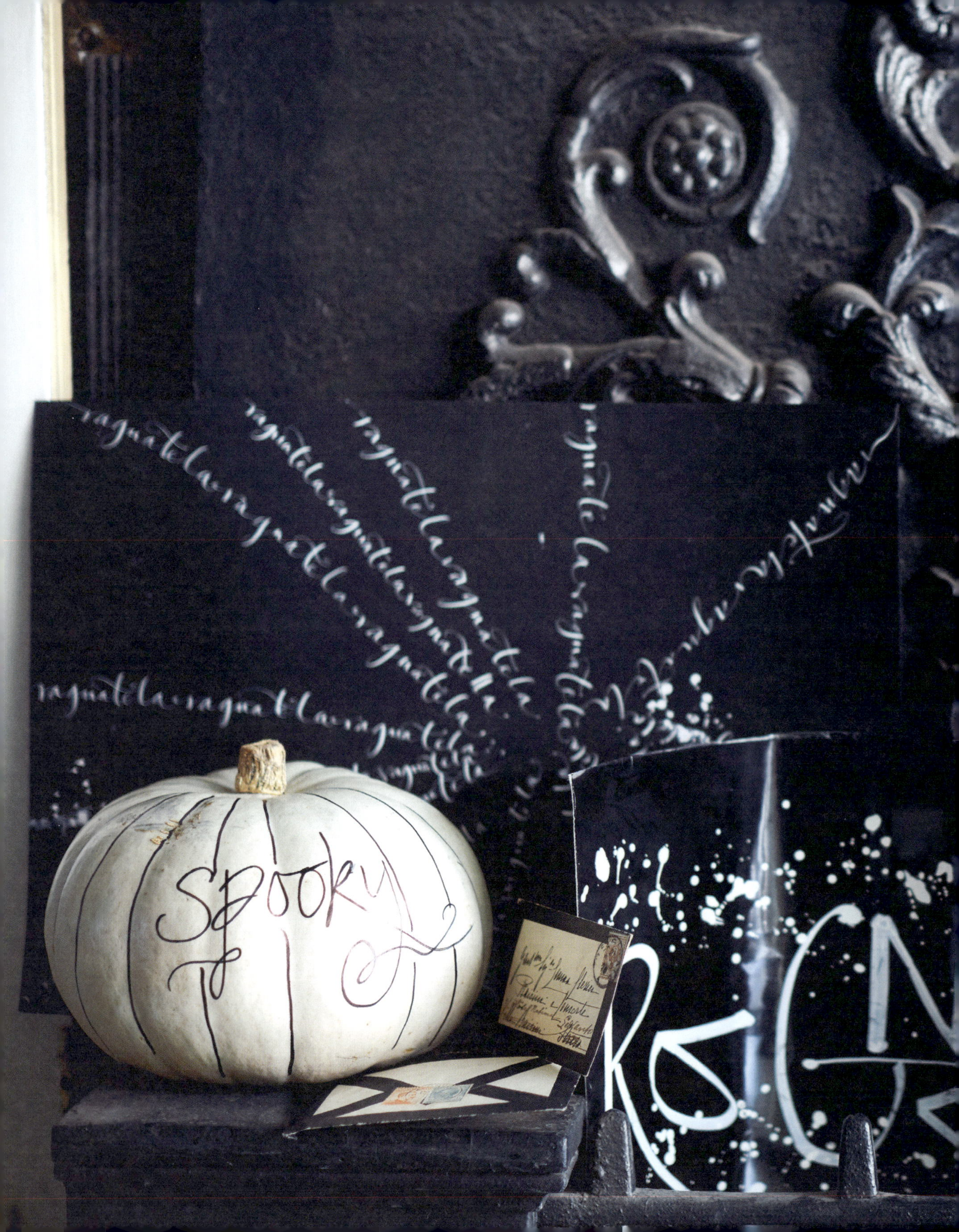
SPOOKY

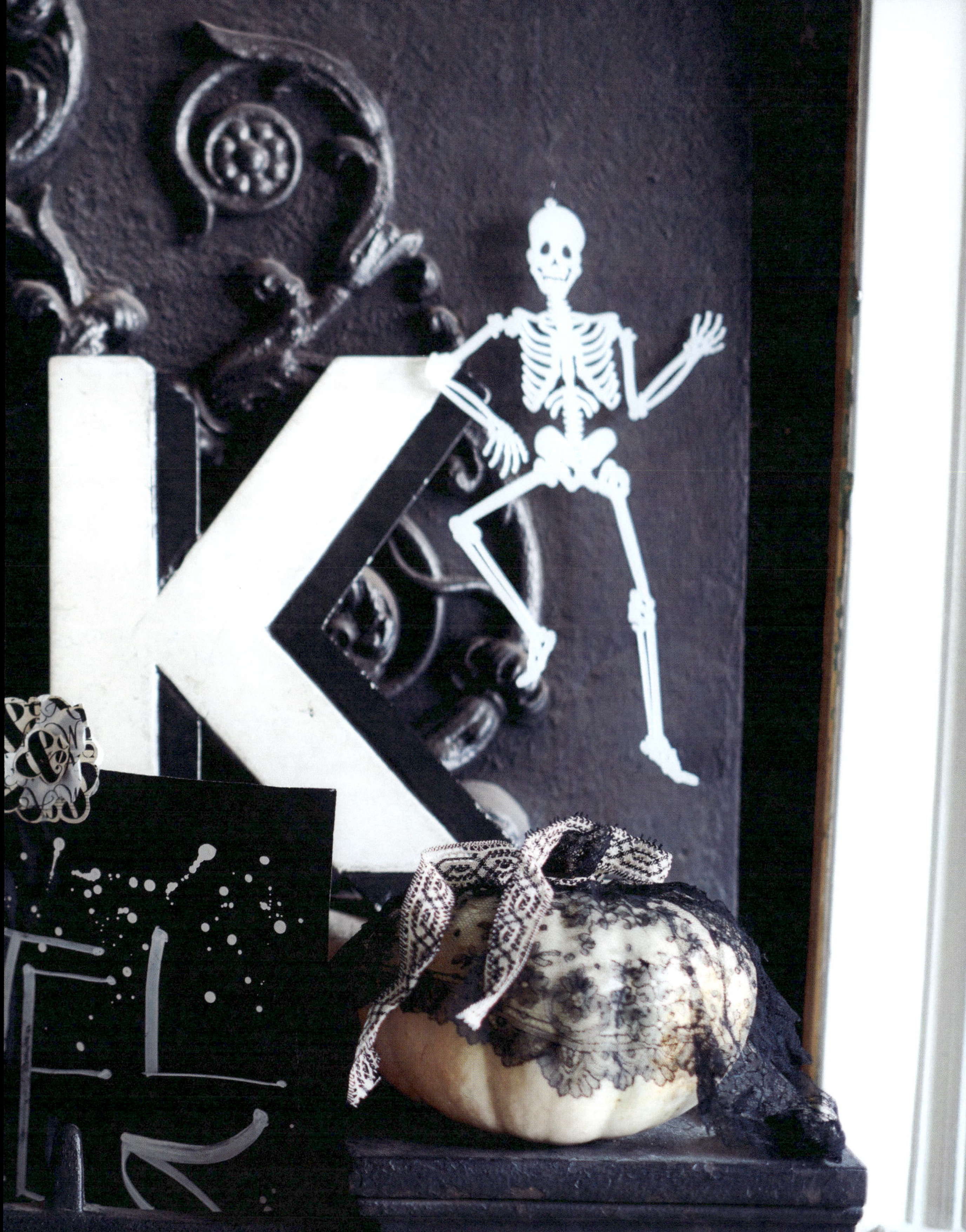

WEIHNACHTSFREUDEN

Kalligraphie ist eine tolle Möglichkeit, um Ihre eigenen, ganz persönlichen Weihnachtsdekorationen zu kreieren. Am besten wirken einfache Christbaumkugeln aus Glas – verziert mit festlichen Worten in großen, mit einem Metallic-Marker geschriebenen Buchstaben. Jetzt fehlt nur noch ein schönes Band zum Aufhängen, und schon haben Sie einen wirklich umwerfenden Baumschmuck.

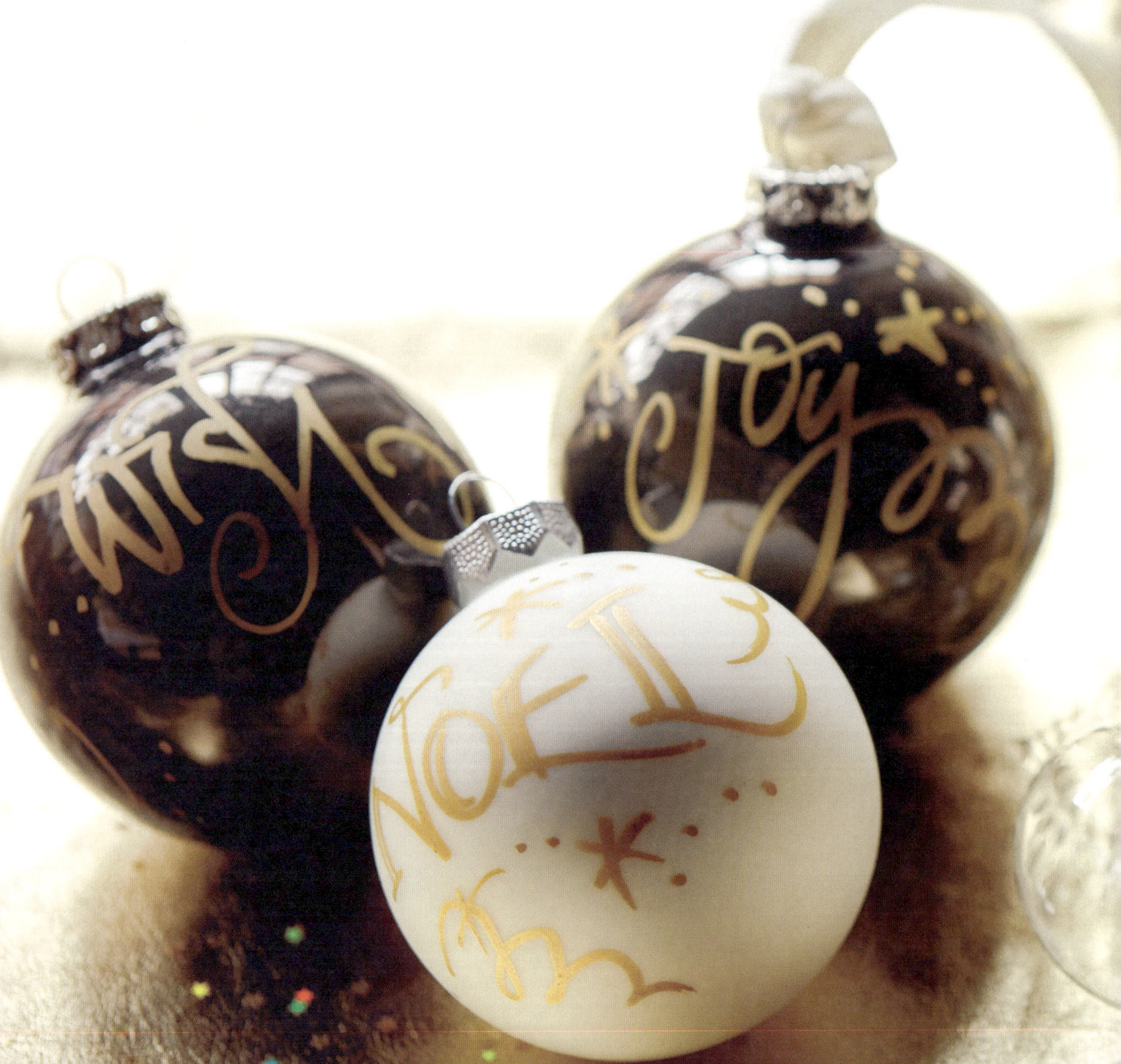

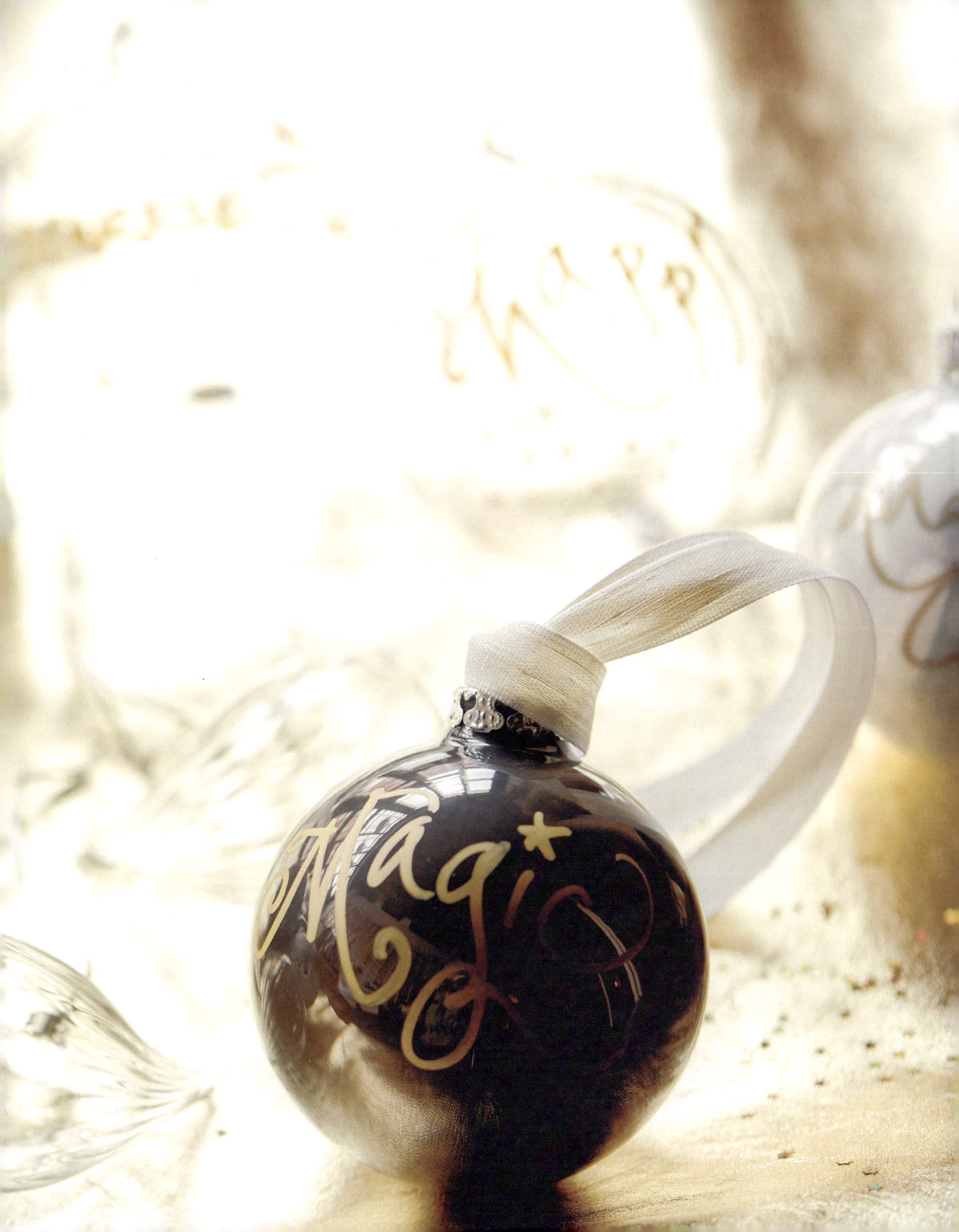

FESTLICHES PRICKELN

Schreiben Sie eine fröhliche Nachricht direkt auf eine Wein- oder Champagnerflasche, am besten mit einem Metallic-Marker oder Uni-POSCA-Stift. Ein originelles Mitbringsel und eine tolle Tischdekoration!

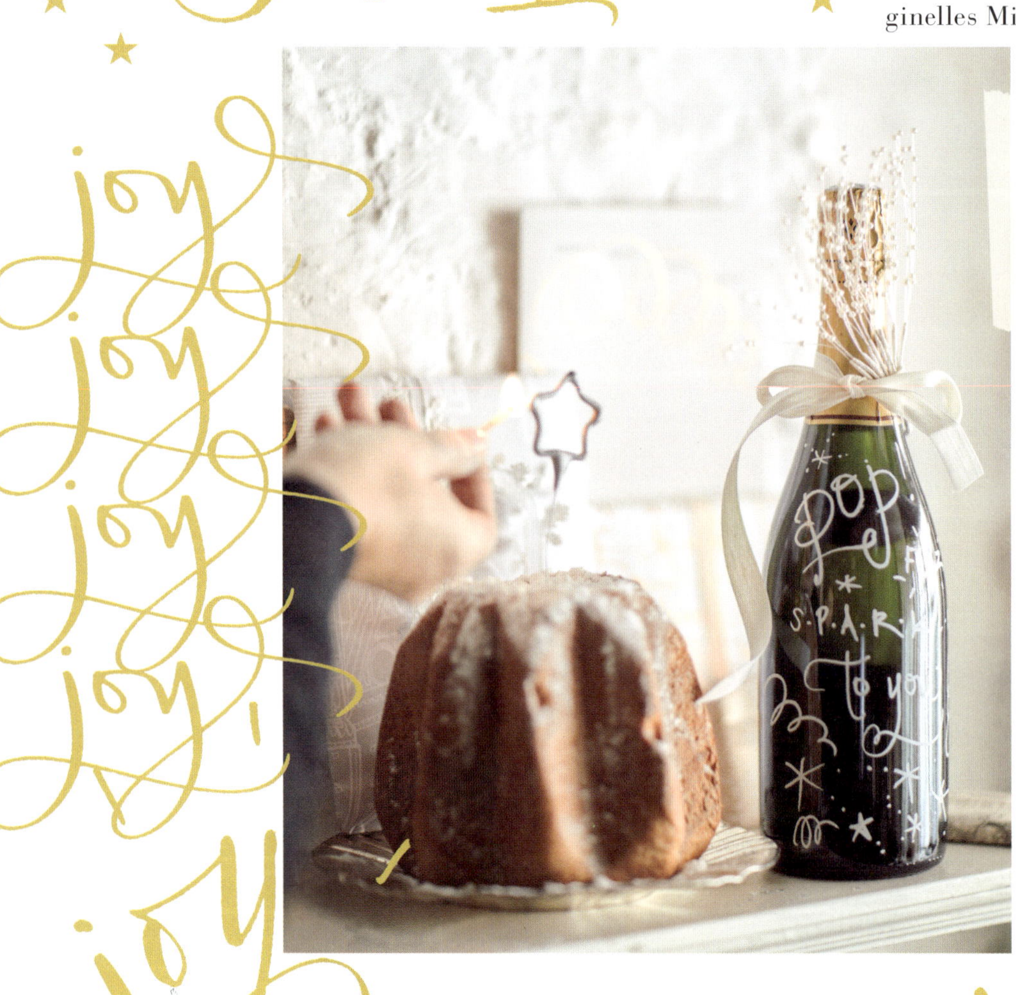

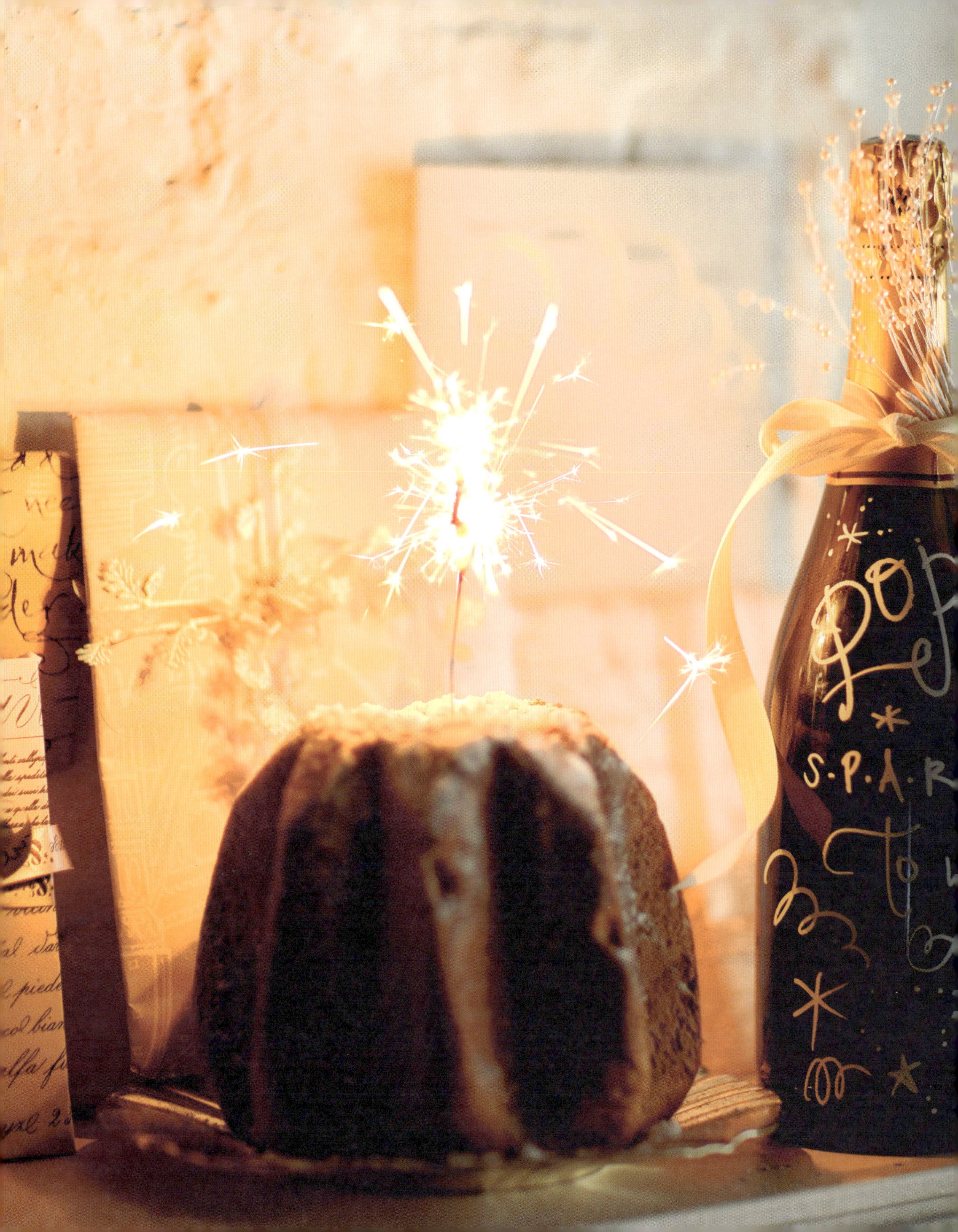

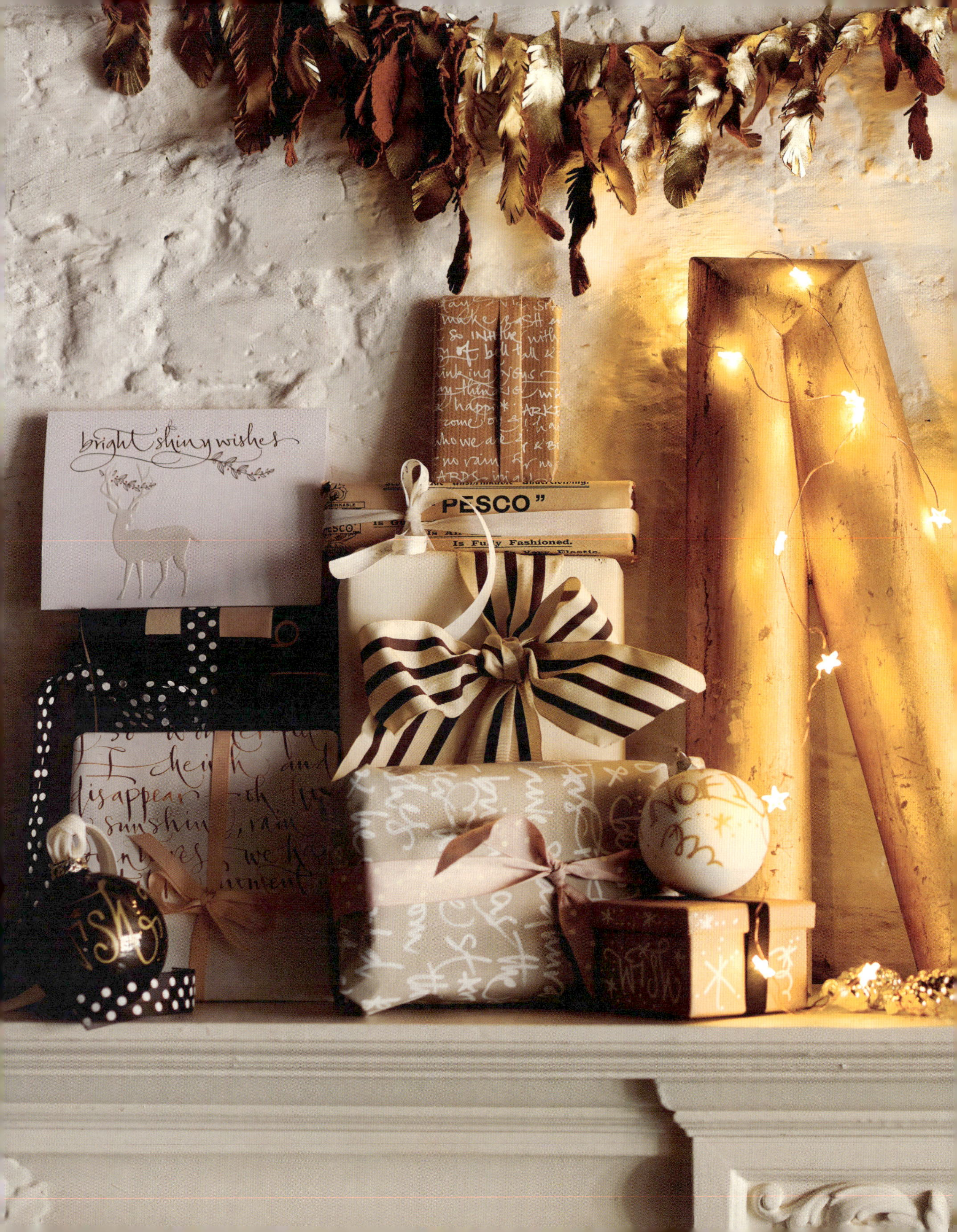
bright shiny wishes
"PESCO"
Is Fully Fashioned.
NOEL

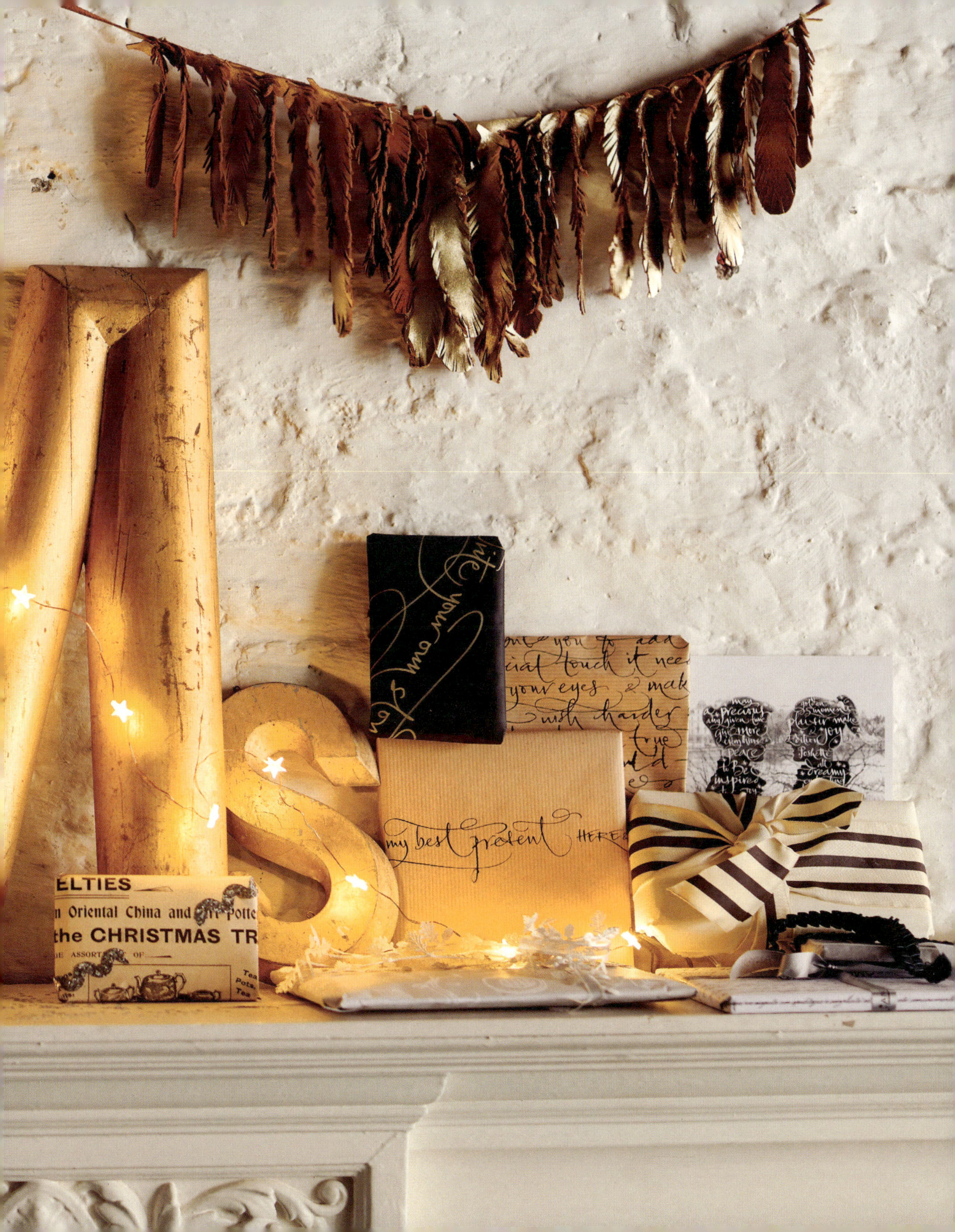
ELTIES
n Oriental China and
the CHRISTMAS TR

KREATIVE WEIHNACHTEN

Gestalten Sie mit Ihrer Kalligraphie ein einzigartiges und wunderschönes Weihnachtsfest. Nehmen Sie sich die Zeit, um einfache Briefumschläge, Karten und Papiere in fröhliche Weihnachtsbotschaften zu verwandeln. Verleihen Sie Ihren Geschenken mit Kalligraphie eine persönliche Note – vielleicht mit einer Widmung in einem Buch oder einigen liebevollen Worten auf einer Kerze. Und anschließend verpacken Sie alles in Ihrem selbst gestalteten Weihnachtspapier.

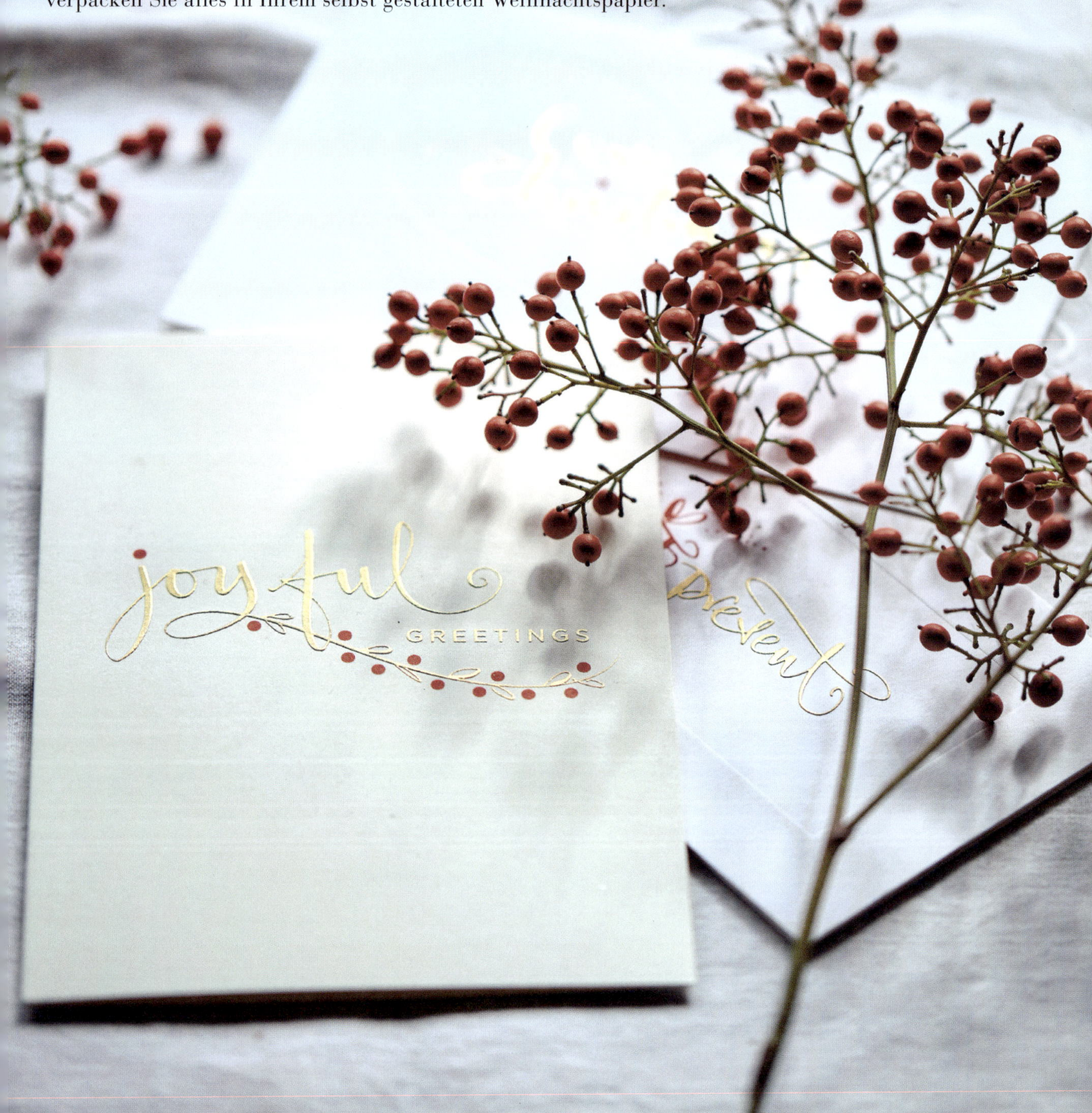

happy everything

augurì stellati

have a
holly jolly
Christmastime
and all good wishes
for a happy new year

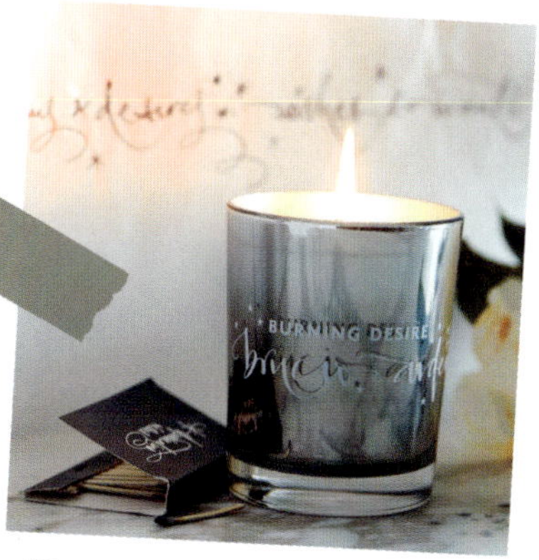

merry & bright

joyeux tout

starfilled wishes

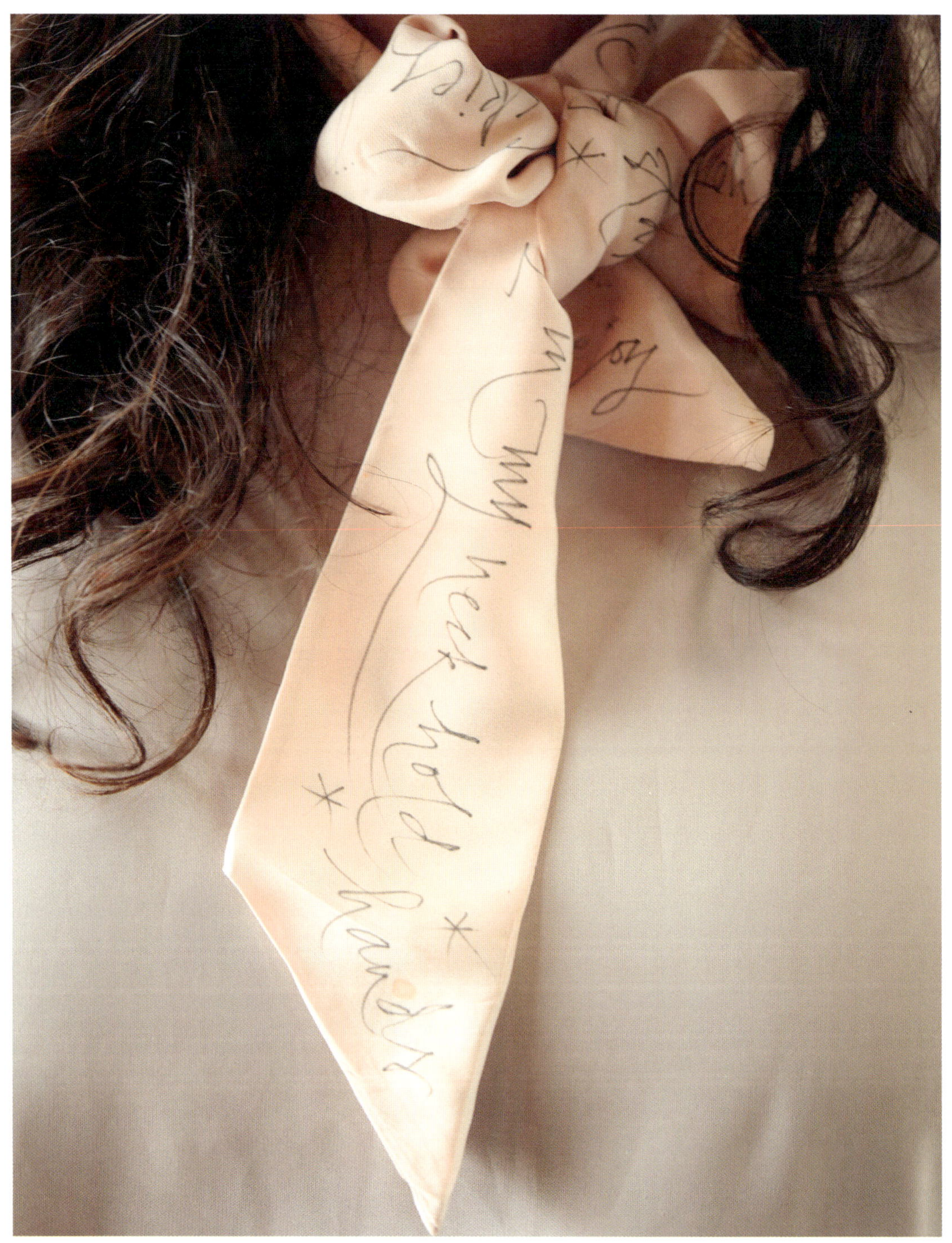

it's all written in the stars

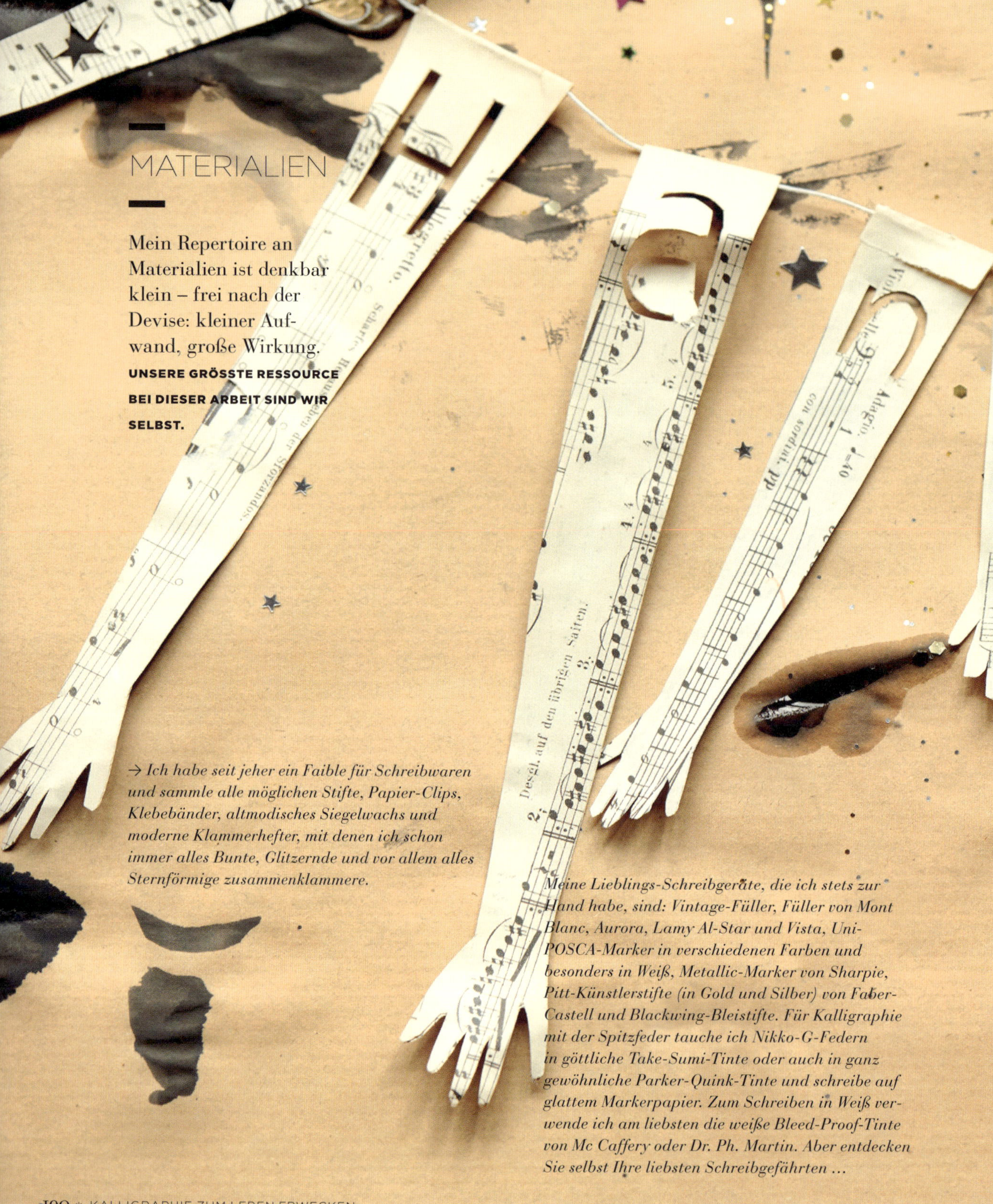

MATERIALIEN

Mein Repertoire an Materialien ist denkbar klein – frei nach der Devise: kleiner Aufwand, große Wirkung.

UNSERE GRÖSSTE RESSOURCE BEI DIESER ARBEIT SIND WIR SELBST.

→ Ich habe seit jeher ein Faible für Schreibwaren und sammle alle möglichen Stifte, Papier-Clips, Klebebänder, altmodisches Siegelwachs und moderne Klammerhefter, mit denen ich schon immer alles Bunte, Glitzernde und vor allem alles Sternförmige zusammenklammere.

Meine Lieblings-Schreibgeräte, die ich stets zur Hand habe, sind: Vintage-Füller, Füller von Mont Blanc, Aurora, Lamy Al-Star und Vista, Uni-POSCA-Marker in verschiedenen Farben und besonders in Weiß, Metallic-Marker von Sharpie, Pitt-Künstlerstifte (in Gold und Silber) von Faber-Castell und Blackwing-Bleistifte. Für Kalligraphie mit der Spitzfeder tauche ich Nikko-G-Federn in göttliche Take-Sumi-Tinte oder auch in ganz gewöhnliche Parker-Quink-Tinte und schreibe auf glattem Markerpapier. Zum Schreiben in Weiß verwende ich am liebsten die weiße Bleed-Proof-Tinte von Mc Caffery oder Dr. Ph. Martin. Aber entdecken Sie selbst Ihre liebsten Schreibgefährten …

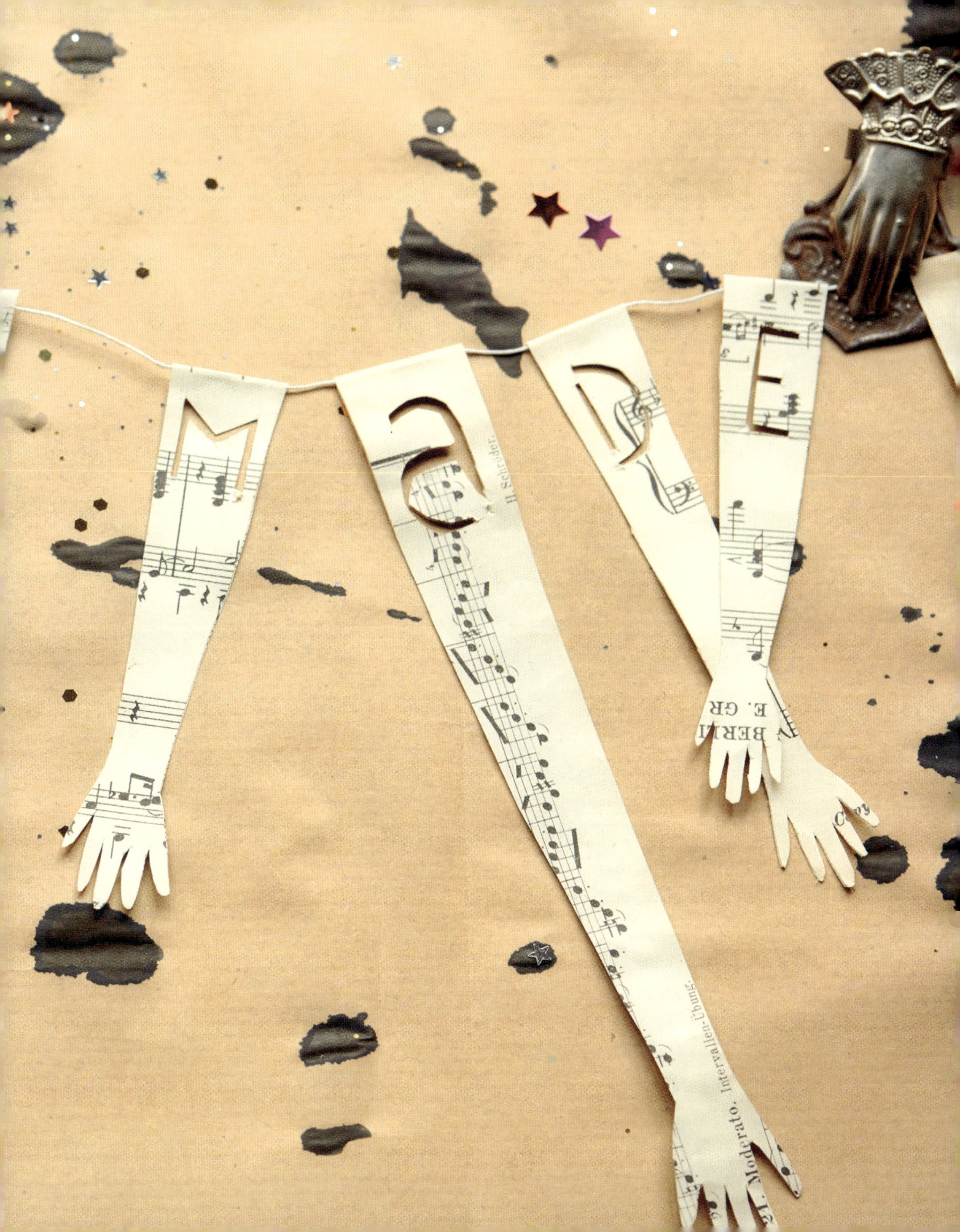

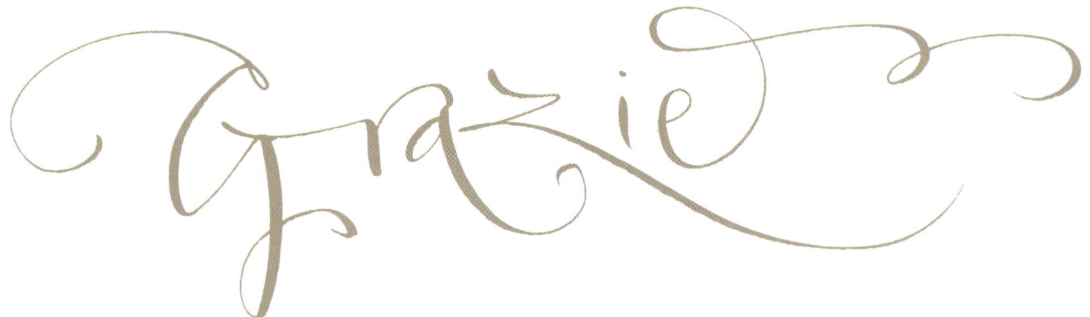

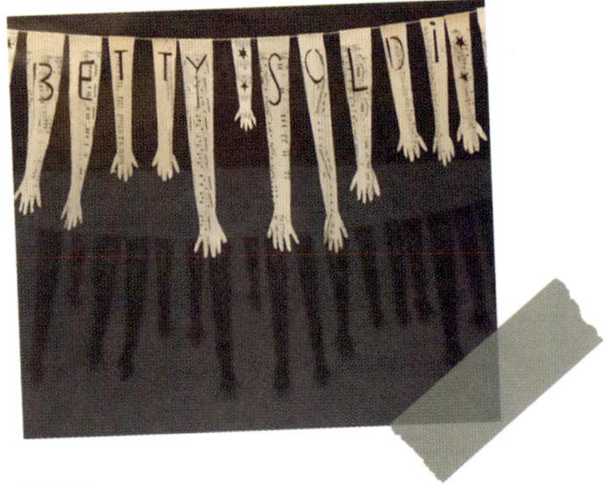

DANKE

An meine visionären Eltern Dante und Mirna und meine starke Schwester Marinella, die mich stets ermutigen, nach den Sternen zu greifen.

An Matteo und Alma, die meine sternäugigen Tagträumereien ertragen und immer geduldig warten, bis ich noch irgendein Tinten-Etwas fertiggekritzelt habe, bevor wir alle endlich raus zum Spielen gehen.

Sternenfunkelnder Dank an alle, die mich auf meinem Weg inspiriert haben, wahrscheinlich sogar, ohne es zu wissen, und ganz besonders an alle meine Freunde – wir beflügeln uns gegenseitig auf unseren tintengefärbten Pfaden …

Besonderen Dank für die Hilfe und die Freude bei der Entstehung dieses Buchs an Mara, die Zwillinge Simone und Helene von Edition Poshette, Adam und Maria von Retrouvius, Crawford, Kathy, Frances, Veronica und Claudia.

Danke an Debi für unsere wundervoll kreative, gemeinsame Zeit, an Tara und das Team von Kyle Books, die mich so enthusiastisch zu diesem Buch motiviert und mir bei der Umsetzung die volle kreative Freiheit gelassen haben.

MEHR UNTER:
bettysoldi.com
soprarnosuites.com
adastraflorence.com
andcompanyshop.com
editionposhette.com
marazepeda.com
neithersnow.com
retrouvius.com
mountstreetprinters.com

Dante Mina

Giaco & Malli Perdu

Pinters Carolyn

Frances Alexandra

Chloé Christina

Veronica Caitlin

Giulio Sofia RAM

Fridon Moni Kathy

Simone Helene

& everyone who insp